Dimonis

MALLORCA

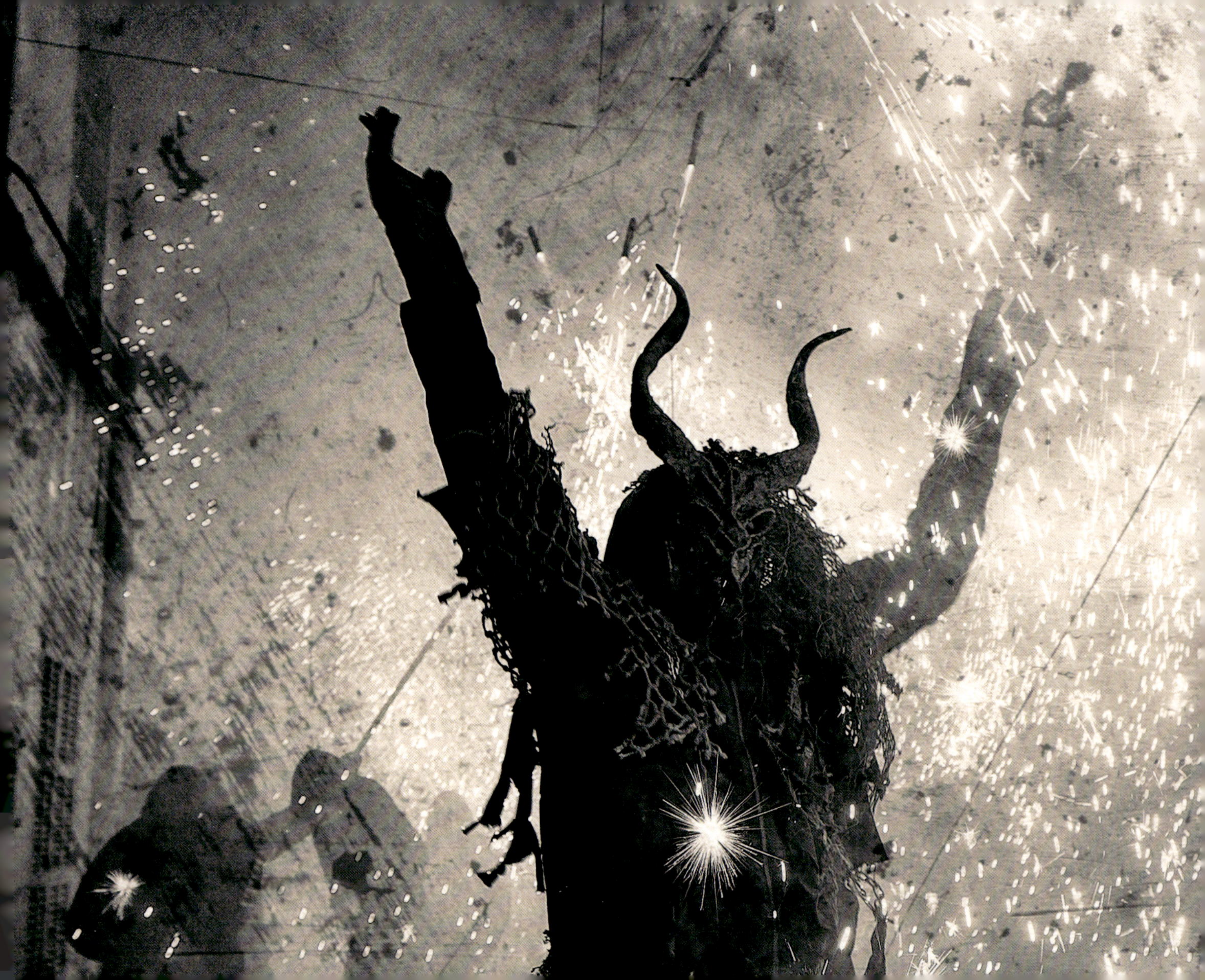

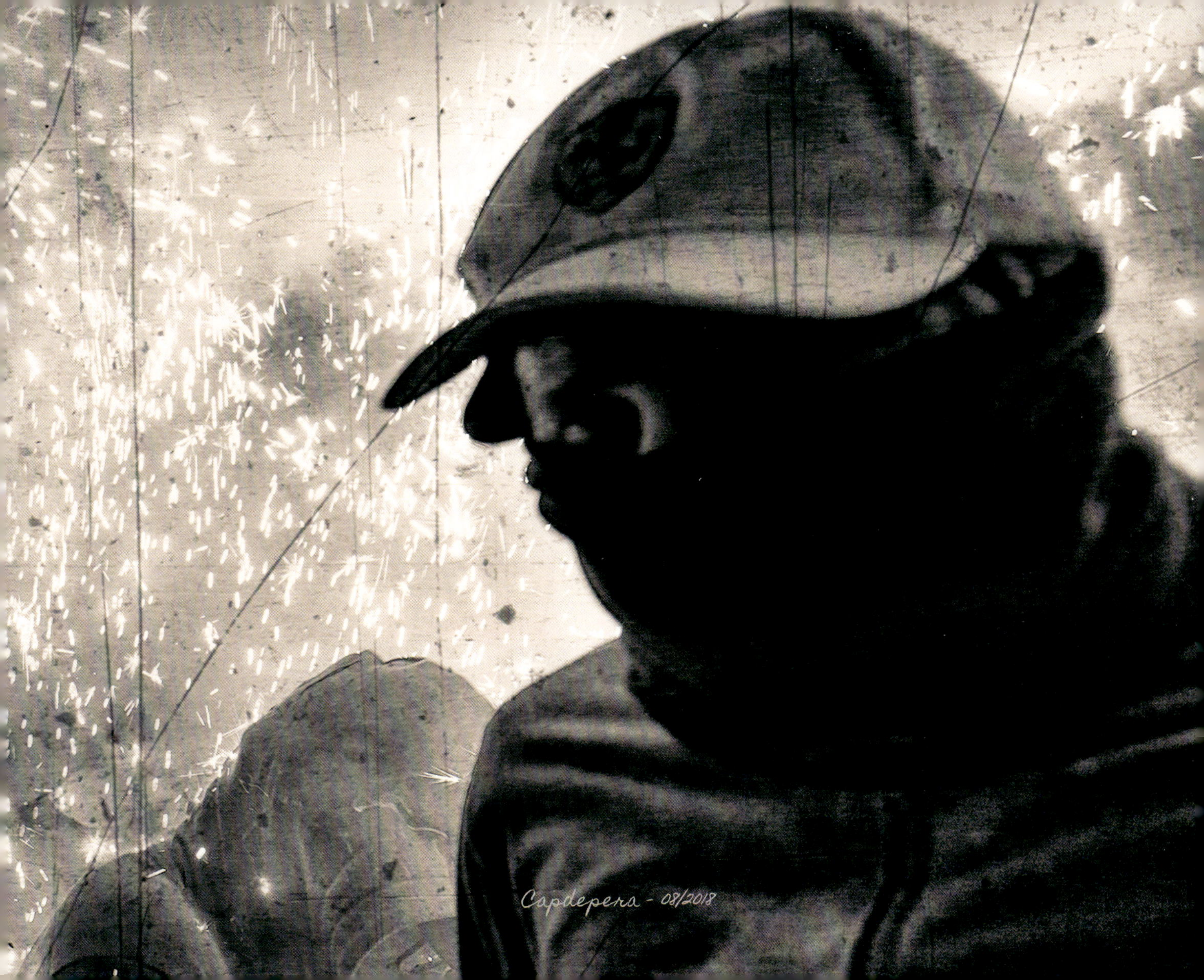
Capdepera - 08/2018

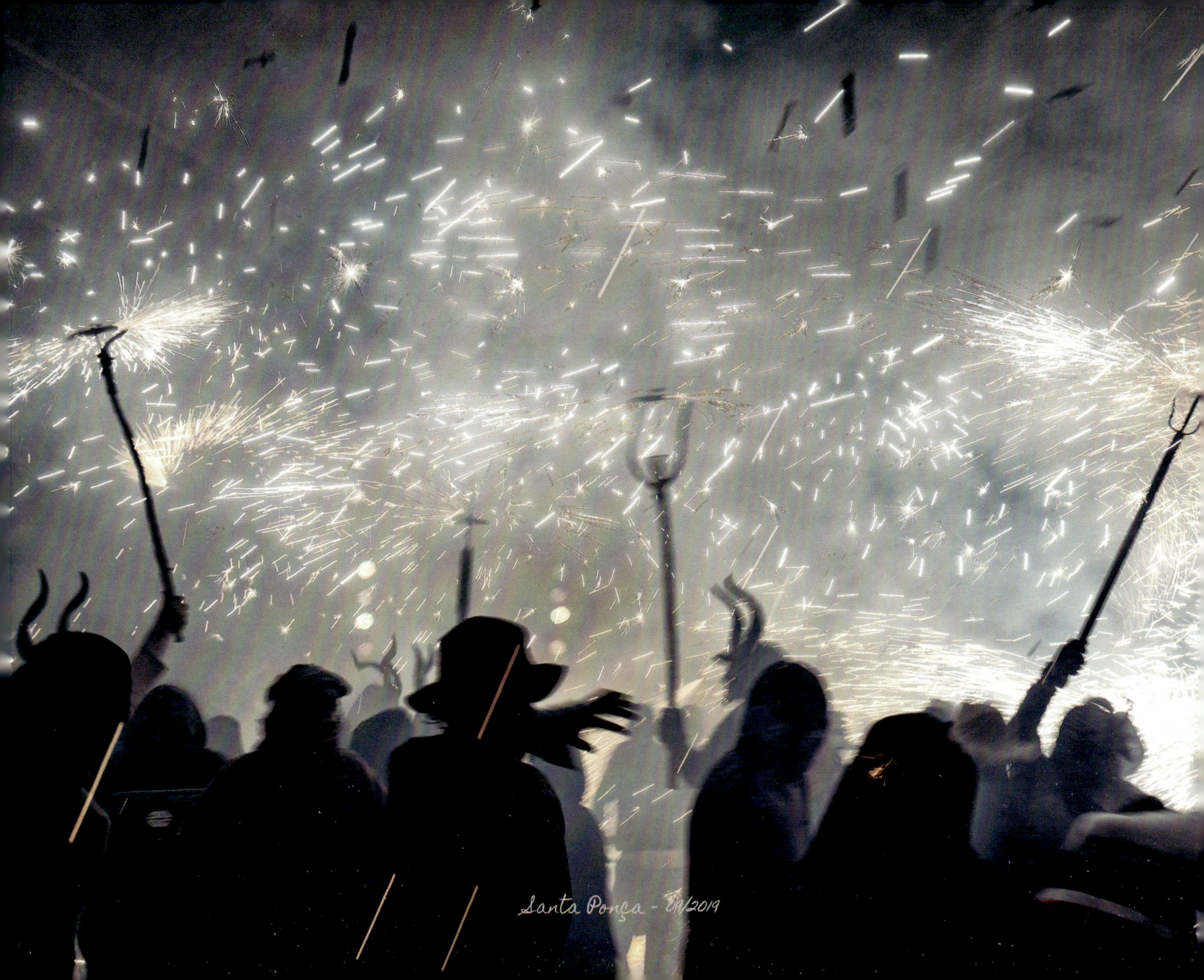
Santa Ponça - 09/2019

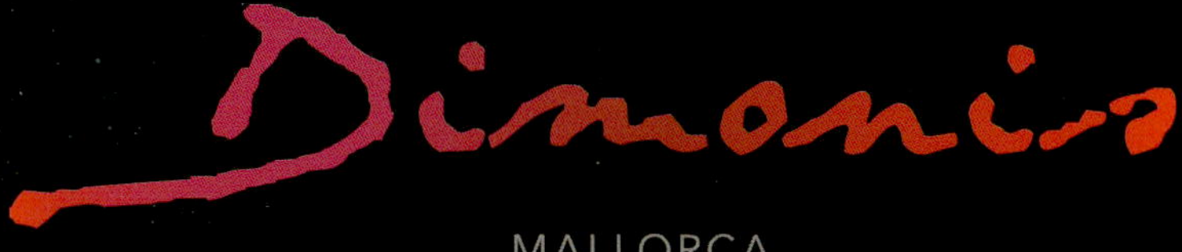

MALLORCA

LUCIO VALMAGGIA

MMXXI

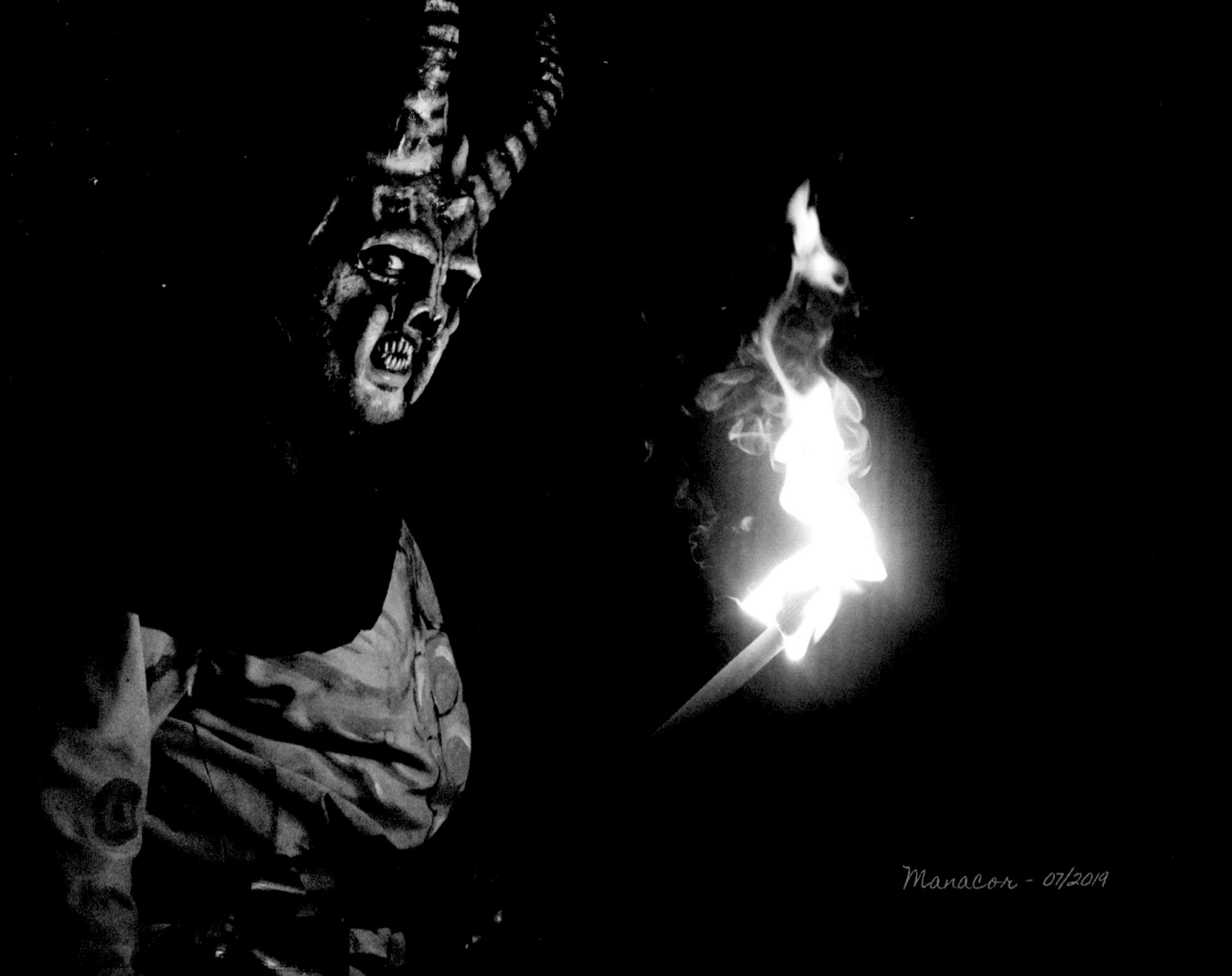
Manacor - 07/2019

"El demonio dispone de un amplio guardarropa y no sólo viste de rojo".

EDUARDO GALEANO

"El dimoni disposa d'un ampli guarda-roba i no només vesteix de vermell".

„Der Teufel hat einen großen Kleiderschrank Und er trägt nicht nur Rot."

"The devil has a large wardrobe and he doesn't just wear red."

Les imatges d'aquestes pàgines reflecteixen exclusivament els correfocs: esdeveniment o manifestació popular celebrada als carrers, places i altres espais públics de nombrosos pobles i ciutats de Mallorca i protagonitzats per diferents agrupacions de dimonis, diables i bèsties de foc. Van ser preses a Alaró, Alcúdia, Artà, Campanet, Campos, Cala Ratjada, Can Picafort, Capdepera, Esporles, Felanitx, Inca, Manacor, Muro, Porreres, Porto Cristo, Sant Joan, Santa Margalida, Santa Maria del Camí, Sa Pobla, Santa Ponça, Selva, Sineu, Sóller, Vilafranca de Bonany i Palma, entre agost de 2014 i gener de 2020.

Las imágenes contenidas en estas páginas reflejan exclusivamente los "correfocs" —evento o manifestación popular celebrada en las calles, plazas y otros espacios públicos de numerosos pueblos y ciudades de Mallorca y protagonizada por distintas agrupaciones de "dimonis", "diables" y "bèsties de foc"— y fueron tomadas en Alaró, Alcúdia, Artà, Campanet, Campos, Cala Ratjada, Can Picafort, Capdepera, Esporles, Felanitx, Inca, Manacor, Muro, Porreres, Porto Cristo, Sant Joan, Santa Margalida, Santa Maria del Camí, Sa Pobla, Santa Ponça, Selva, Sineu, Sóller, Vilafranca de Bonany y Palma, entre agosto de 2014 y enero de 2020.

Die Bilder, die in diesem Buch enthalten sind, zeigen nur „Correfocs", Feuerläufe, die in den Straßen, auf den Plätzen und an anderen öffentlichen Orten in vielen Dörfern und Städten in Mallorca stattfinden. Sie werden von verschiedenen Vereinen der „Dimonis", „Diables" und „Bèsties de foc" veranstaltet. Aufgenommen wurden diese Fotografien in Alaró, Alcúdia, Artà, Campanet, Campos, Cala Ratjada, Can Picafort, Capdepera, Esporles, Felanitx, Inca, Manacor, Muro, Porreres, Porto Cristo, Sant Joan, Santa Margalida, Santa Maria del Camí, Sa Pobla, Santa Ponça, Selva, Sineu, Sóller, Vilafranca de Bonany und Palma, zwischen August 2014 und Januar 2020.

The images contained in these pages reflect exclusively the "correfocs" —an event or popular demonstration held in the streets, squares and other public spaces of numerous towns and cities of Majorca and led by the different groups of "devils", "demons" and "fiery bestiary"— and they were taken in Alaró, Alcúdia, Artà, Campanet, Campos, Cala Ratjada, Can Picafort, Capdepera, Esporles, Felanitx, Inca, Manacor, Muro, Porreres, Porto Cristo, Sant Joan, Santa Margalida, Santa Maria del Camí, Sa Pobla, Santa Ponça, Selva, Sineu, Sóller, Vilafranca de Bonany and Palma, between August 2014 and January 2020.

Palma - 06/2016

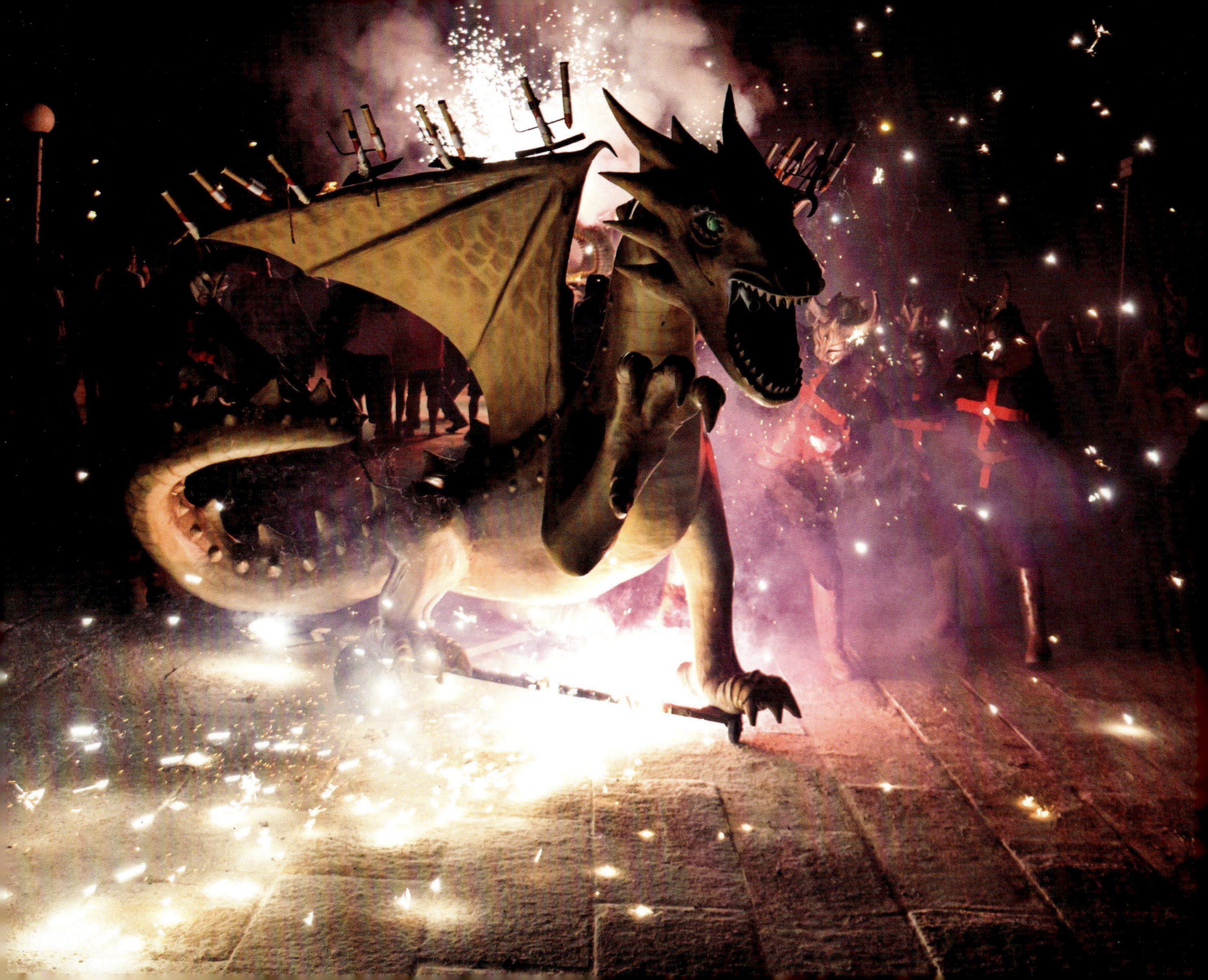

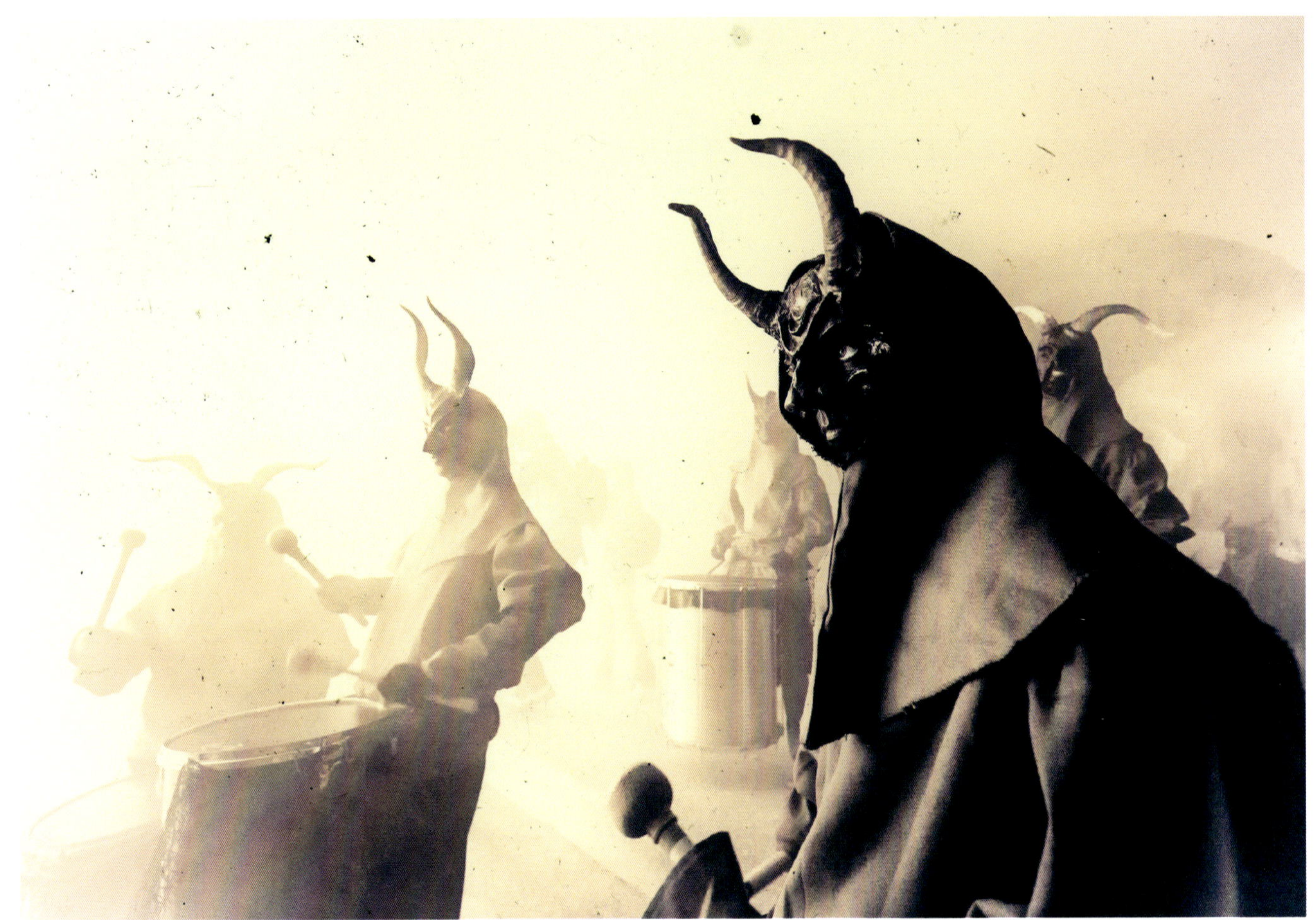

Palma - 06/2017

Bombos i redoblants sonen amb una energia i un ritme contagiosos, cada cop més fort, cada cop més a prop. Els dimonis entren en escena, ja en personatge, ja a plena potència. Entre foc, fum, espurnes i el xiulet ensordidor de la pirotècnia; entre tanta garrofa, salts, esclats i moviments frenètics, la usualment concreta línia divisòria entre realitat i fantasia sembla difuminar-se, i fugaç però feliçment un ingressa també en aquest festiu "inframón". Per uns moments no hi ha escapatòria. Un queda a mercè d'aquestes astades "criatures". Atordit i exaltat, s'oblida fins i tot de la seva òbvia humanitat, és a dir, que es tracta només de persones disfressades. Ara tot és a les mans; i irremeiablement som arrossegats als seus dominis, condemnats però feliços, més enllà del bé i del mal. D'això es tracta l'Infern?... Doncs hi anem.

LUCIO VALMAGGIA

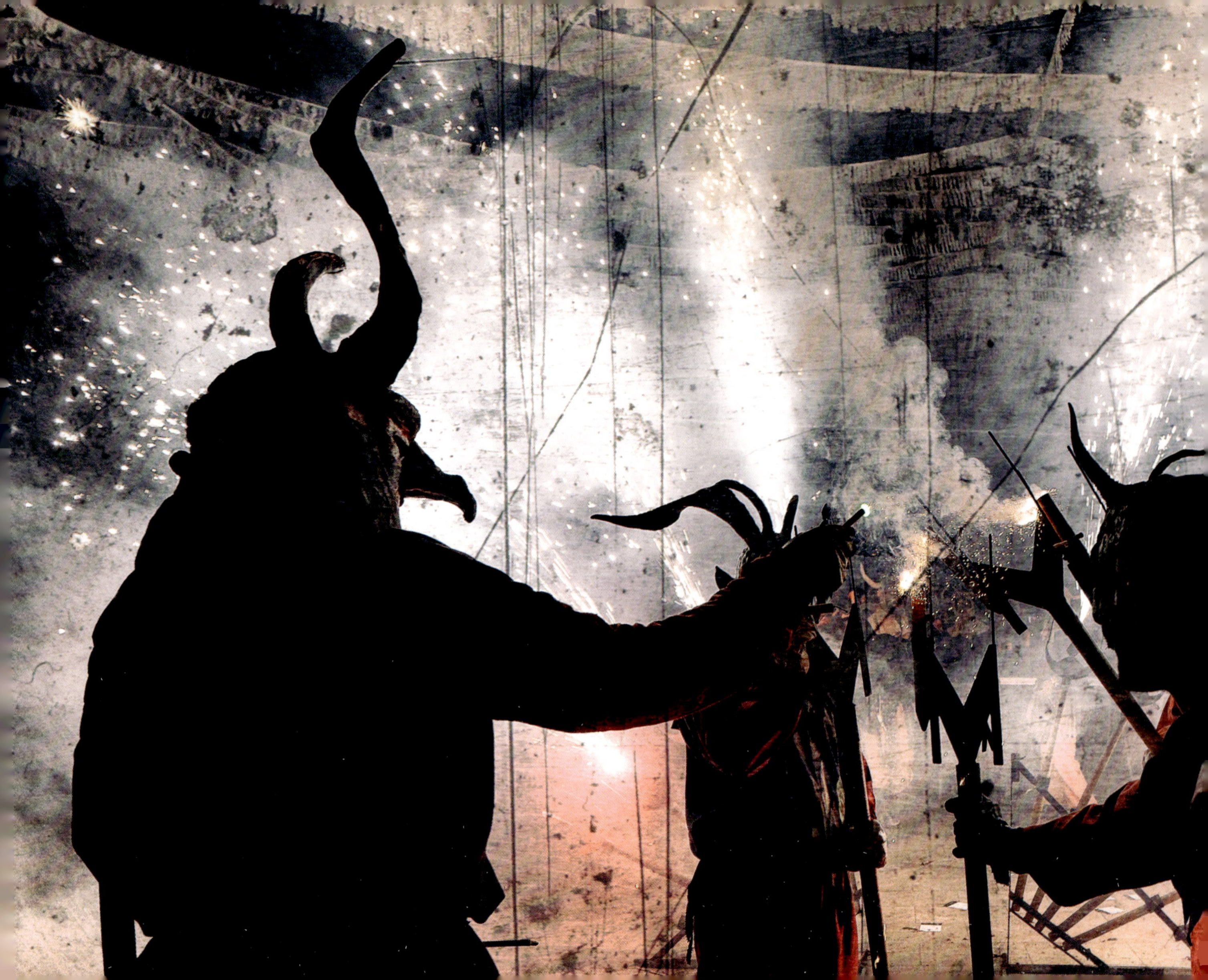

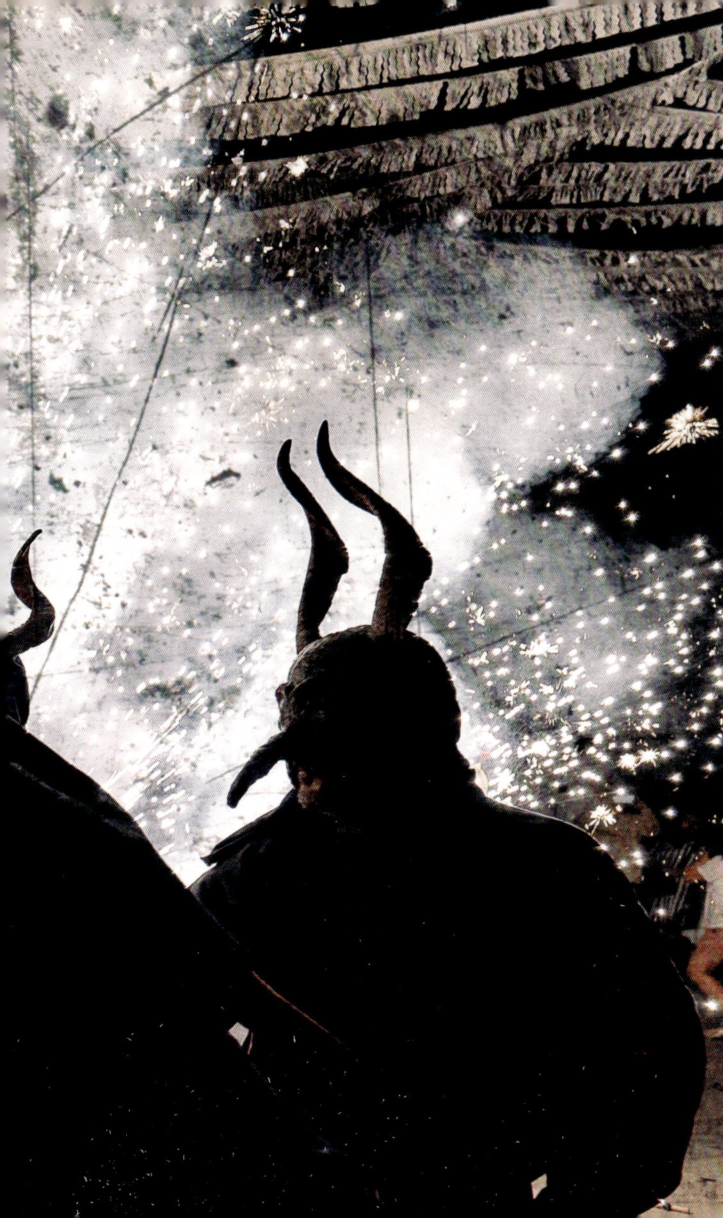

Can Picafort - 08/2018

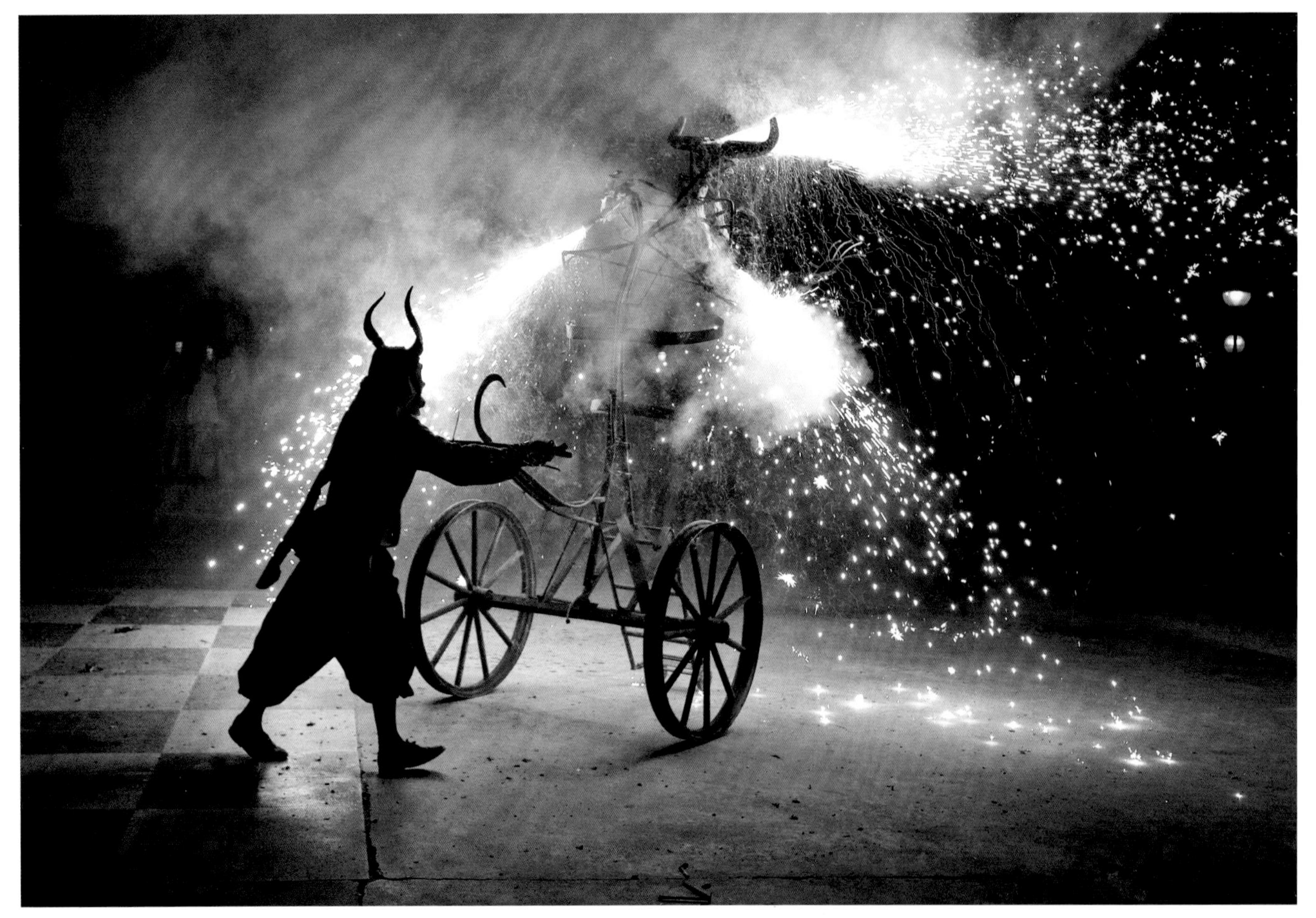

Vilafranca de Bonany - 07/2018

Bombos y redoblantes suenan con una energía y un ritmo contagiosos, cada vez más fuerte, cada vez más cerca. Los "dimonis" entran en escena, ya en personaje, ya a plena potencia. Entre fuego, humo, chispas y el silbido ensordecedor de la pirotecnia; entre tanta algarabía, saltos, estallidos y movimientos frenéticos, la usualmente concreta línea divisoria entre realidad y fantasía parece difuminarse, y fugaz pero felizmente uno ingresa también en ese festivo "inframundo". Por unos instantes no hay escapatoria. Uno queda a merced de estas astadas "criaturas". Aturdido y exaltado, se olvida incluso de su obvia humanidad, es decir, que se trata tan sólo de personas disfrazadas. Ahora todo está en sus manos; e irremediablemente somos arrastrados a sus dominios, condenados pero dichosos, más allá del bien y del mal. ¿De esto se trata el Infierno?... Pues allí vamos.

LUCIO VALMAGGIA

Capdepera - 08/2019

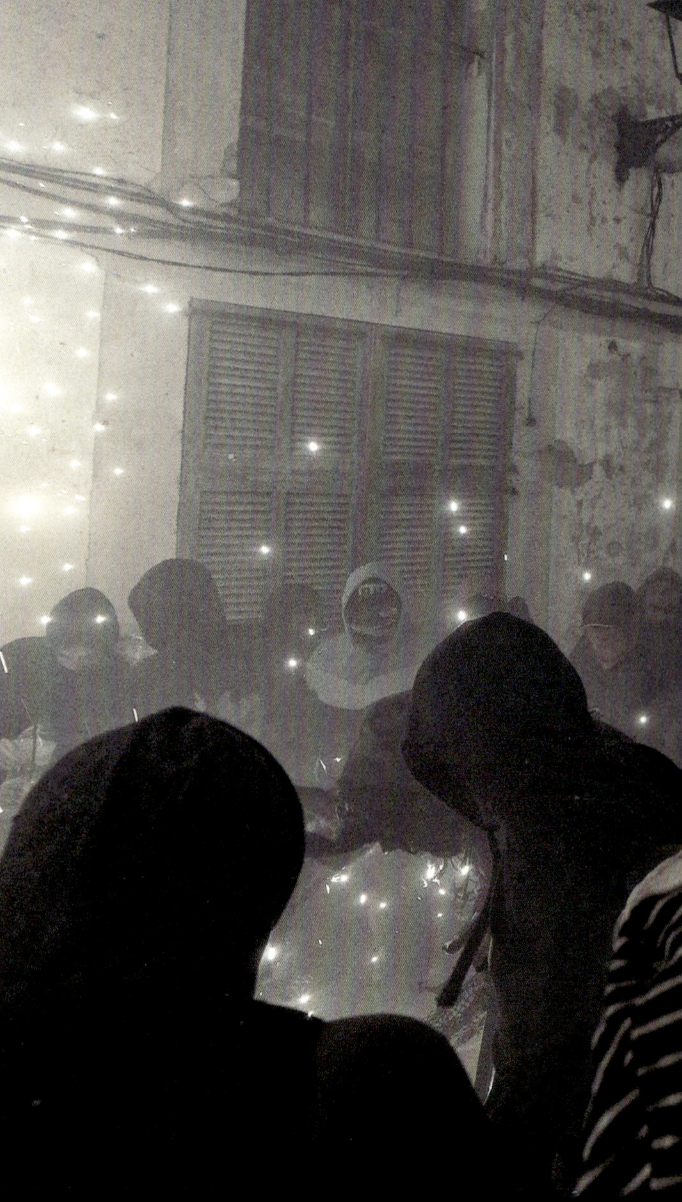

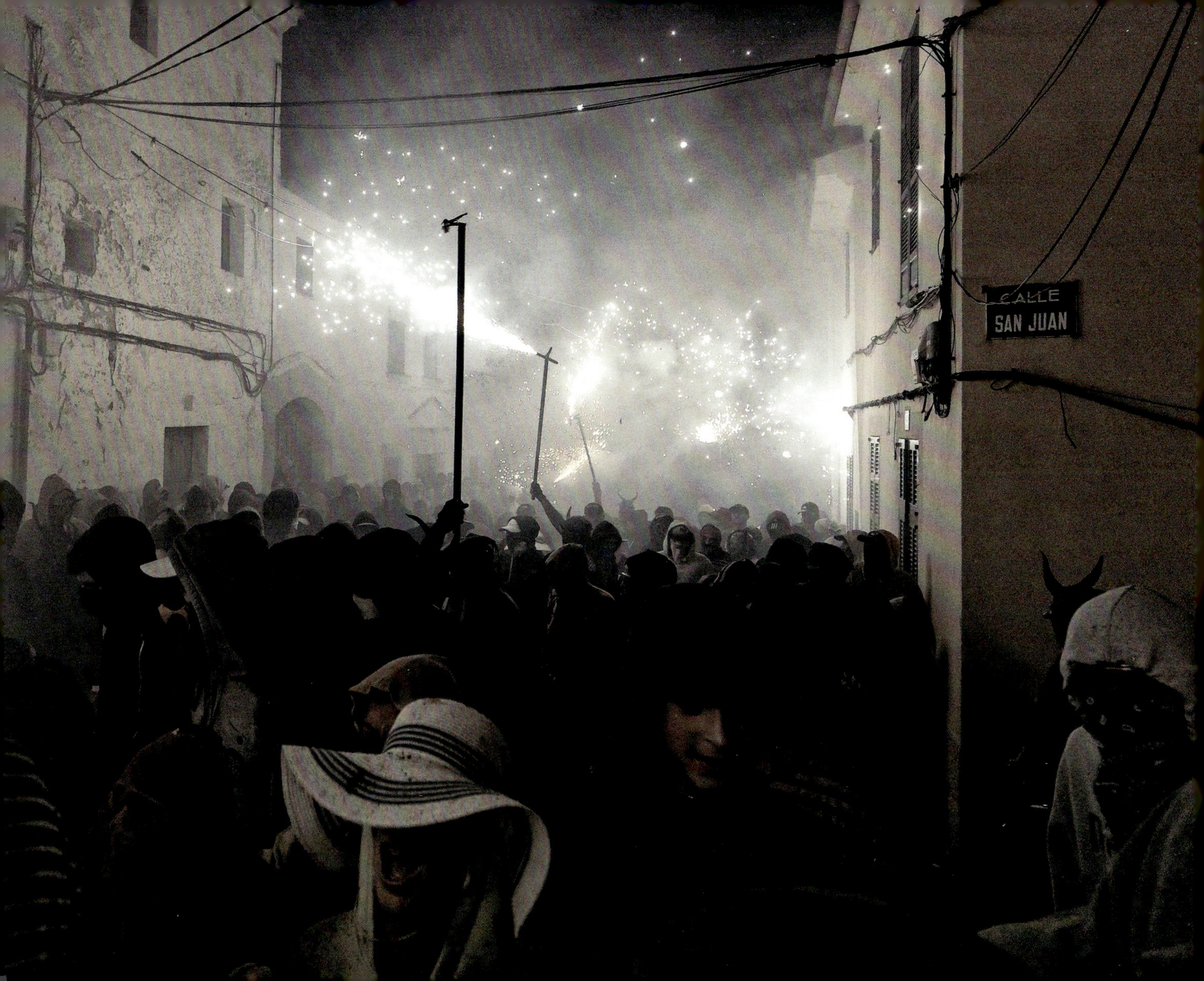
CALLE
SAN JUAN

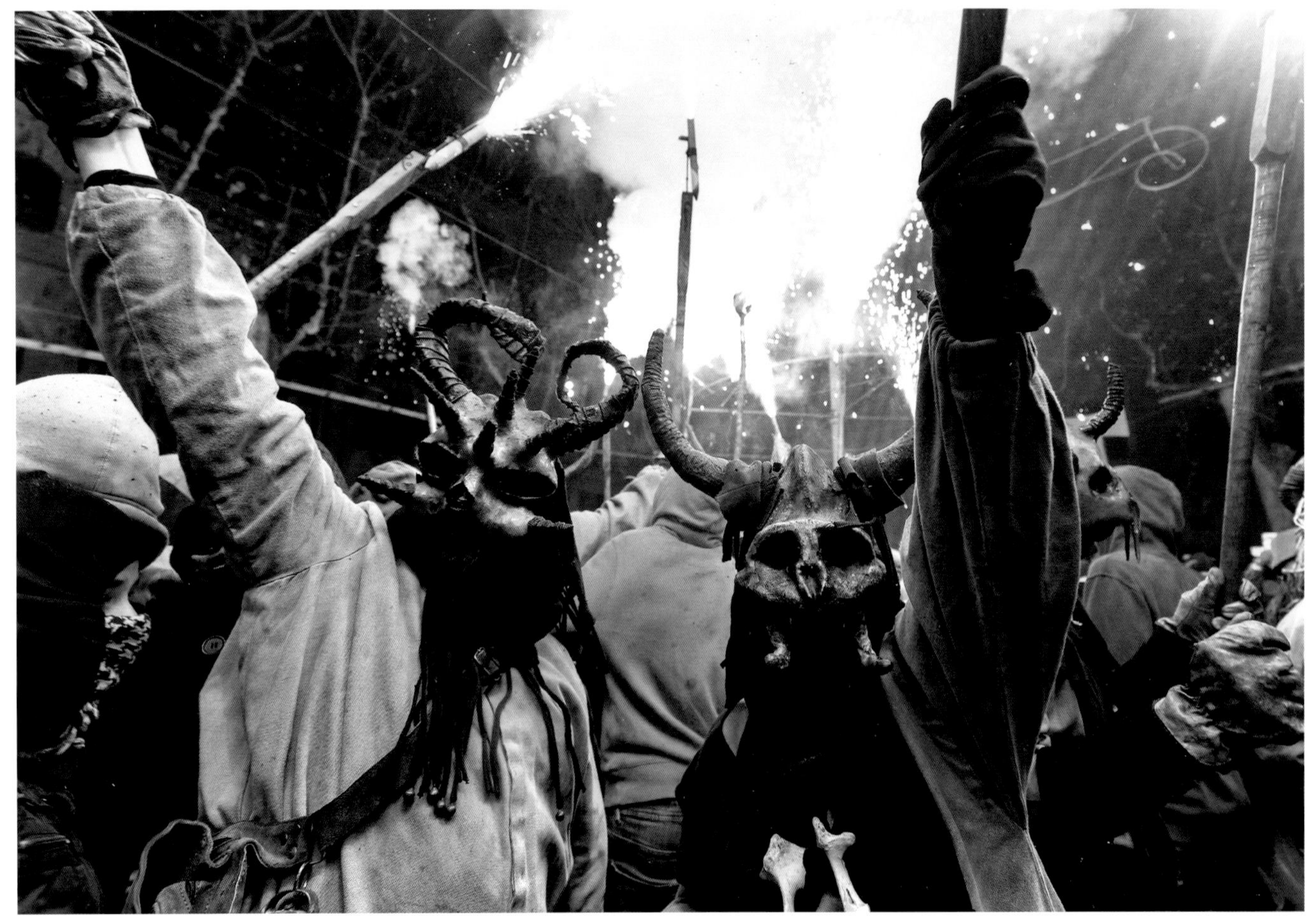

Sa Pobla - 01/2019

Pauken und Trommeln klingen kraftvoll mit einem ansteckenden Rhythmus, der immer mitreißender wird, und immer näher kommt. Jetzt erscheinen die „Dimonis", diese Teufel mit ihrer unbändigen Kraft. Inmitten des Feuers, des Rauchs, der Funken und dem ohrenbetäubenden Pfeifen des Feuerwerks, inmitten dieses Trubels, der Sprünge und stürmischen Bewegungen scheint die sonst so konkrete Grenze zwischen Realität und Fantasie zu verschwimmen, und für eine kurze Zeit kann man glücklich in diese „Unterwelt" eintauchen. Und es gibt in diesem kurzen Augenblick kein Entkommen. Man ist den gehörnten Kreaturen ausgeliefert. In diesem Momenten der Kopflosigkeit und des Überschwangs vergisst man sogar, dass es sich um Menschen handelt, es sind doch nur Personen, die sich verkleidet haben. Aber sie halten unser Schicksal in der Hand, und sie ziehen uns in ihr Reich, wir sind verdammt, aber glücklich, jenseits von Gut und Böse. Und darum geht es doch in der Hölle, oder? Und dorthin geht es.

LUCIO VALMAGGIA

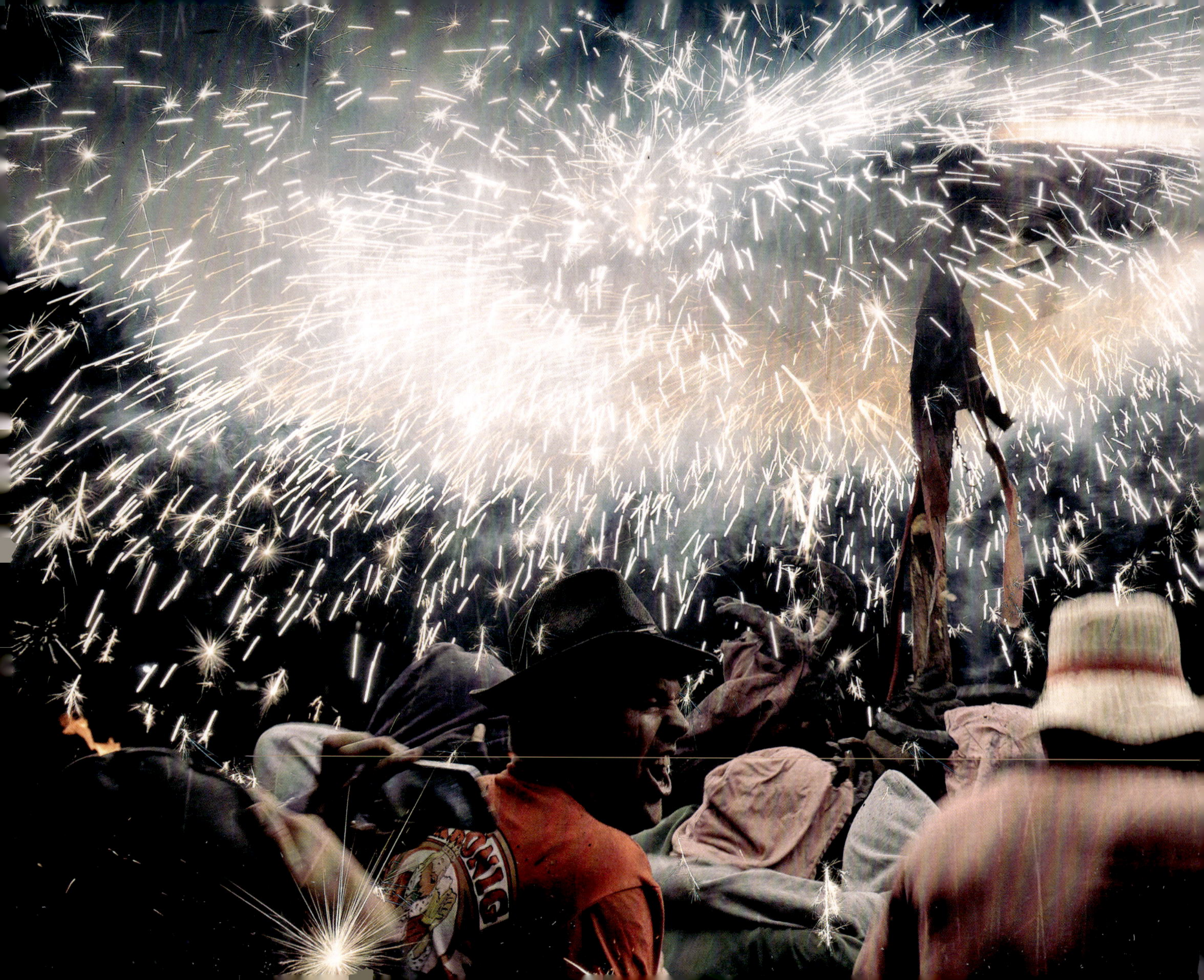

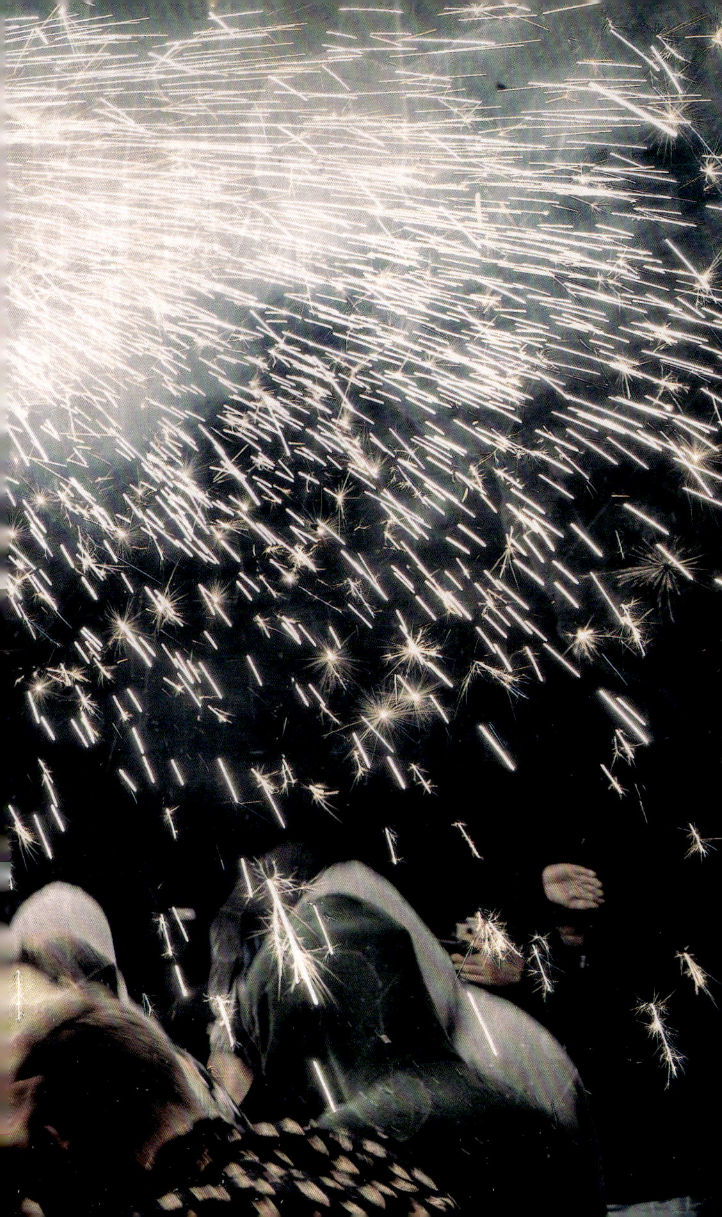

Felanitx - 08/2019

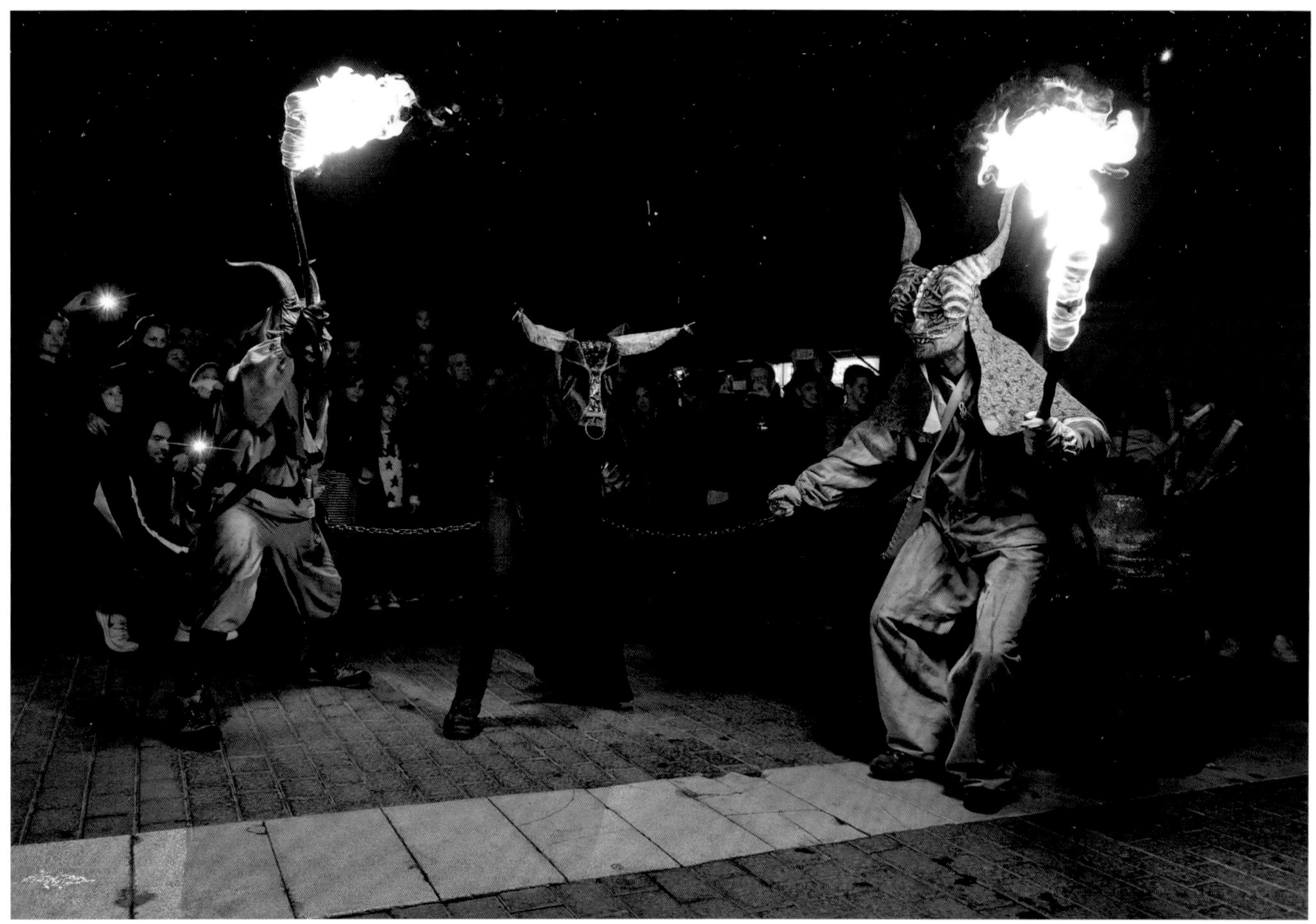

Inca - 11/2018

Kettle and side drums resound with a contagious energy and rhythm, increasingly louder, coming closer and closer. The "devils" enter the stage, now in person, now in full power. Amidst fire, smoke, sparks and the deafening screaming of the fireworks; among so much racket, jumping, explosions and frenetic movements, the normally clear line between reality and fantasy seems to fade away, and fleetingly but happily we also become part of this festive "infra-world". For a few moments there is no escape. We are at the mercy of these horned "creatures". Bewildered and overexcited, we even forget their obvious humanity, that is, they are just people who are dressed up. Now everything is in their hands; and we are irremediably dragged into their domains, condemned but happy, beyond good and evil. Is this what Hell is about? Well, let's go there.

LUCIO VALMAGGIA

Palma - 06/2017

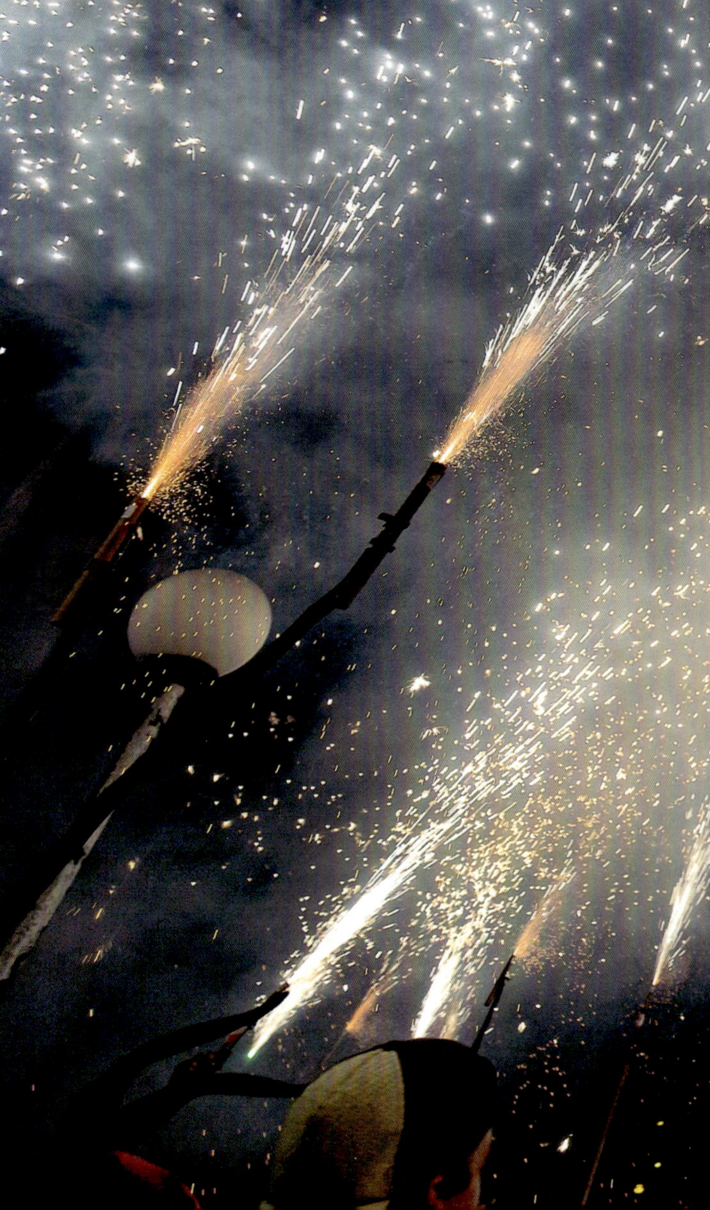

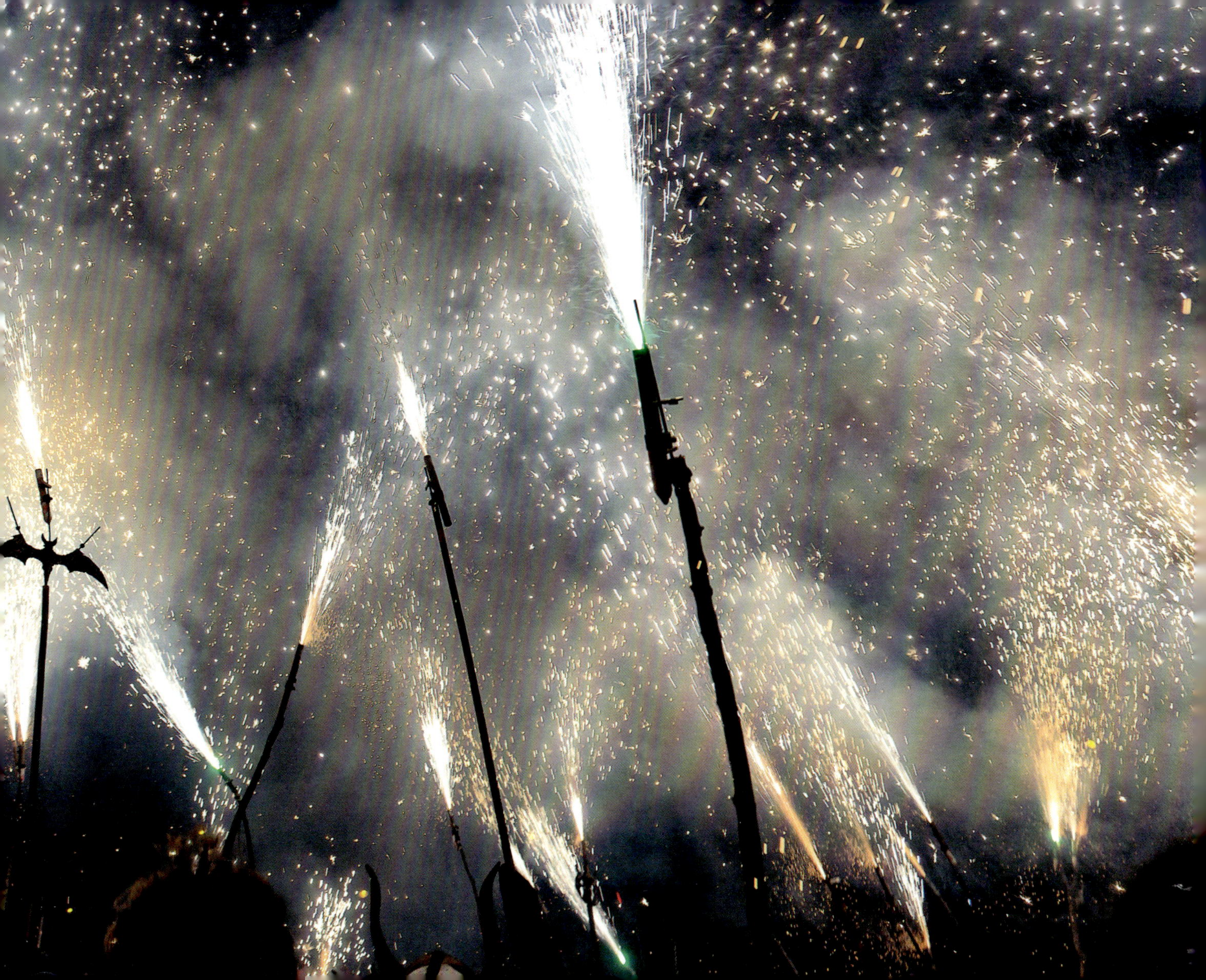

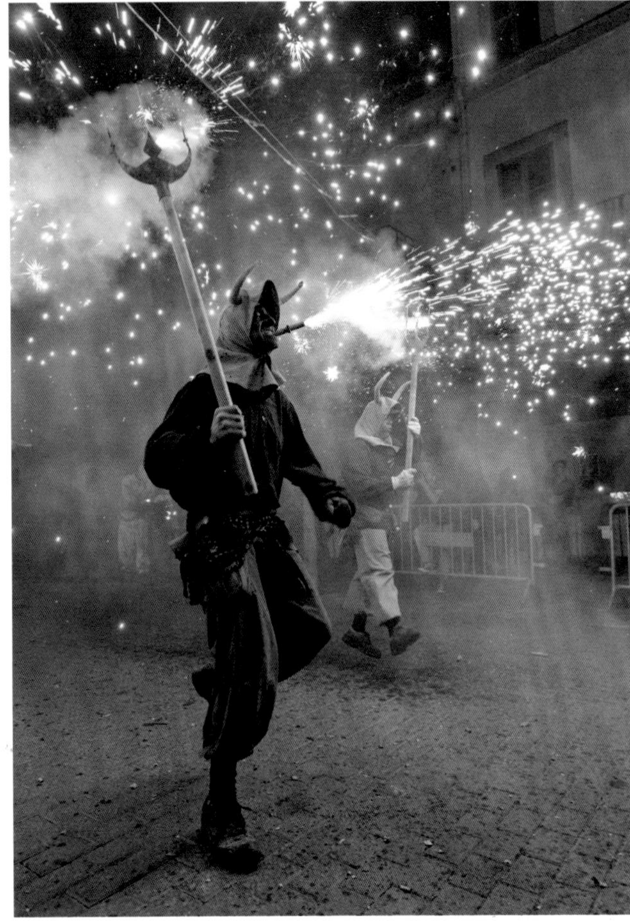

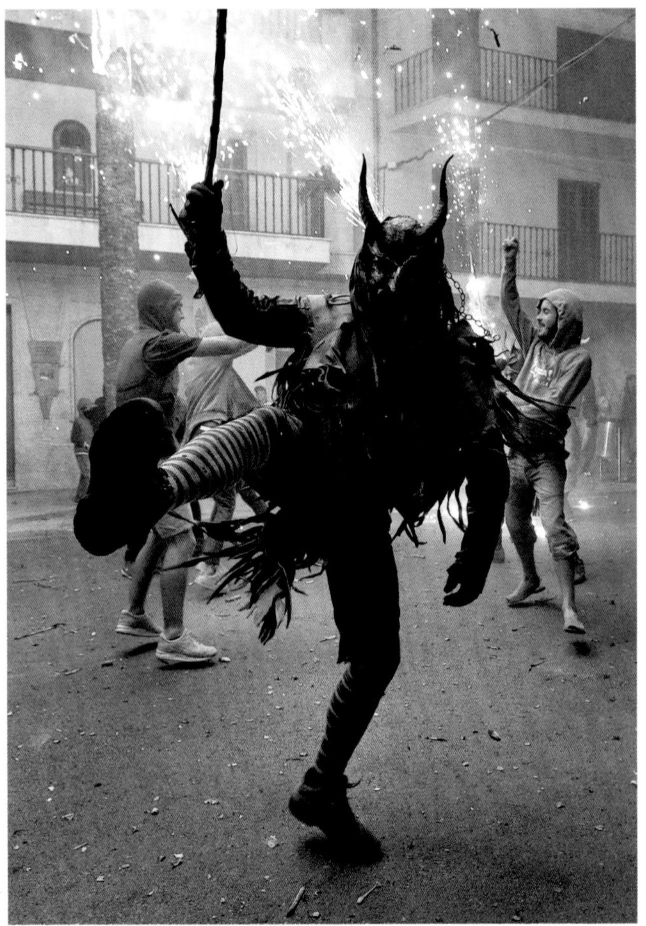

Muro - 06/2019

Santa Margalida - 08/2018

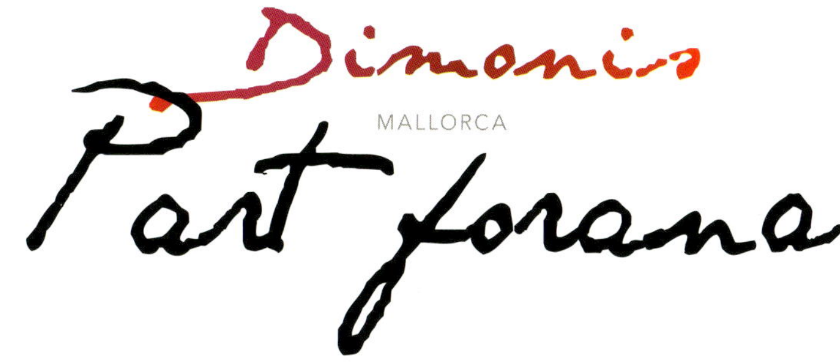

Part Forana és la denominació que rep tot el territori de Mallorca no pertanyent a la capital, Palma..

Part Forana es la denominación que recibe todo el territorio de Mallorca no perteneciente a su capital, Palma.

Alles, was in Mallorca nicht zu der Hauptstadt Palma gehört, wird als „Part Forana" bezeichnet.

Part Forana is the name given to the whole territory of Majorca that does not belong to its capital, Palma.

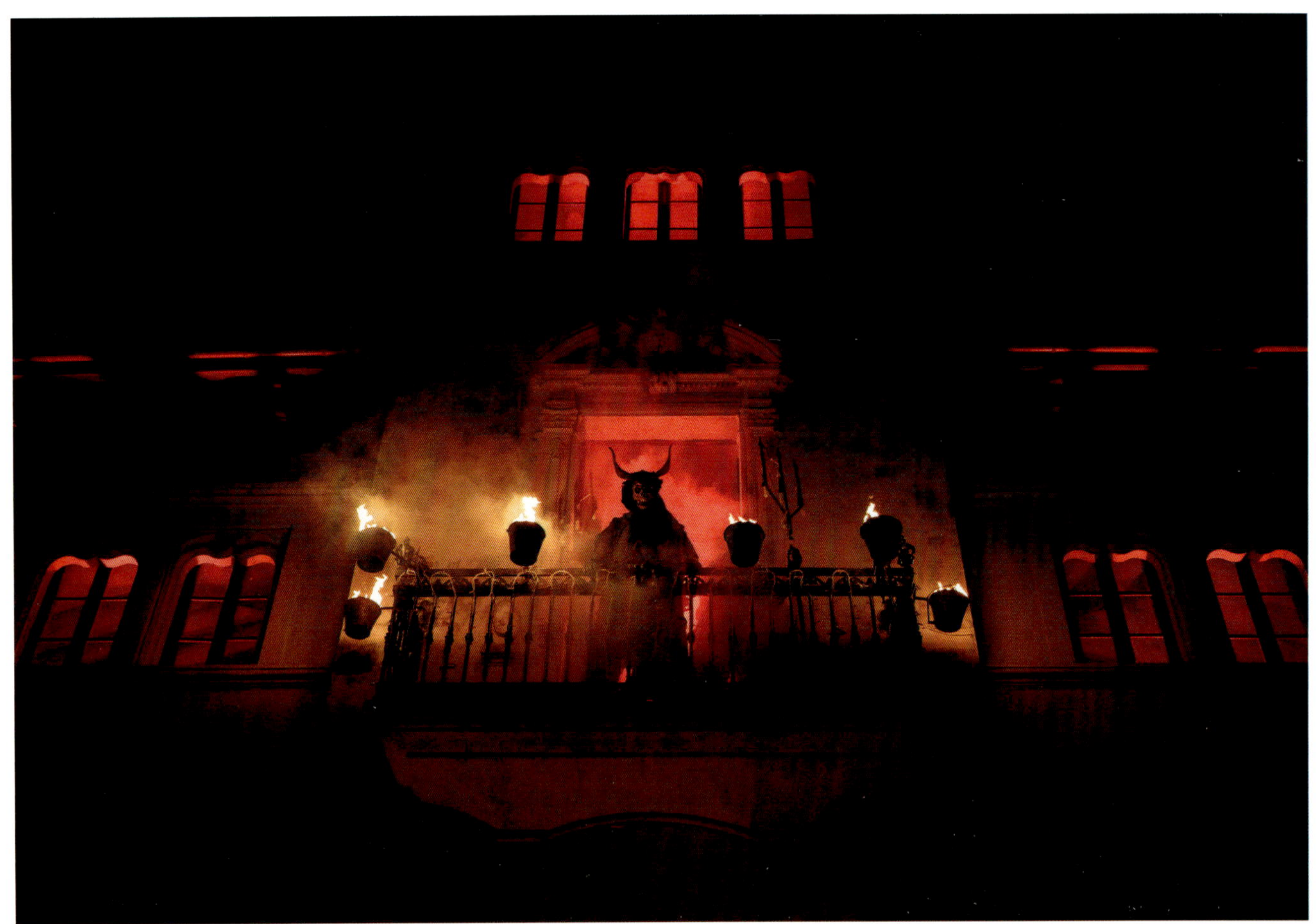

Alcúdia - 01/2020

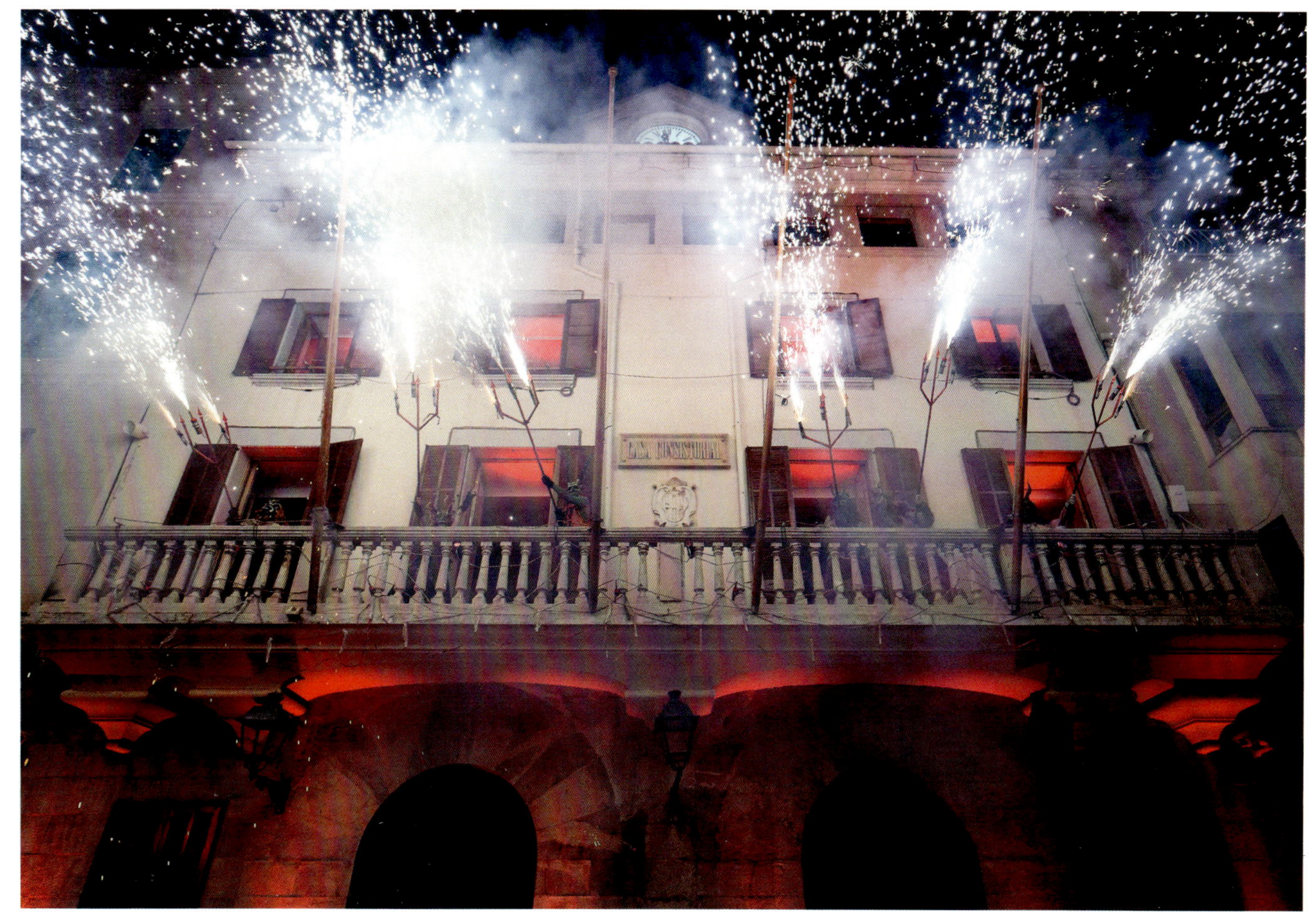

Inca - 11/2018

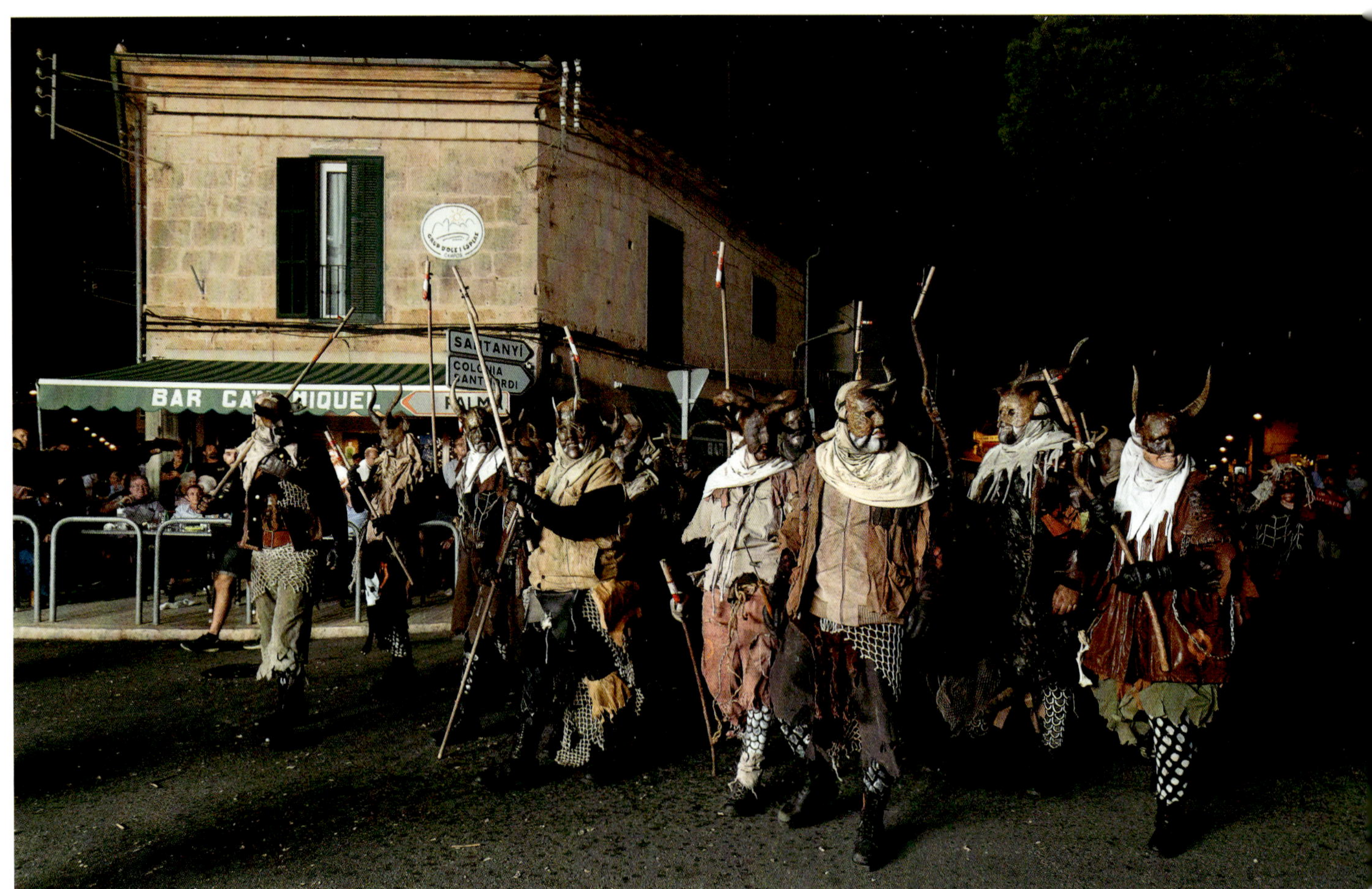

Campos - 08/2018

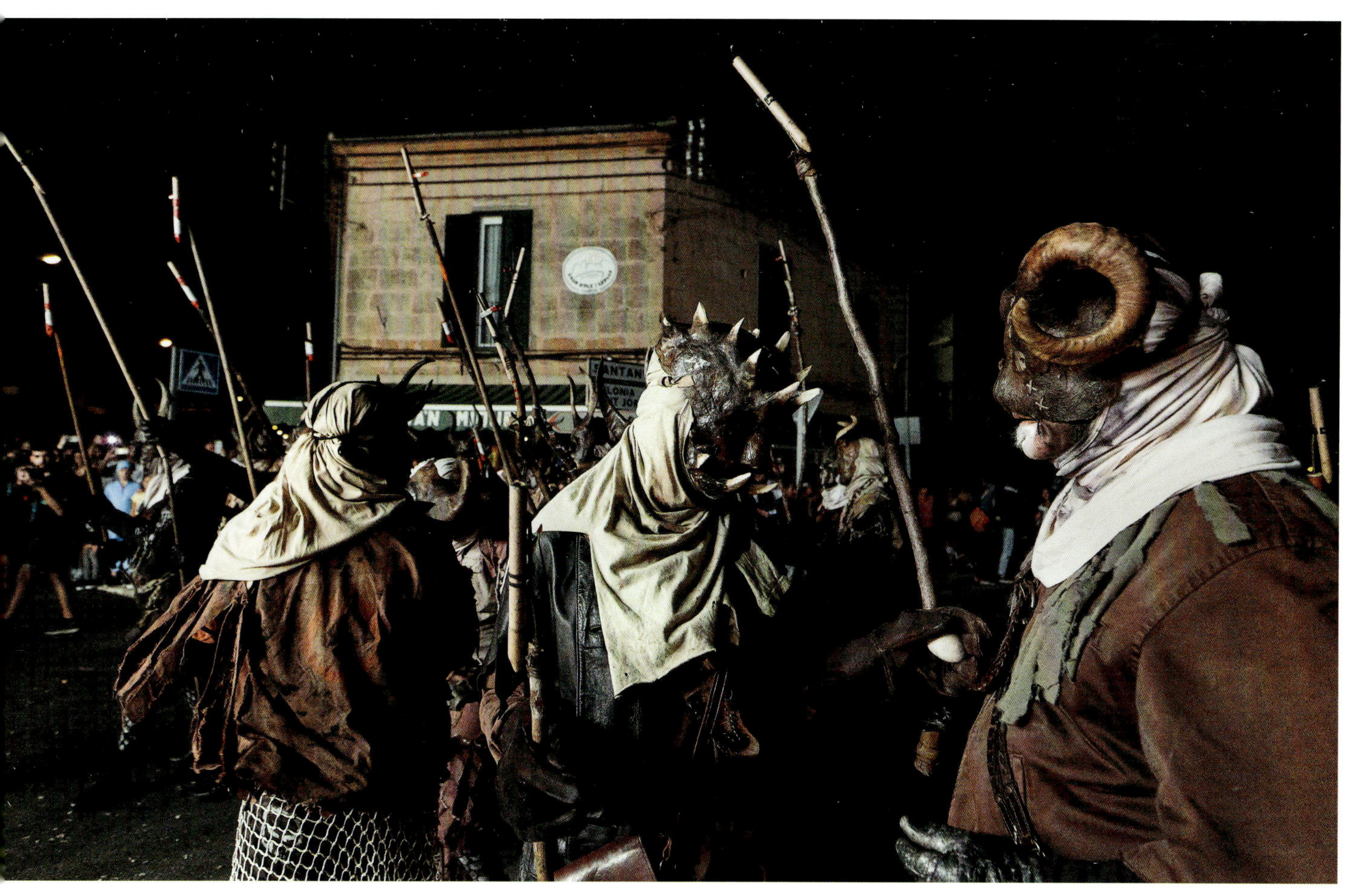

Campos - 08/2018

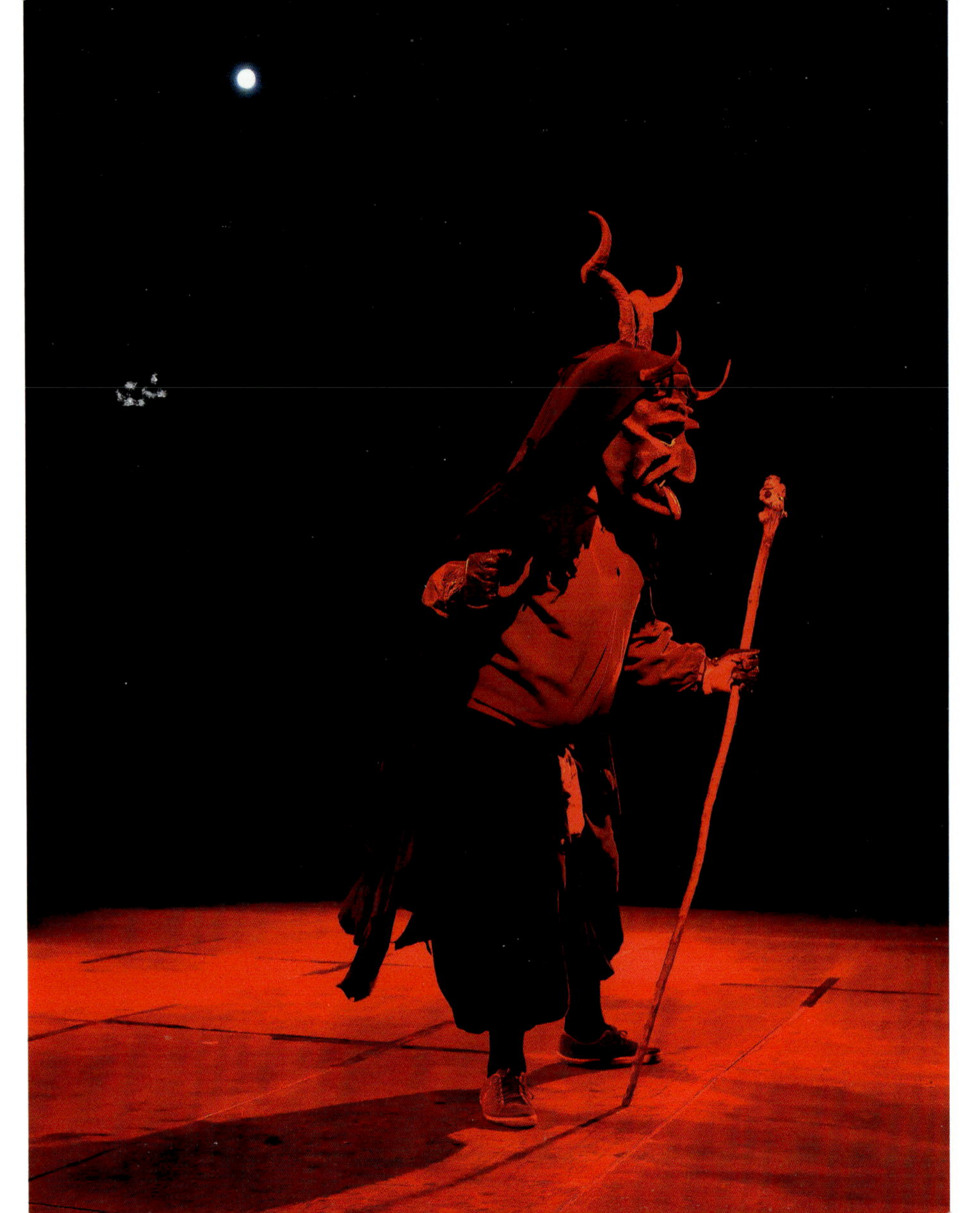

Vilafranca de Bonany - 07/2018

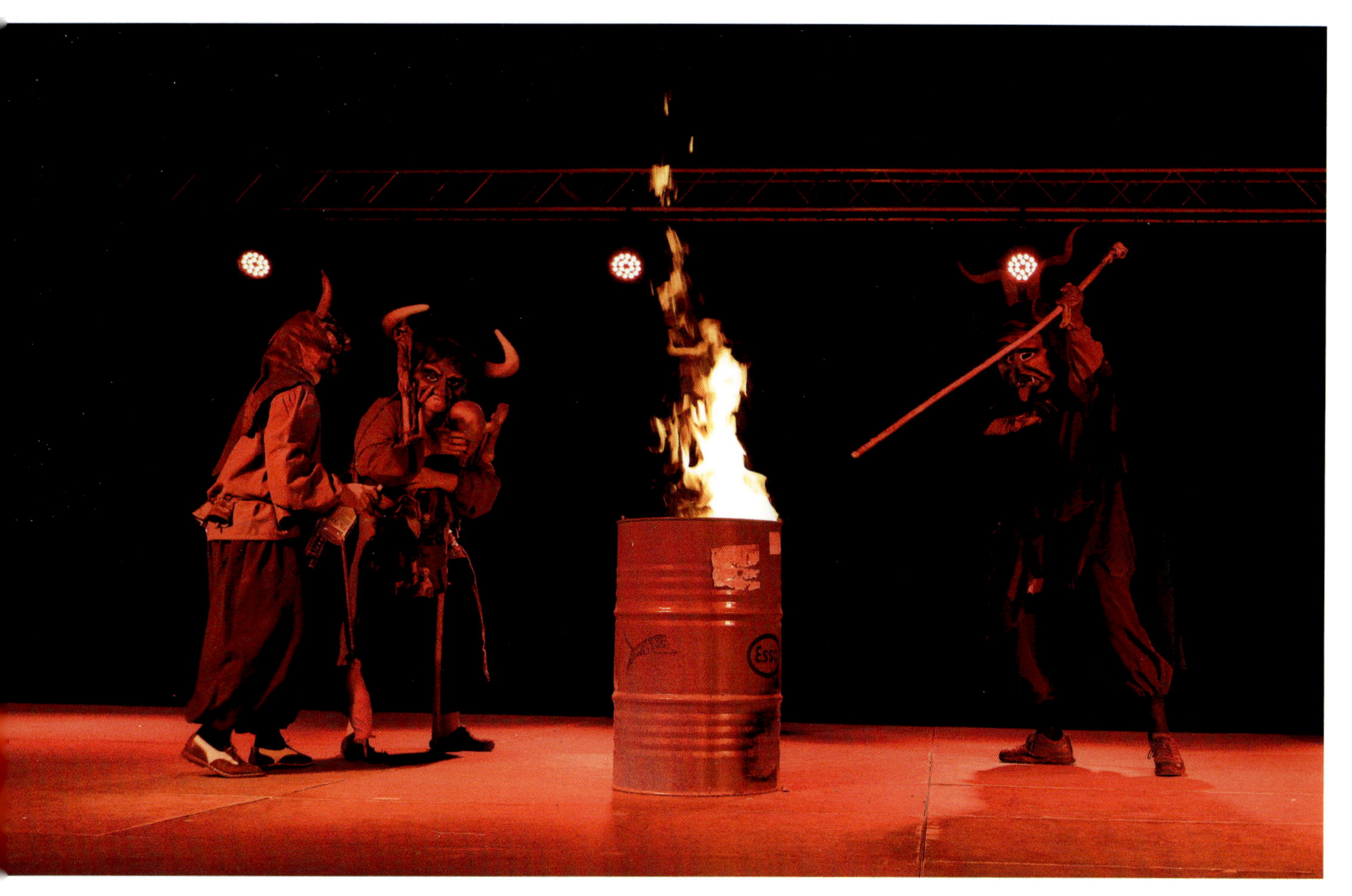

Vilafranca de Bonany - 07/2019

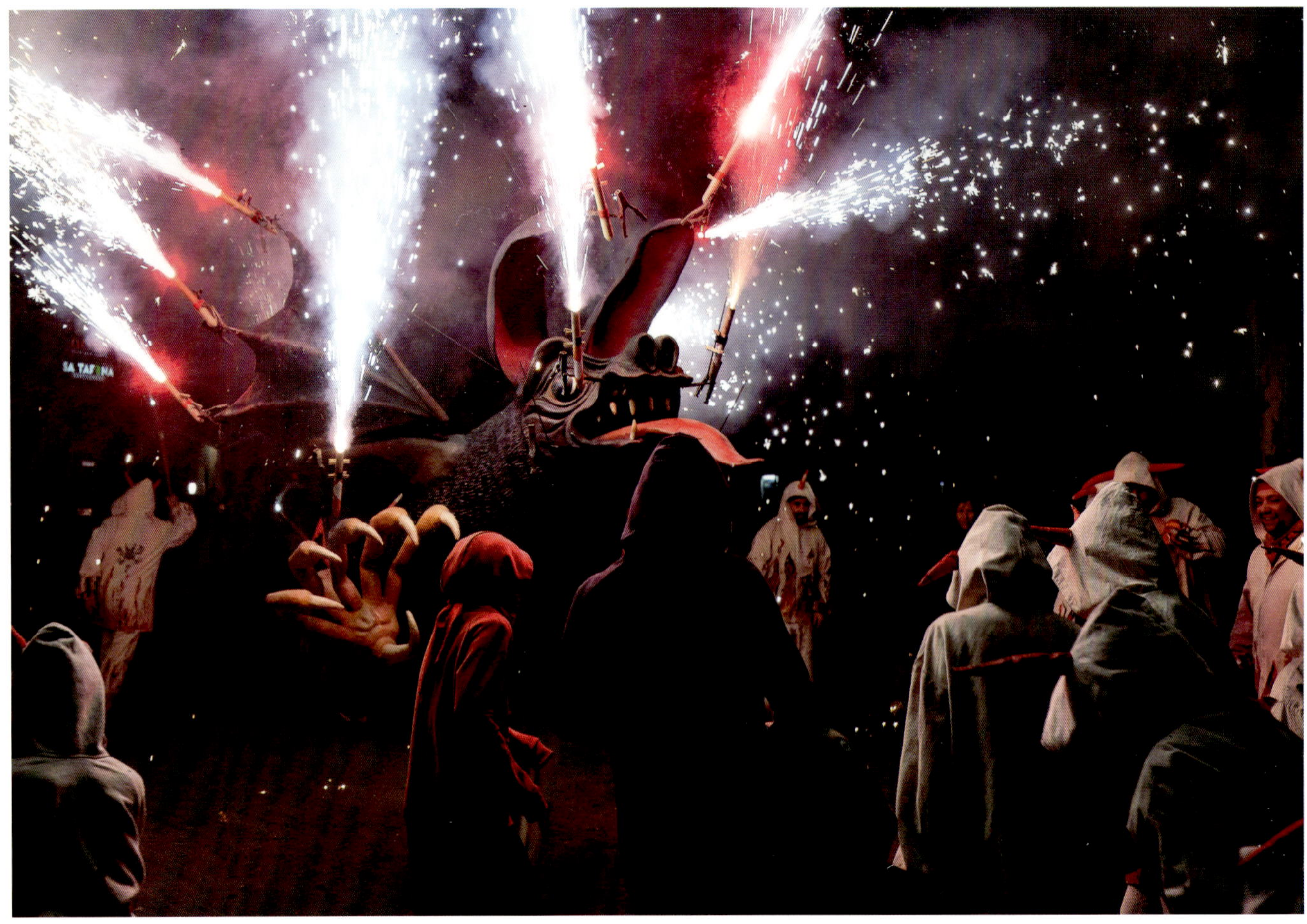

Alaró - 01/2019

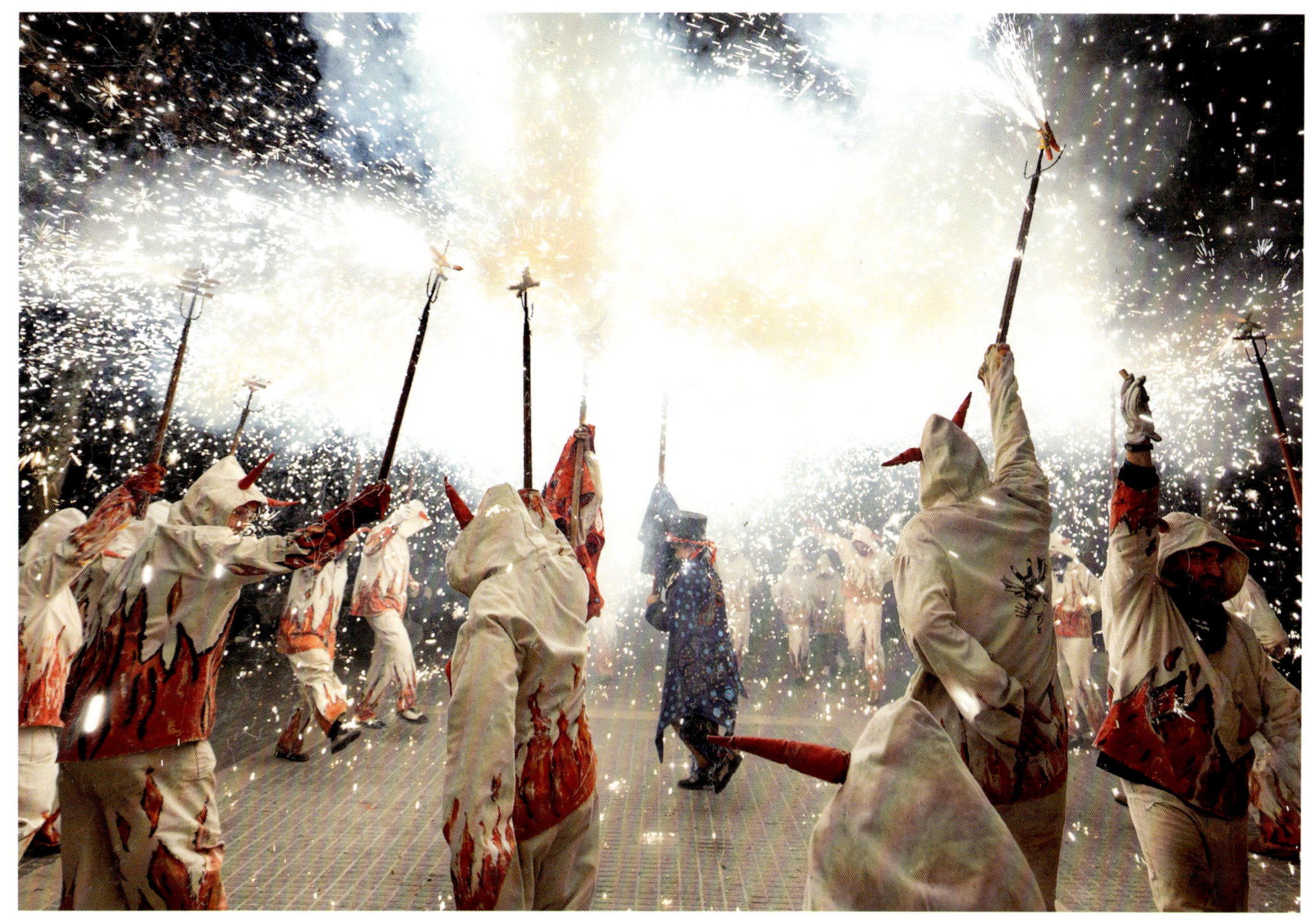

Alaró - 01/2019

Porreres - 08/2019

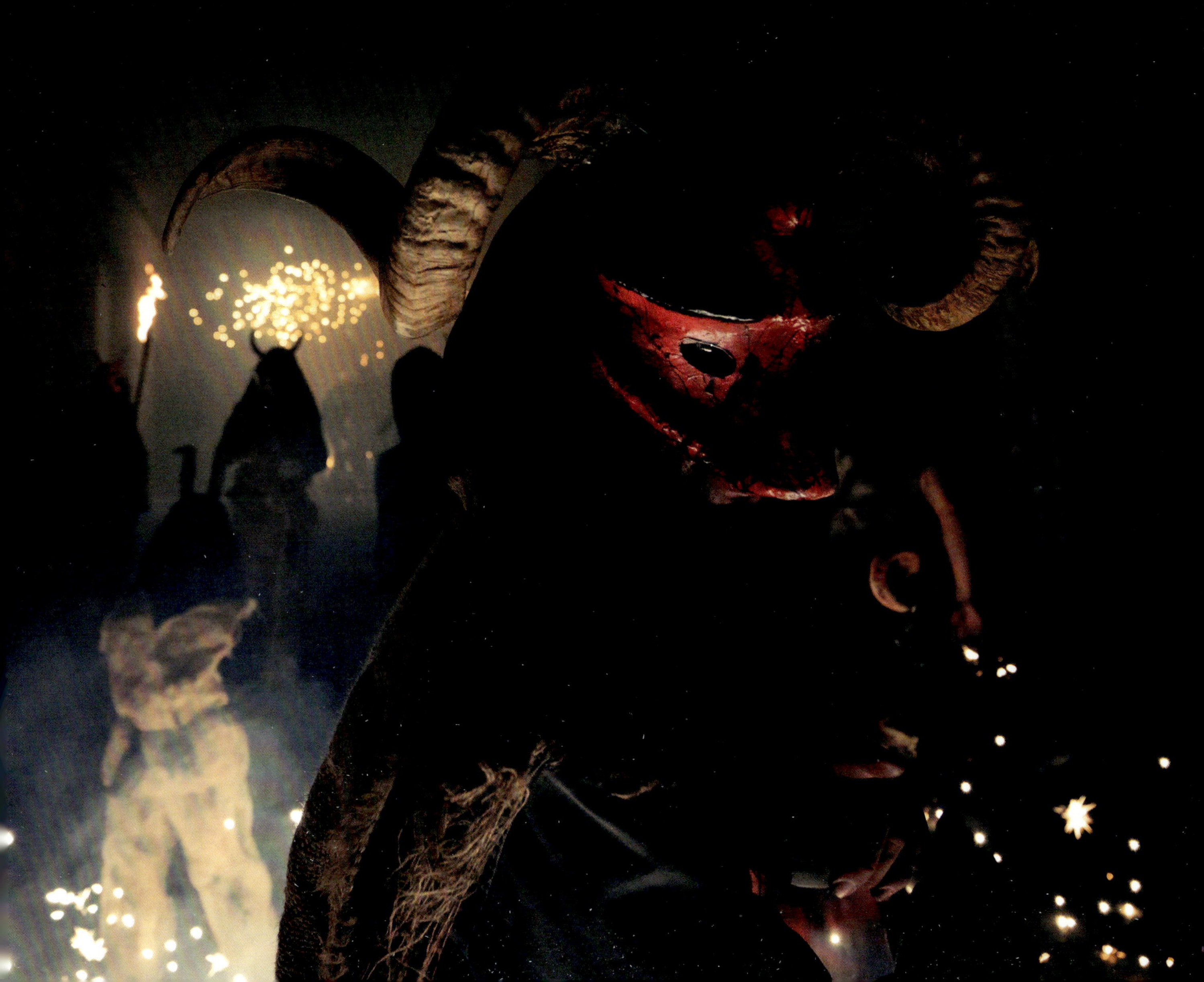

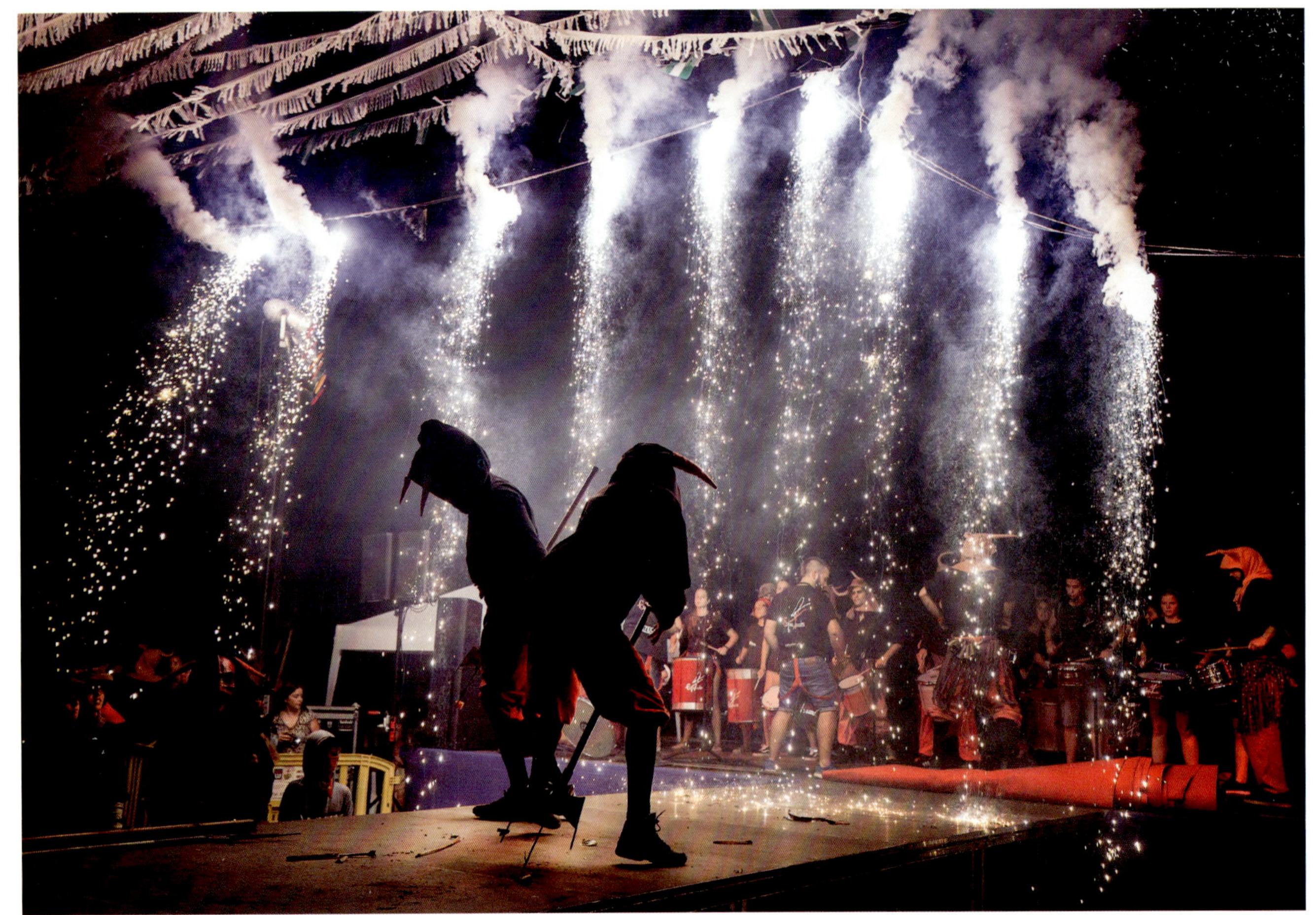

Can Picafort - 08/2018

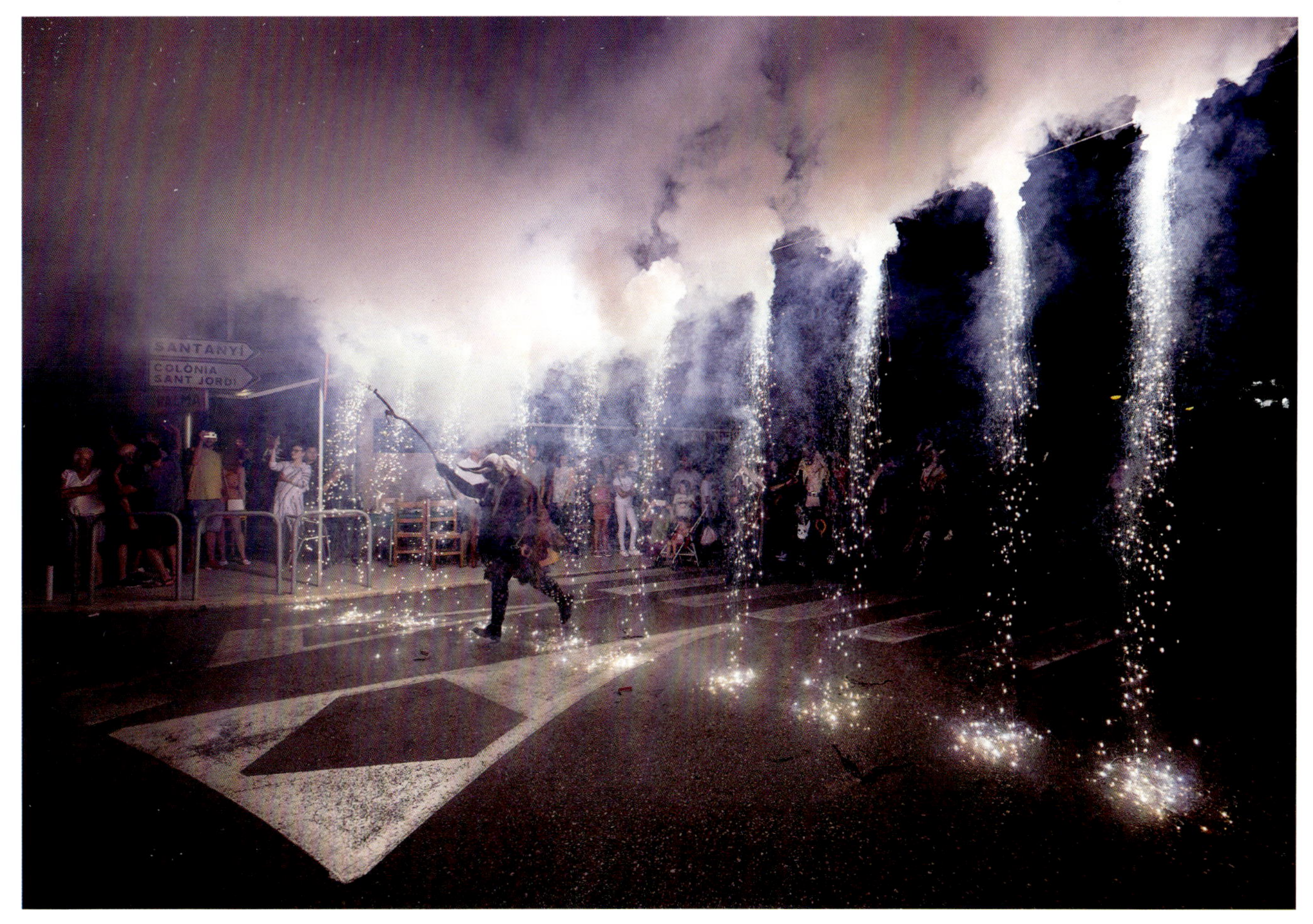

Campos - 08/2018

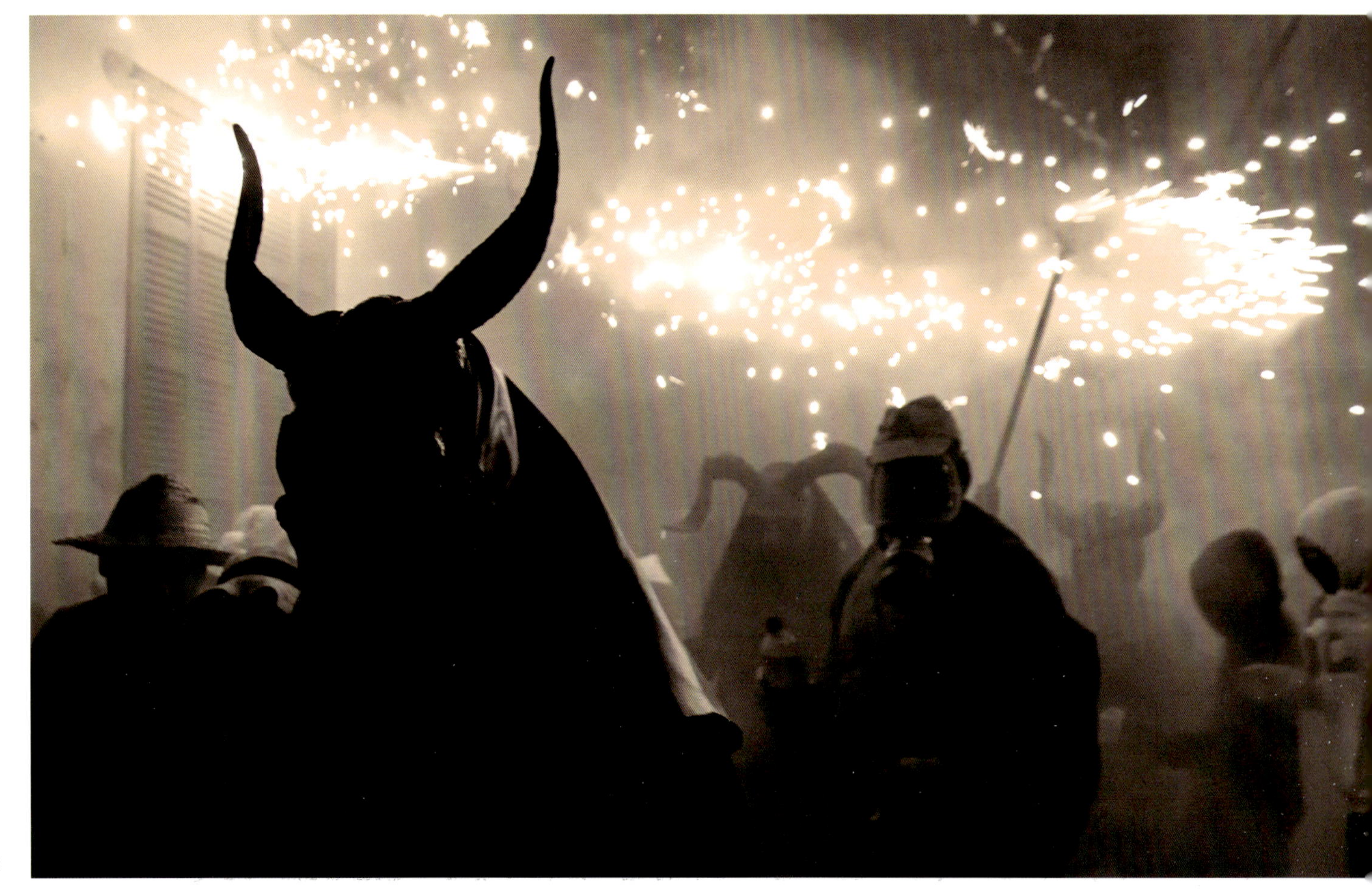

Capdepera - 08/2015

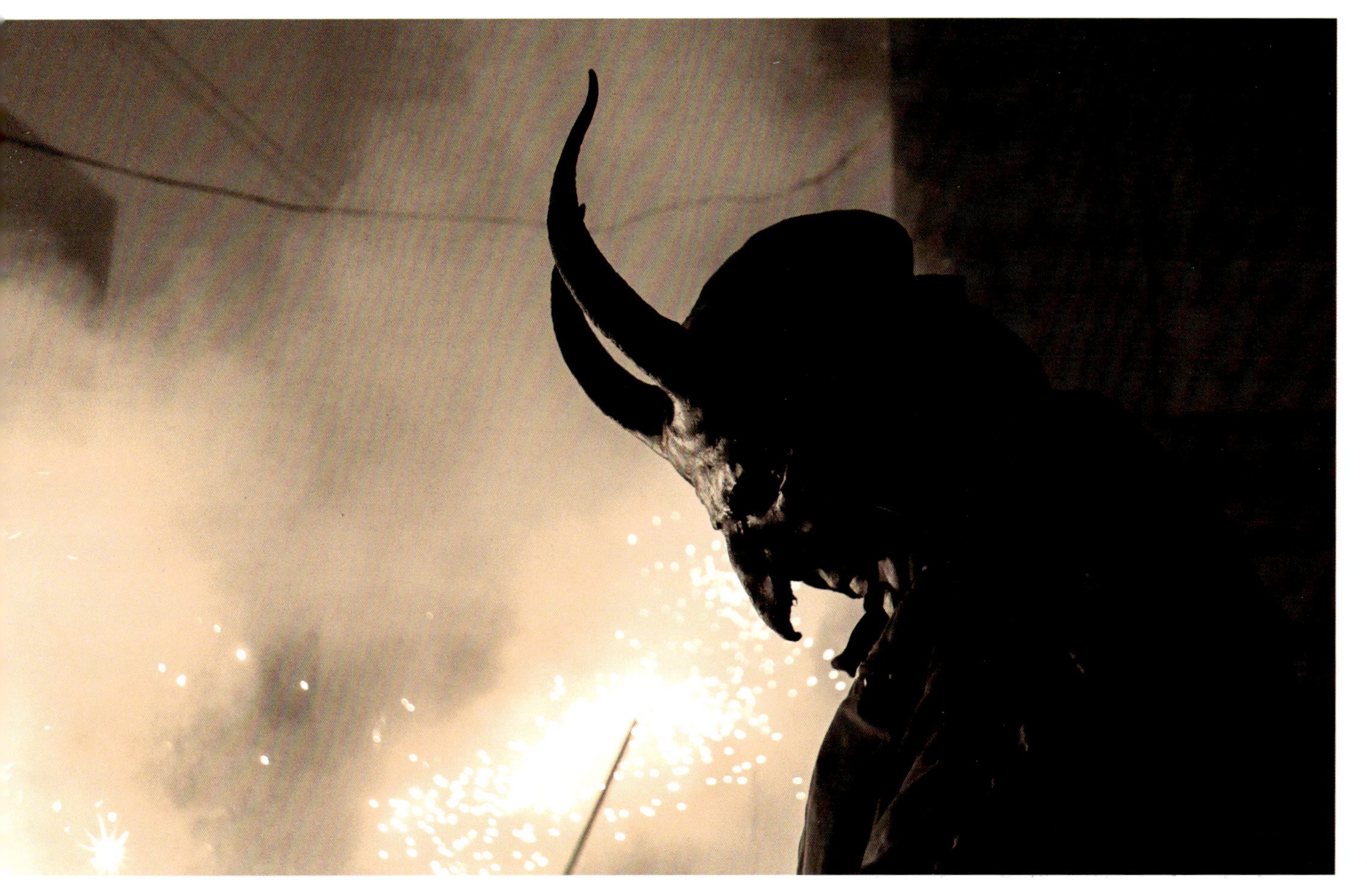

Capdepera - 08/2015

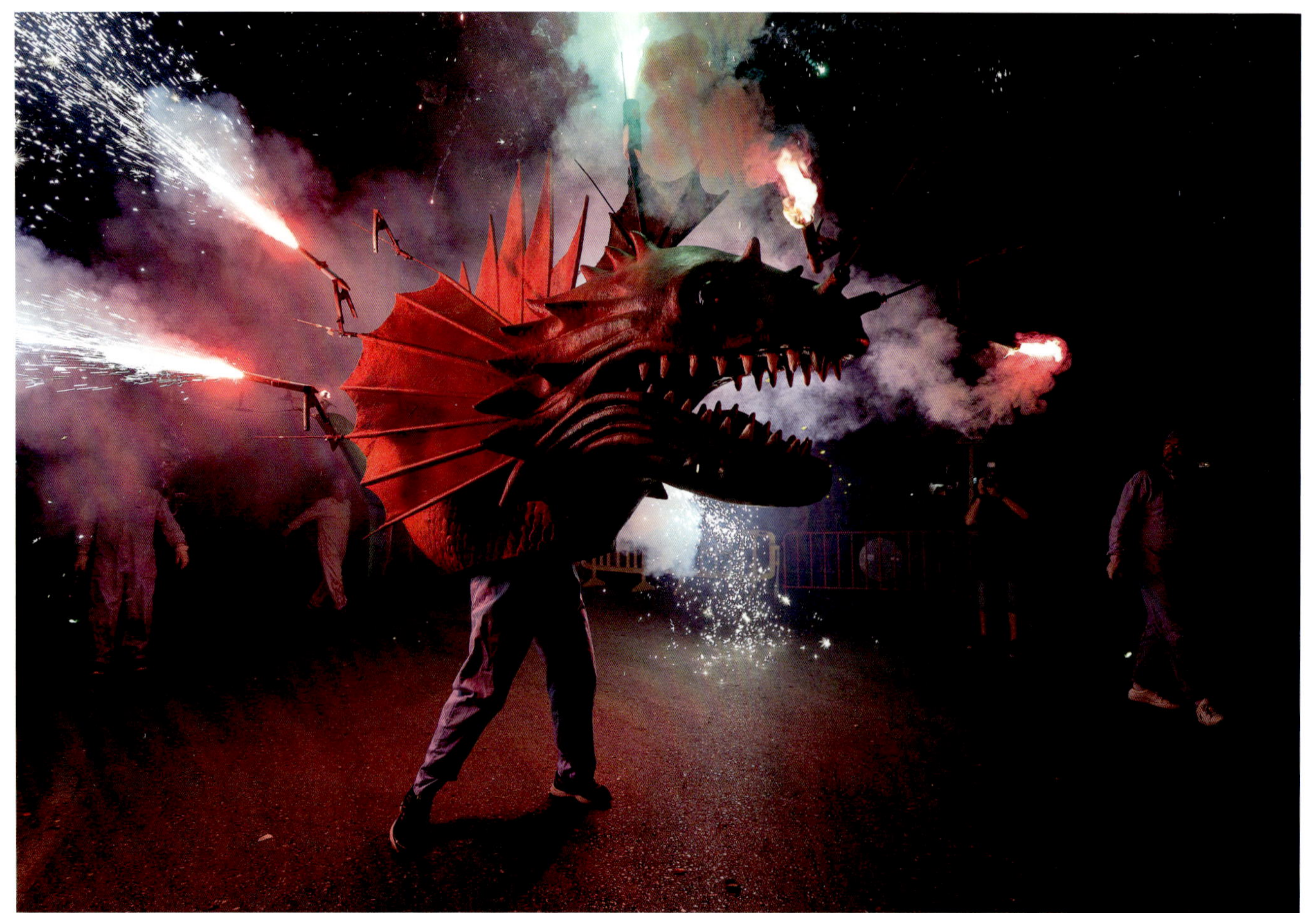

Campos - 08/2018

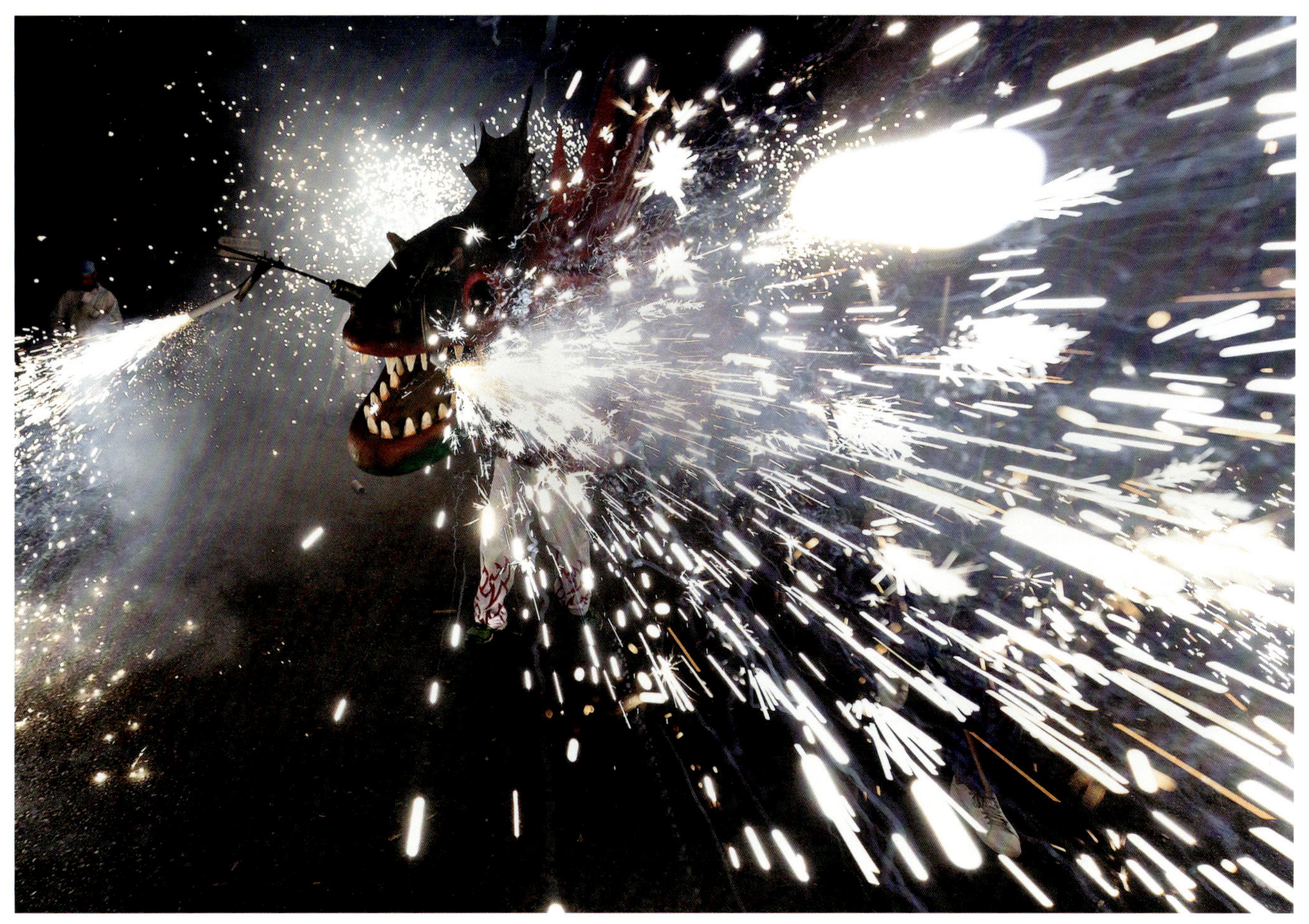

Campos - 08/2018

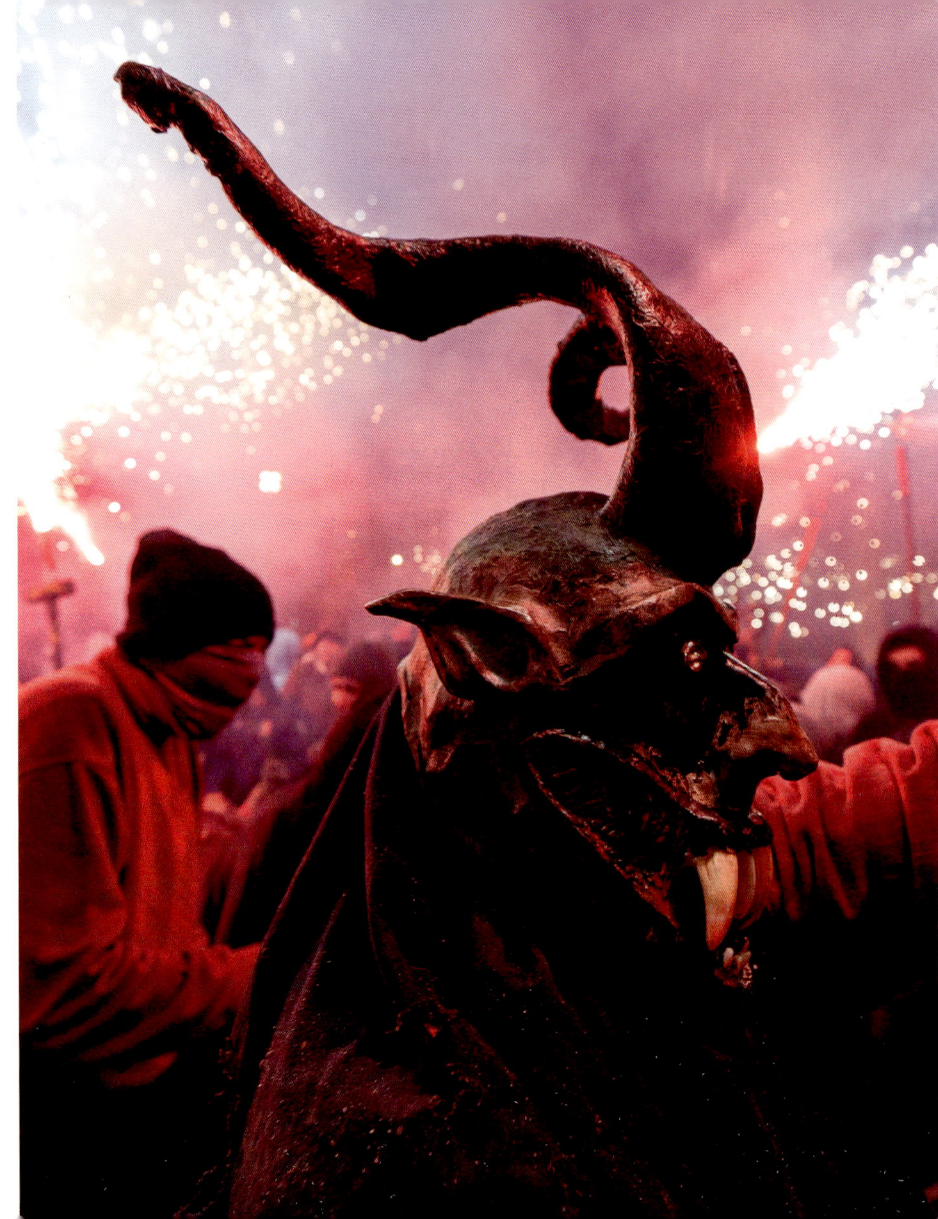

Sa Pobla - 01/2019

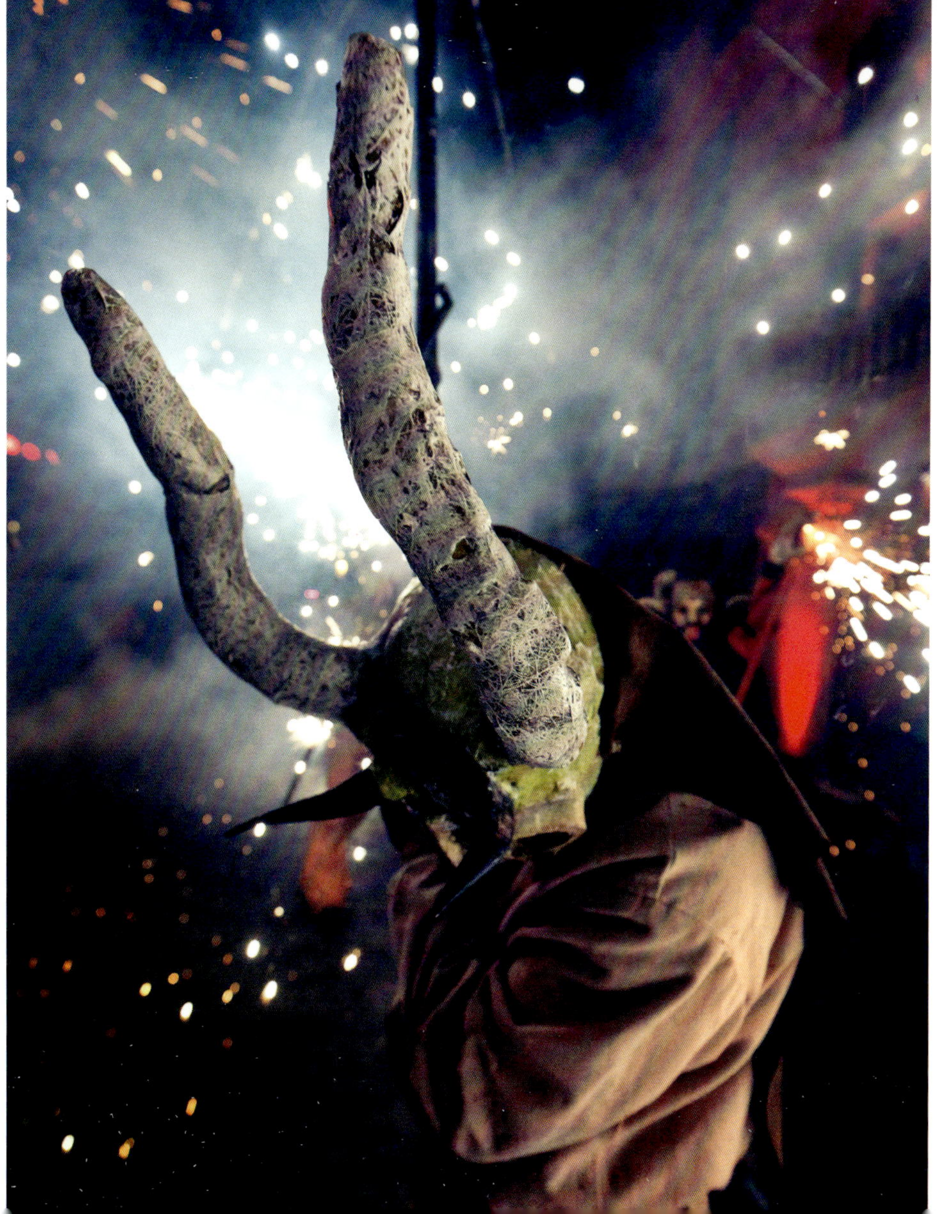

Inca - 11/2018

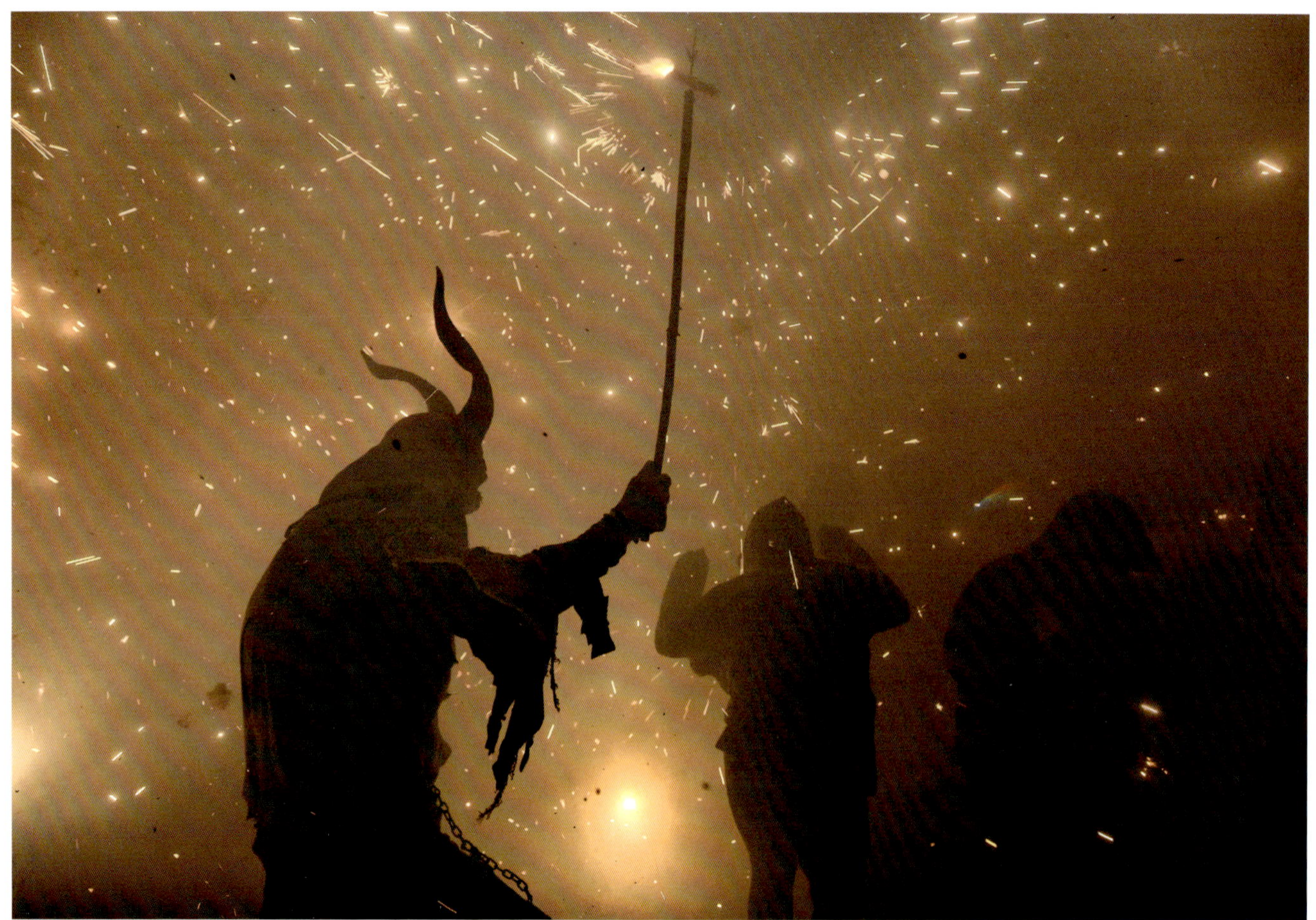

Artà - 08/2019

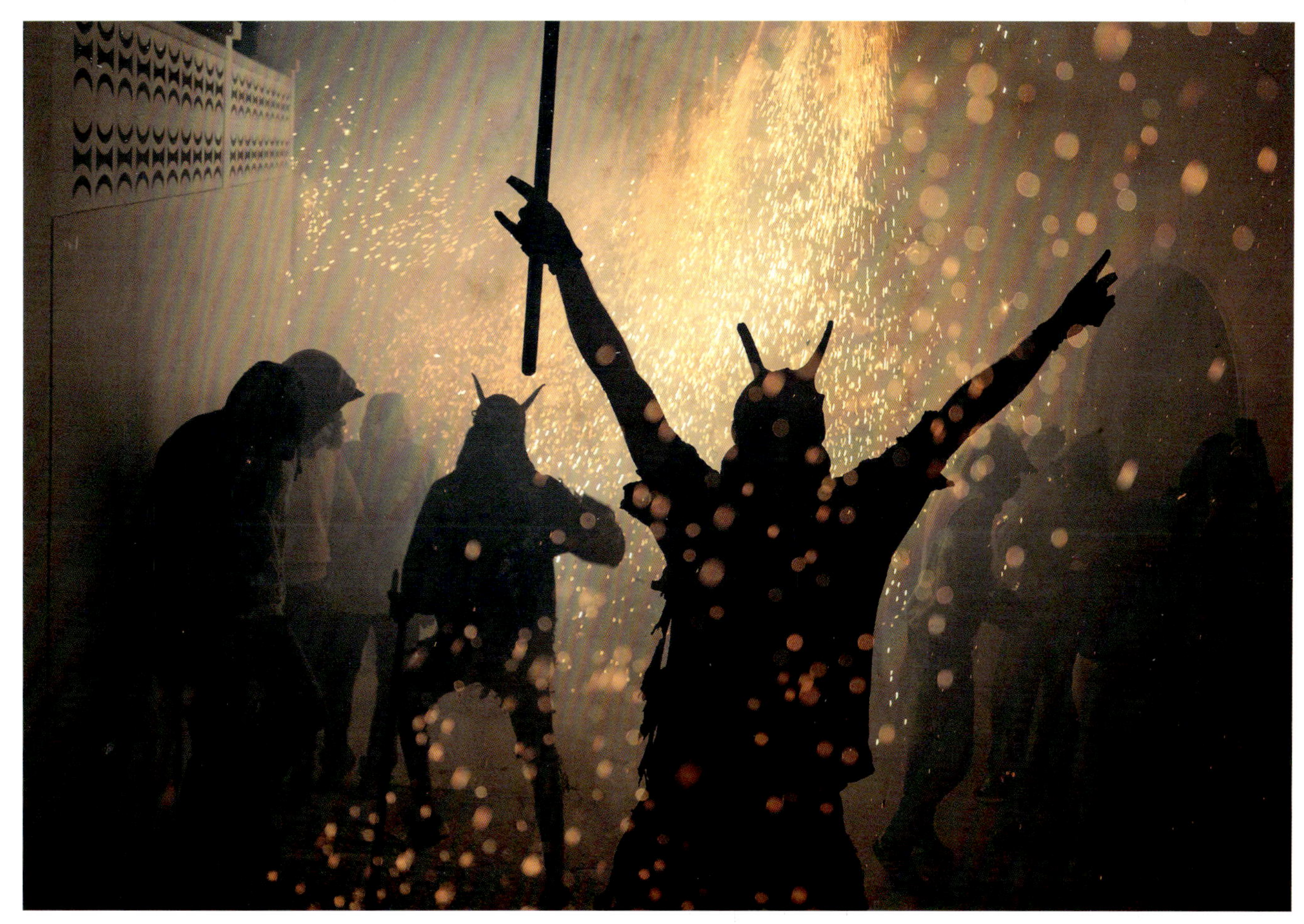

Capdepera - 08/2019

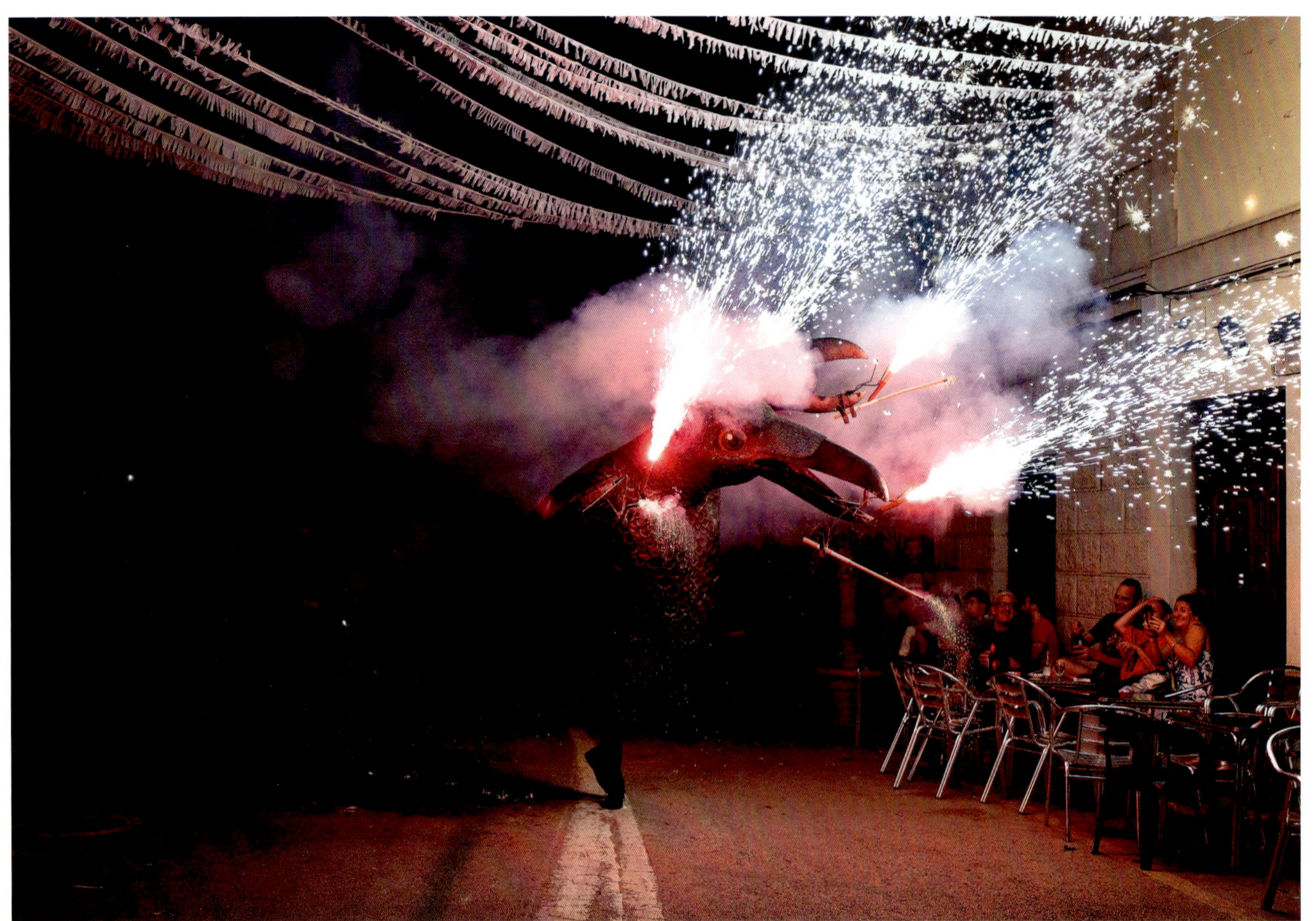

Sant Joan - 08/2018

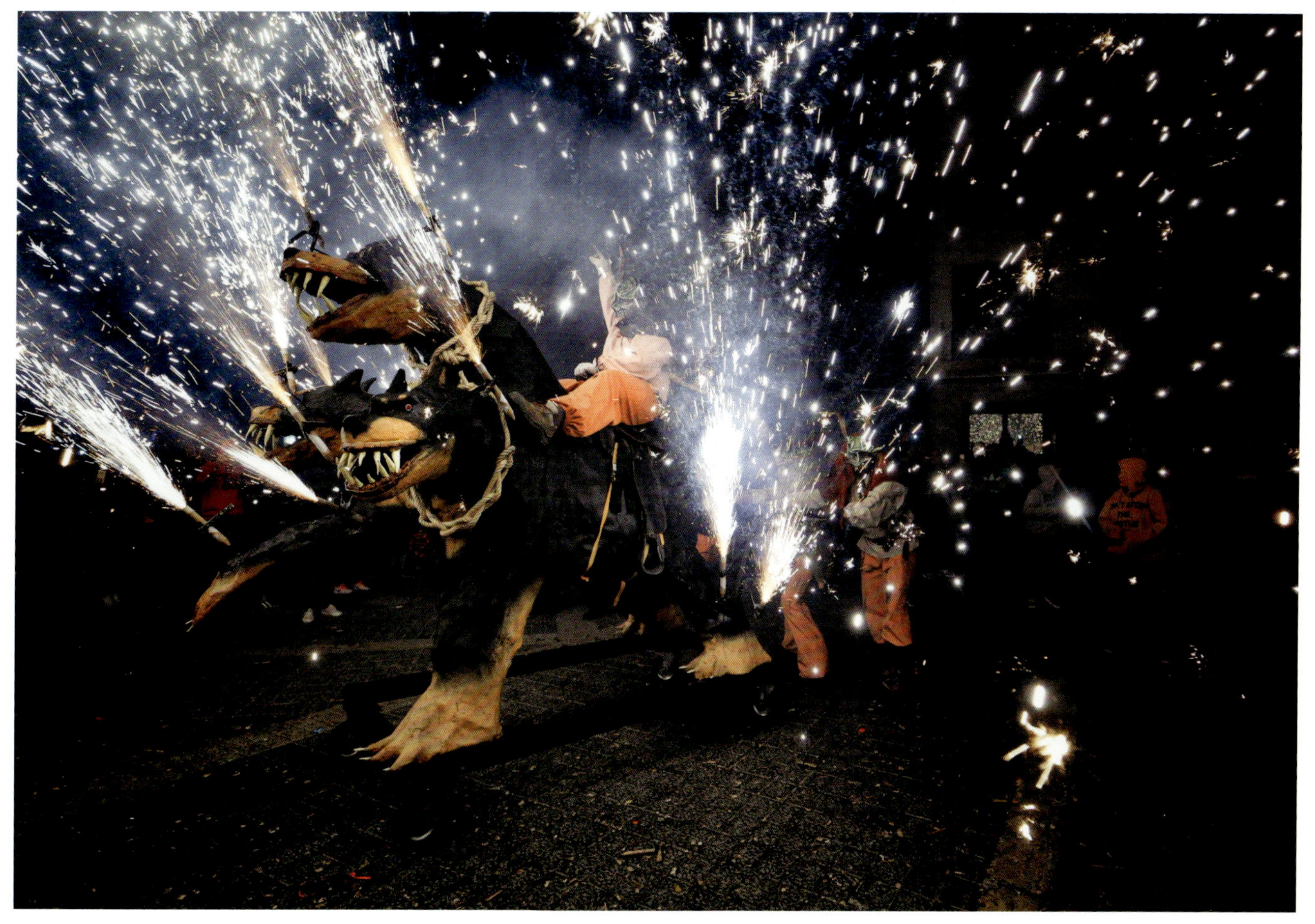

Inca - 11/2018

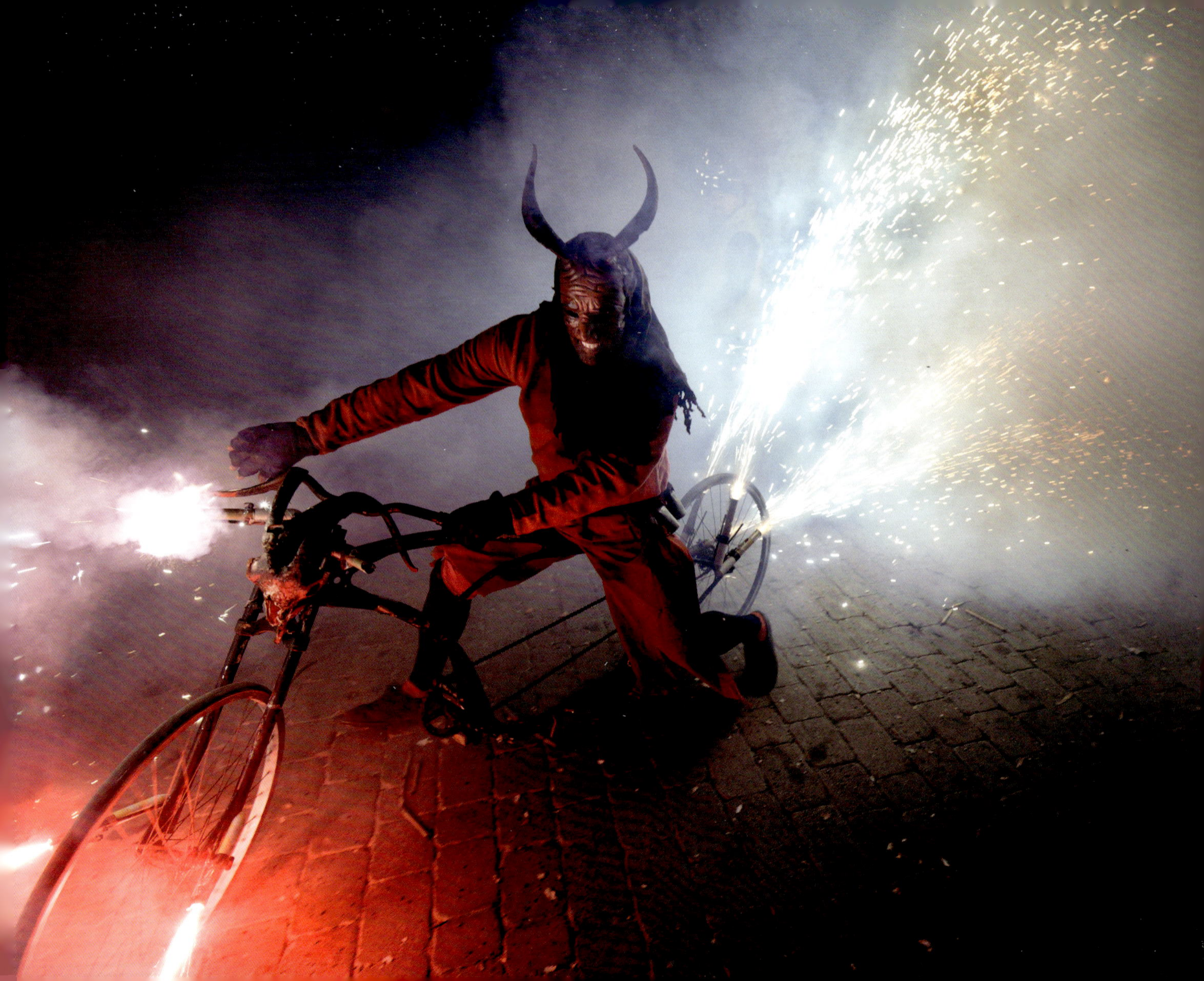

Alcúdia - 01/2020

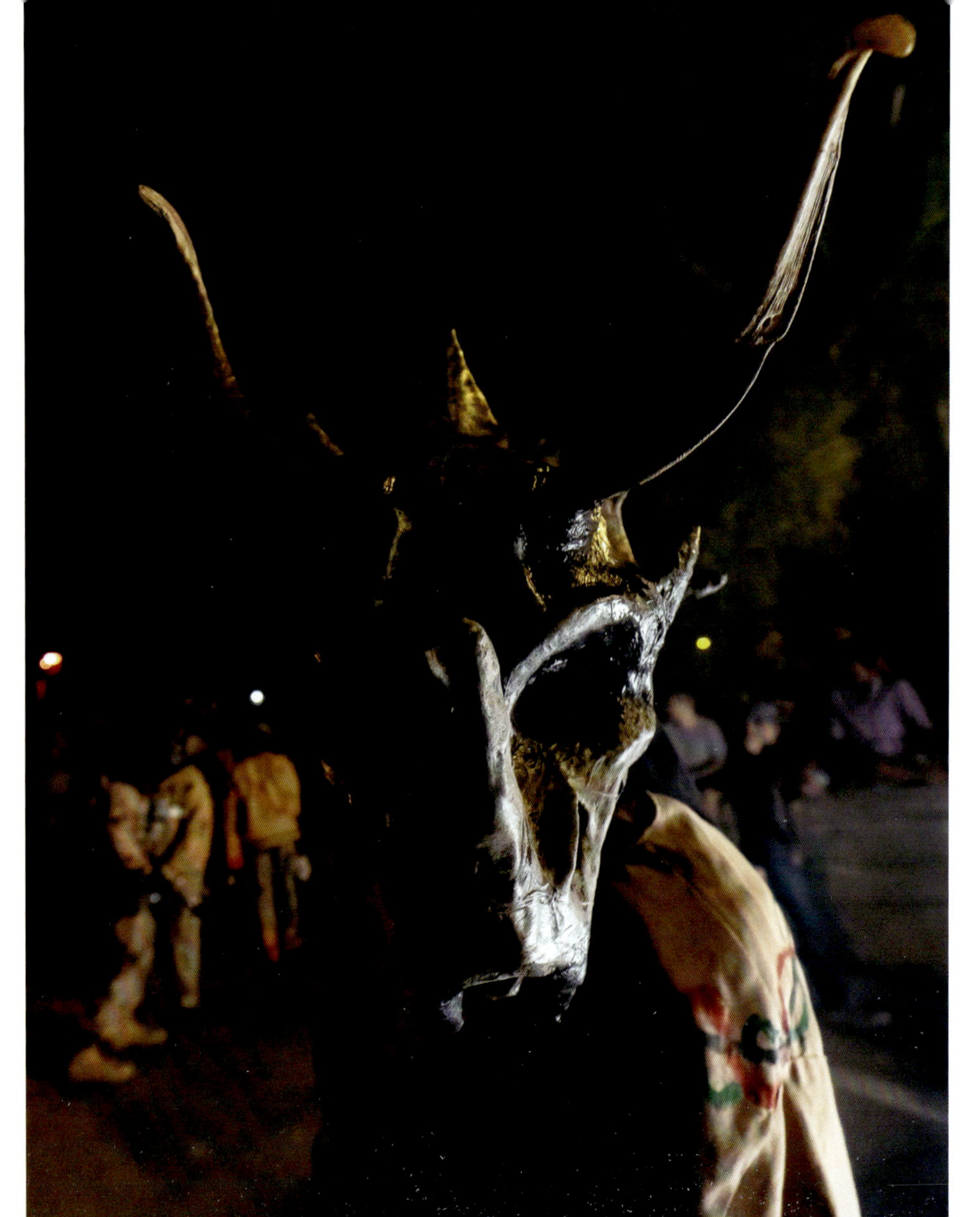

Porto Cristo - 07/2018

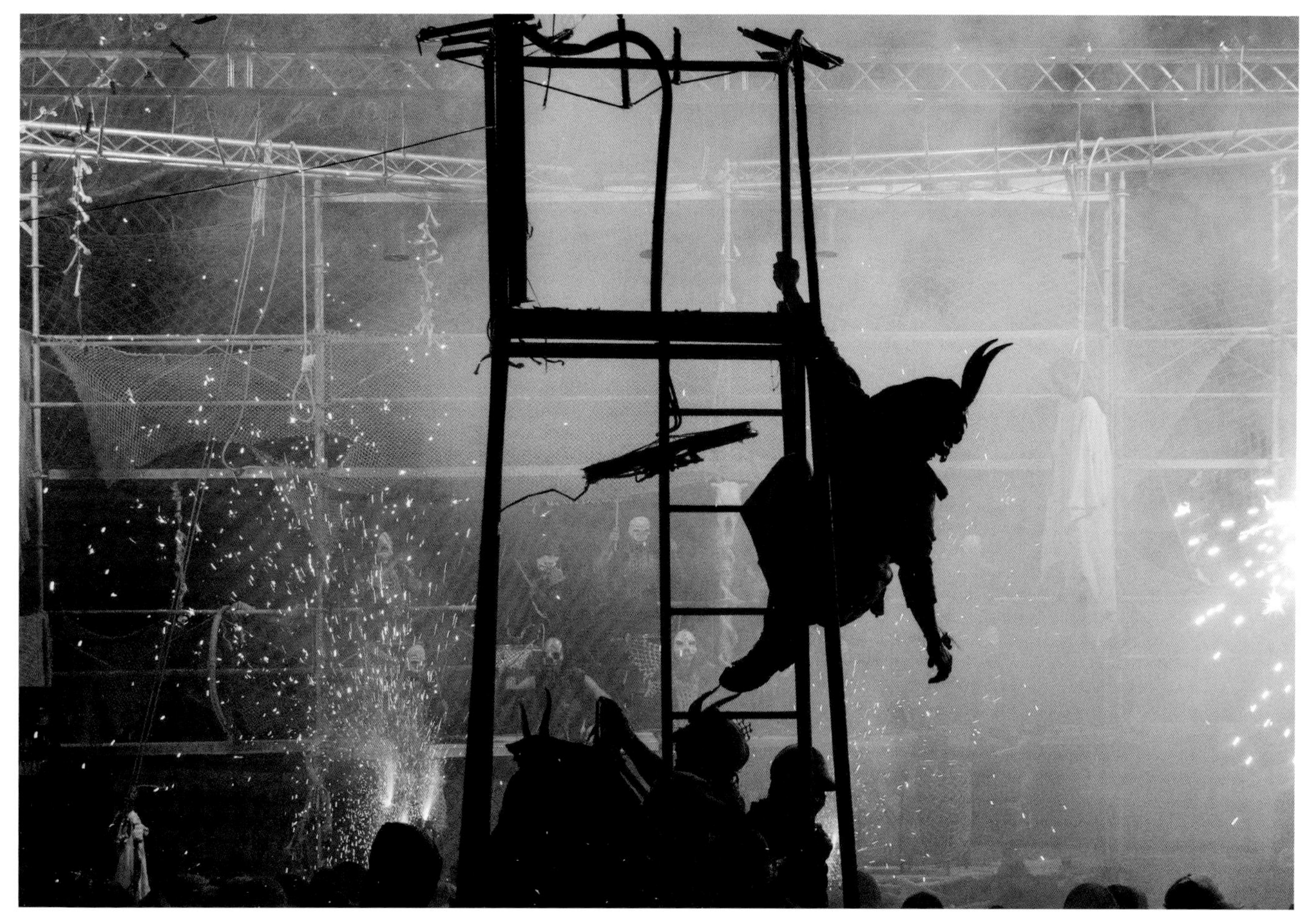

Capdepera - 08/2014

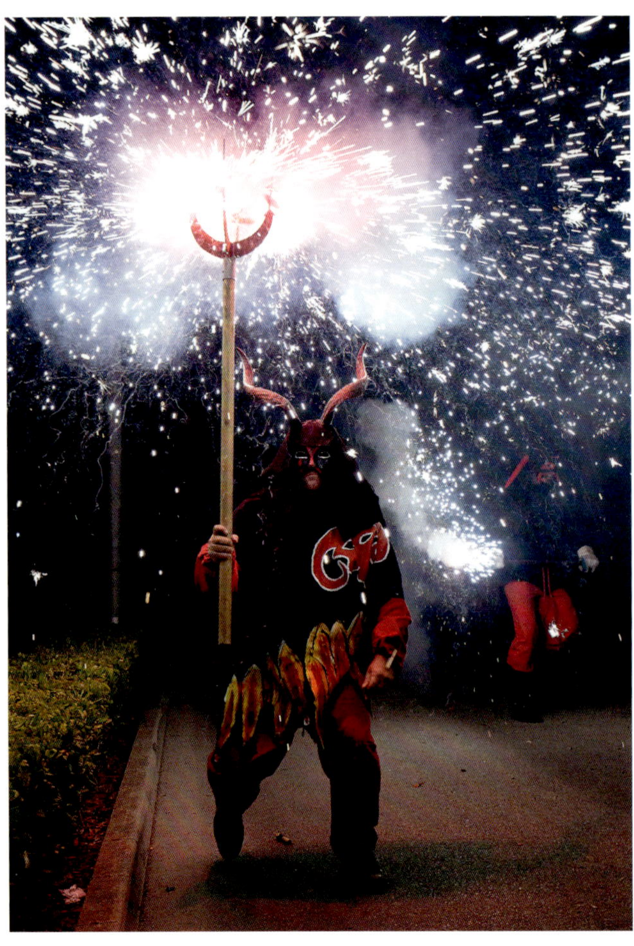

Can Picafort - 08/2018

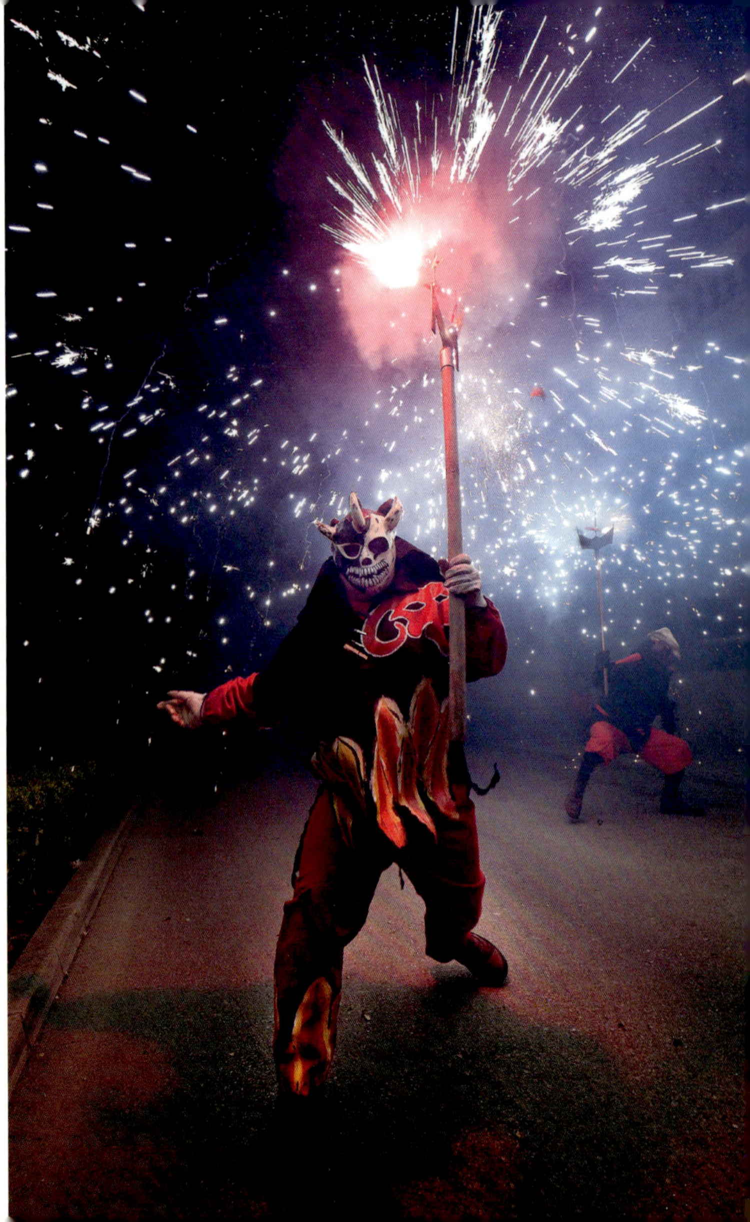

Esporles - 06/2019

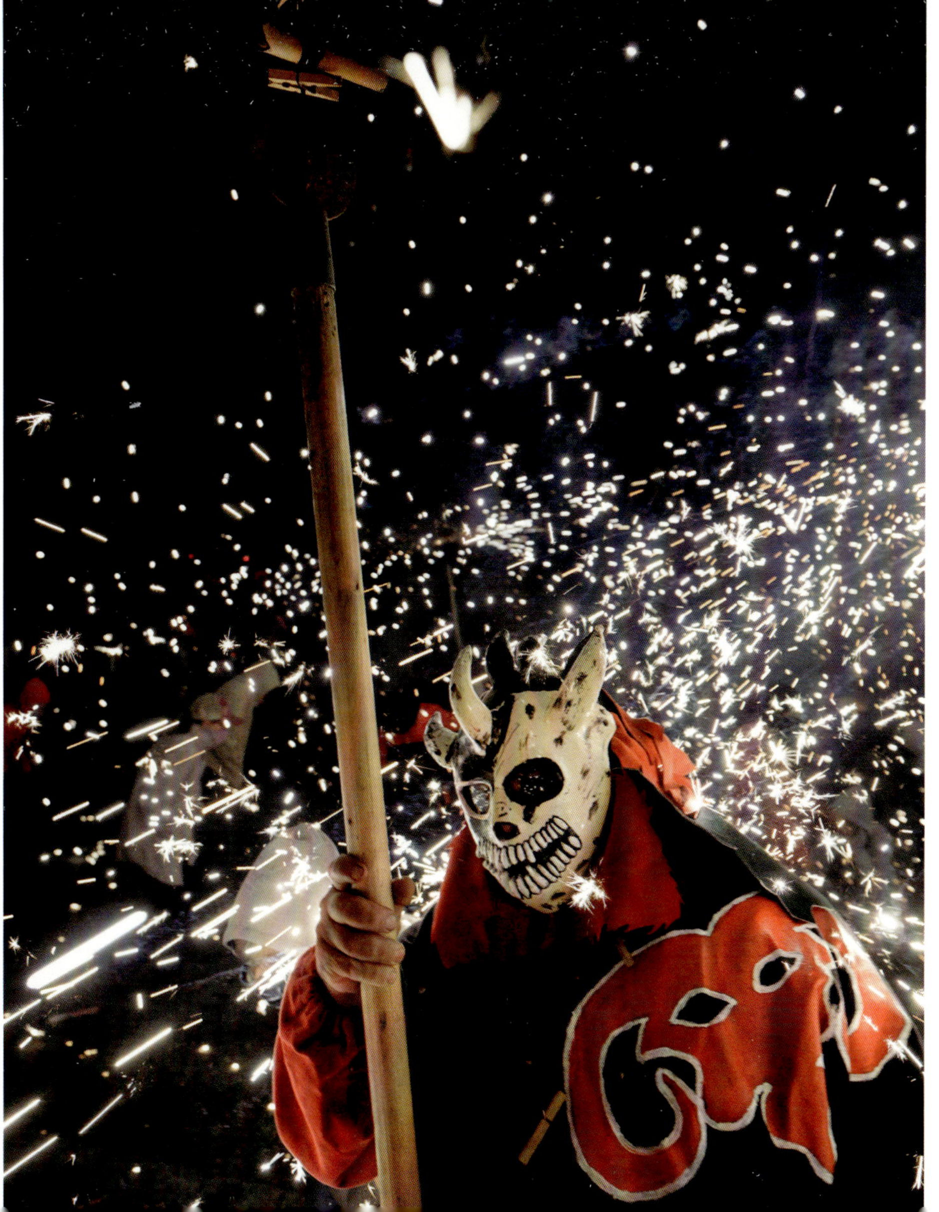

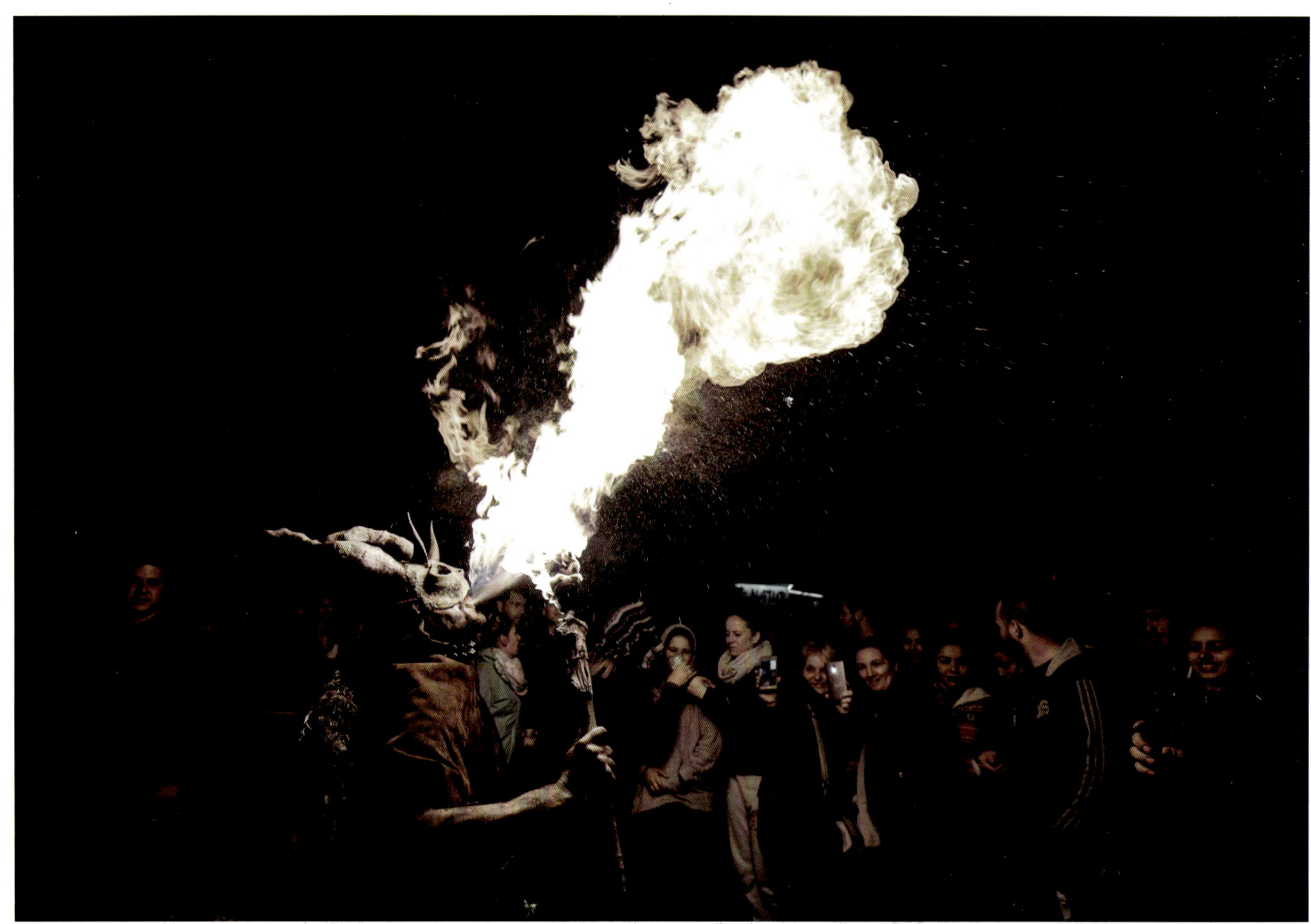

Inca - 11/2018

Selva - 08/2019

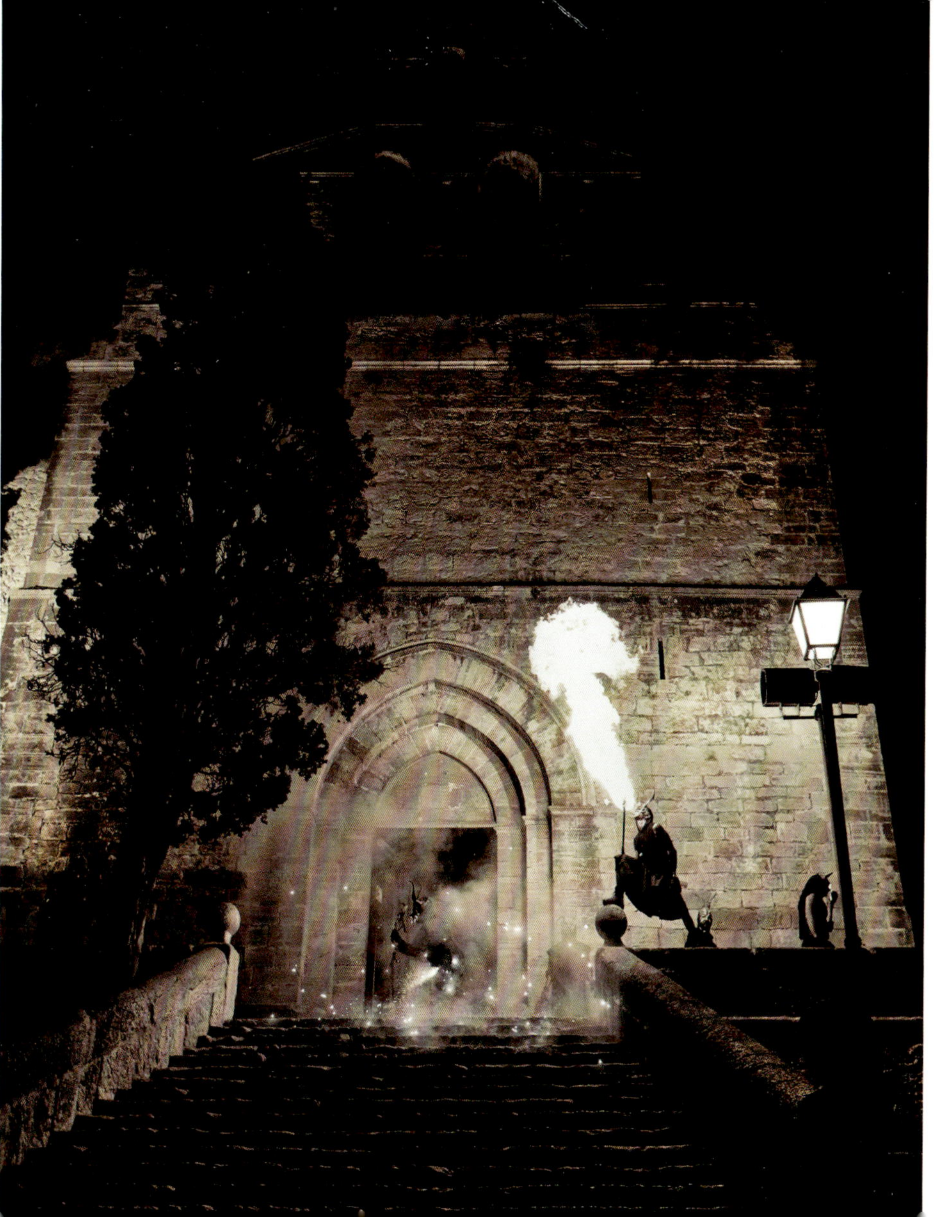

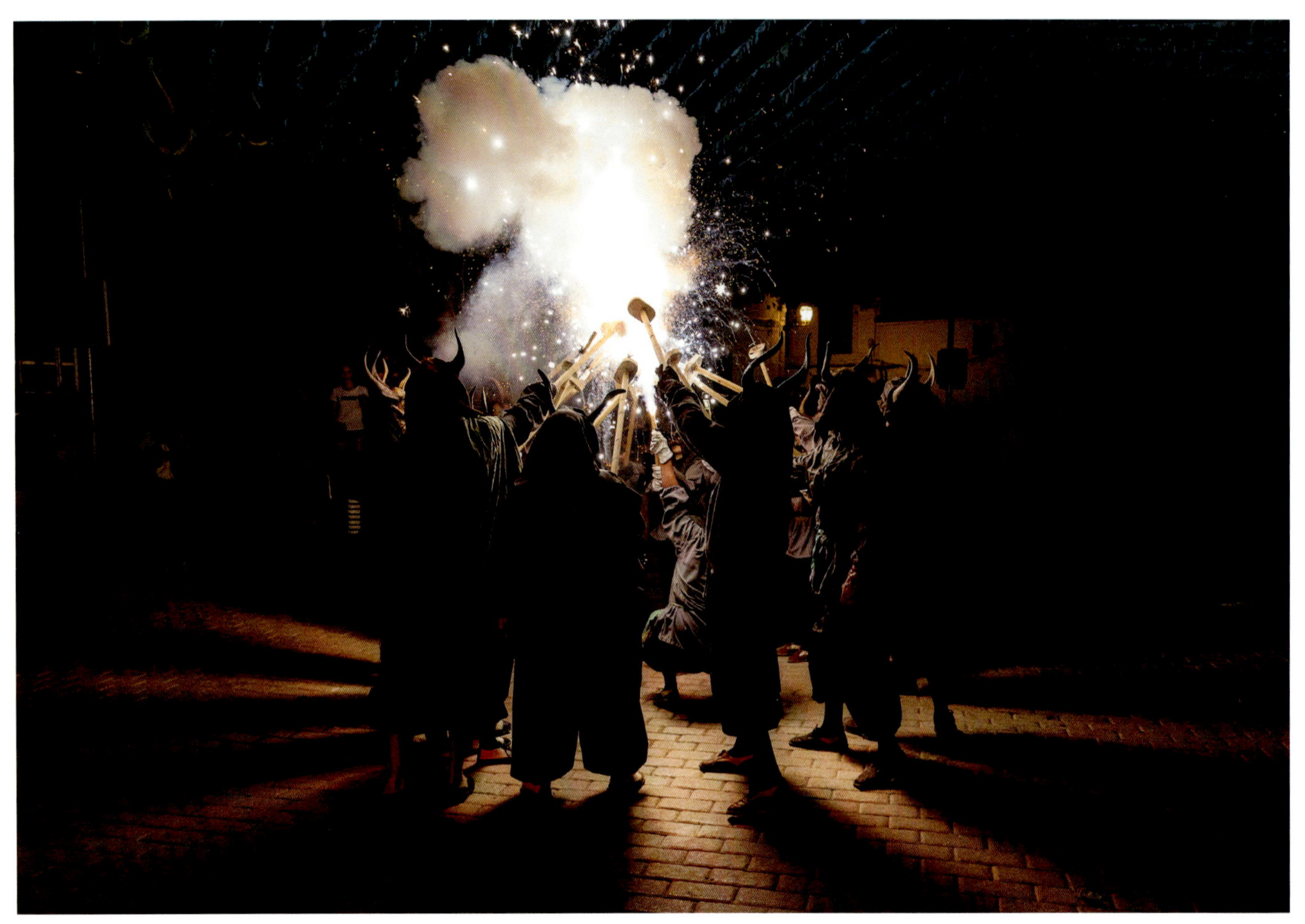

Vilafranca de Bonany - 07/2018

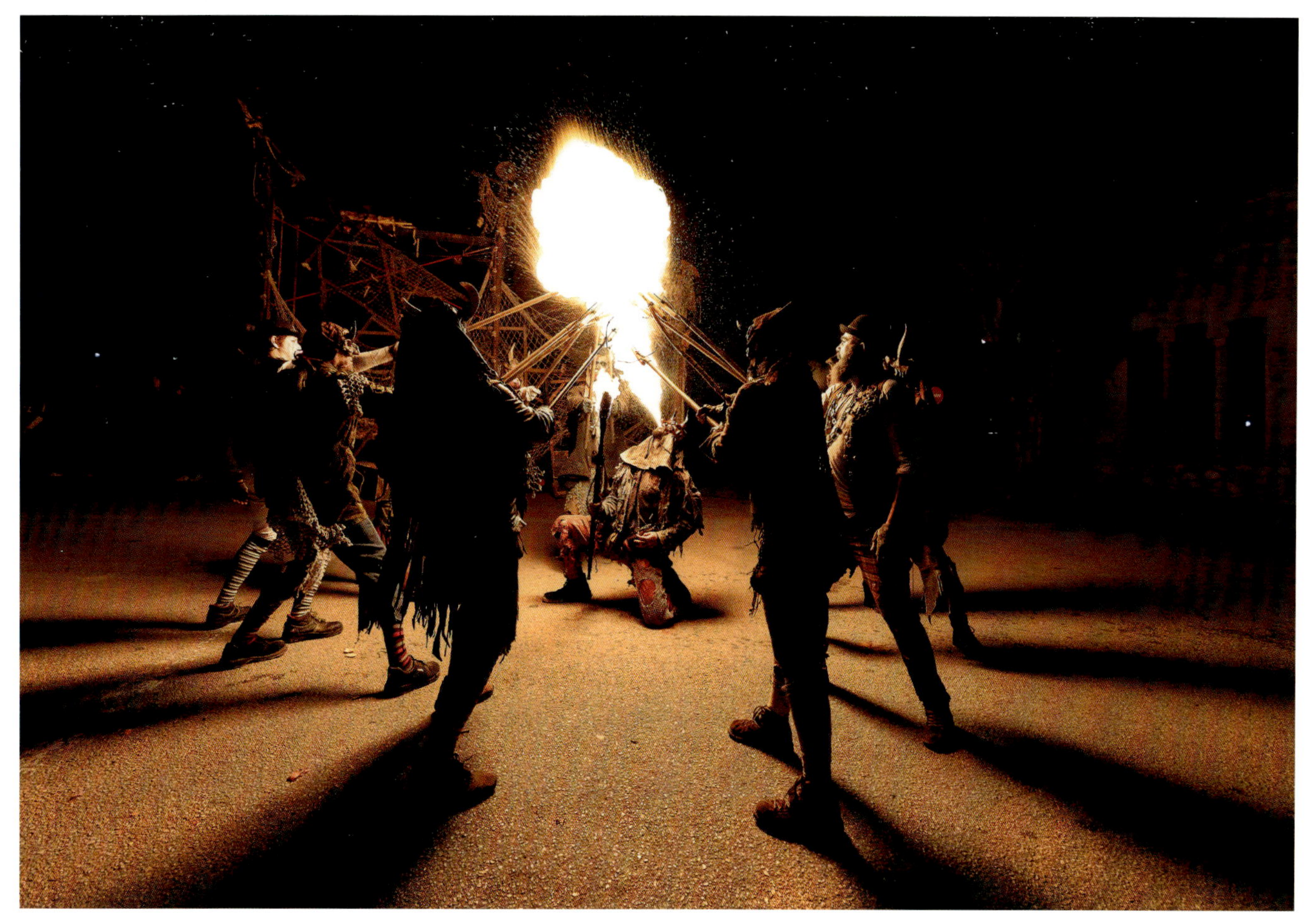

Sineu - 01/2020

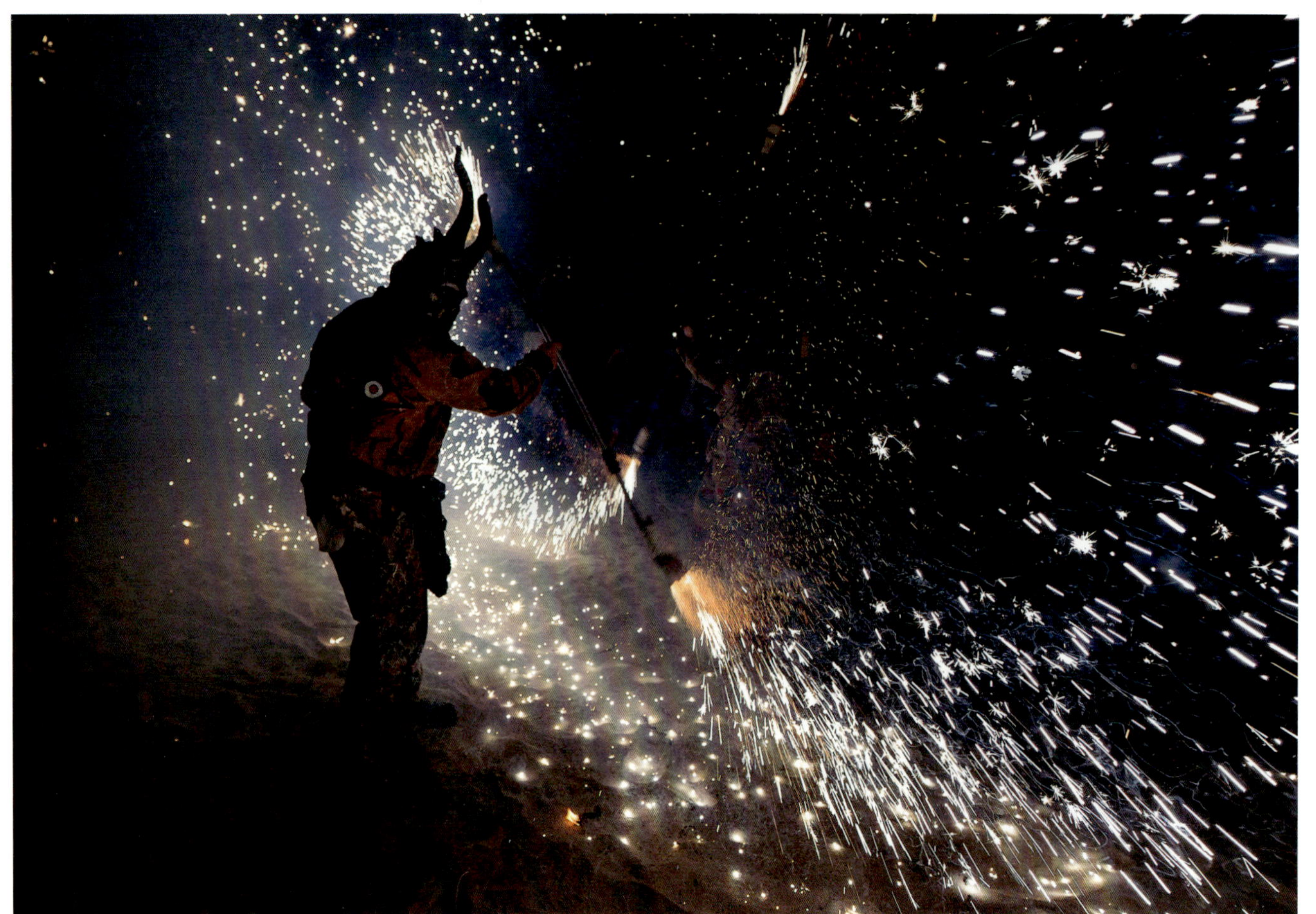

Porto Cristo - 07/2018

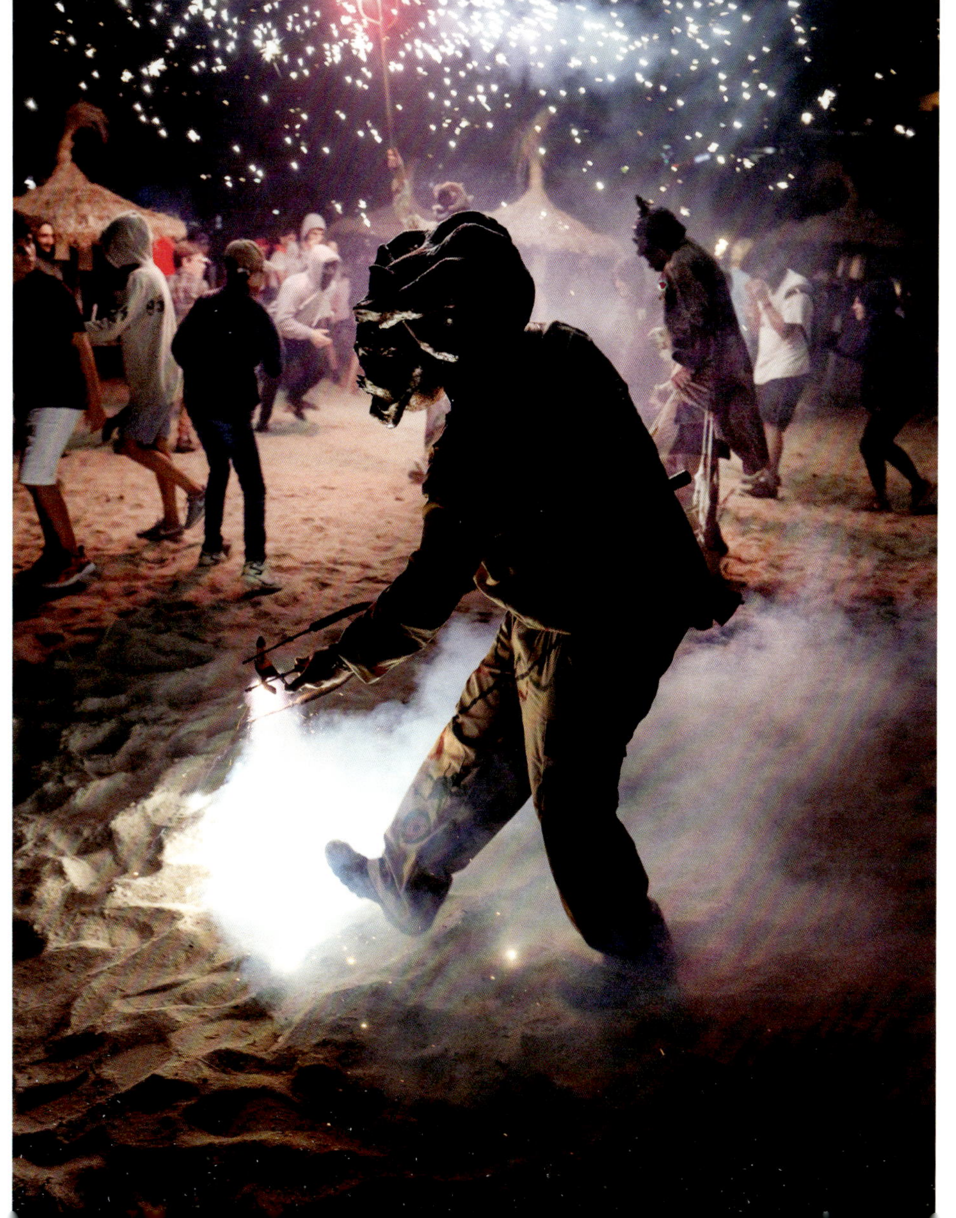

Porto Cristo - 07/2019

Santa Ponça - 09/2019

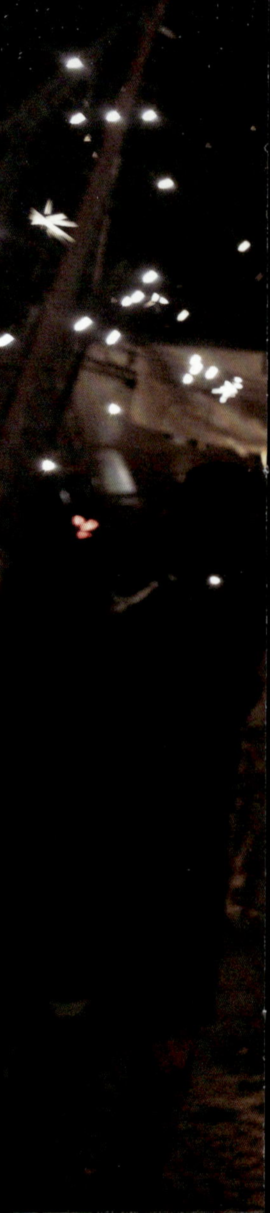

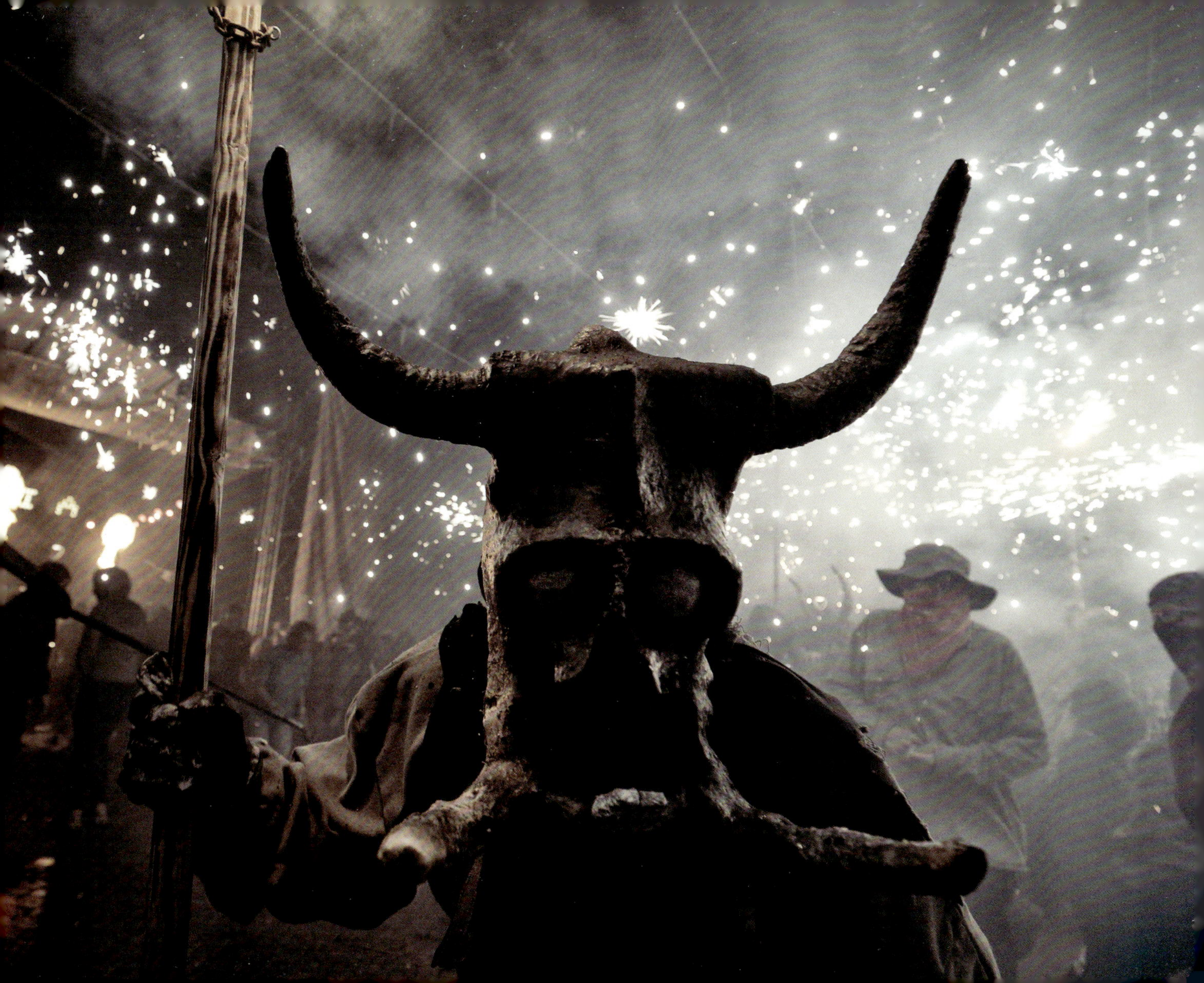

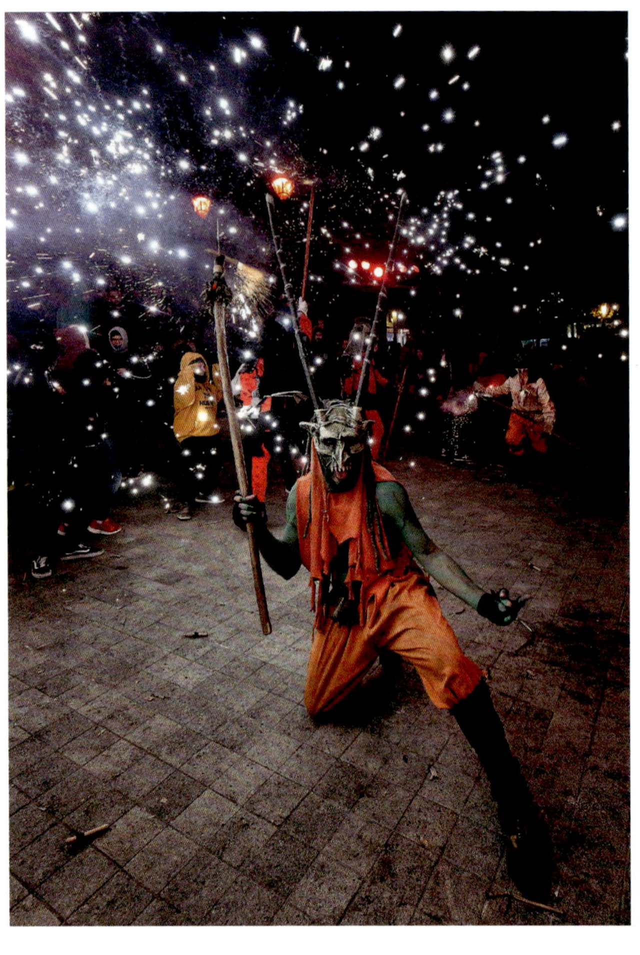

Inca - 11/2018

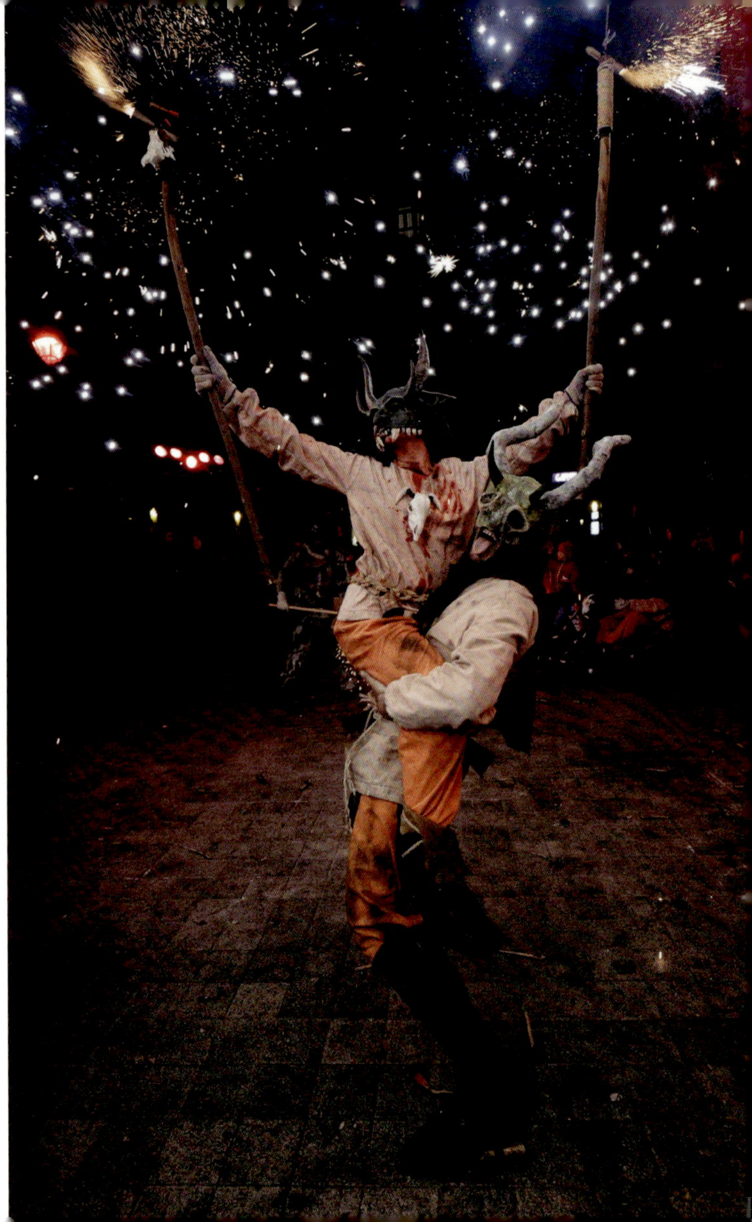

Inca - 11/2018

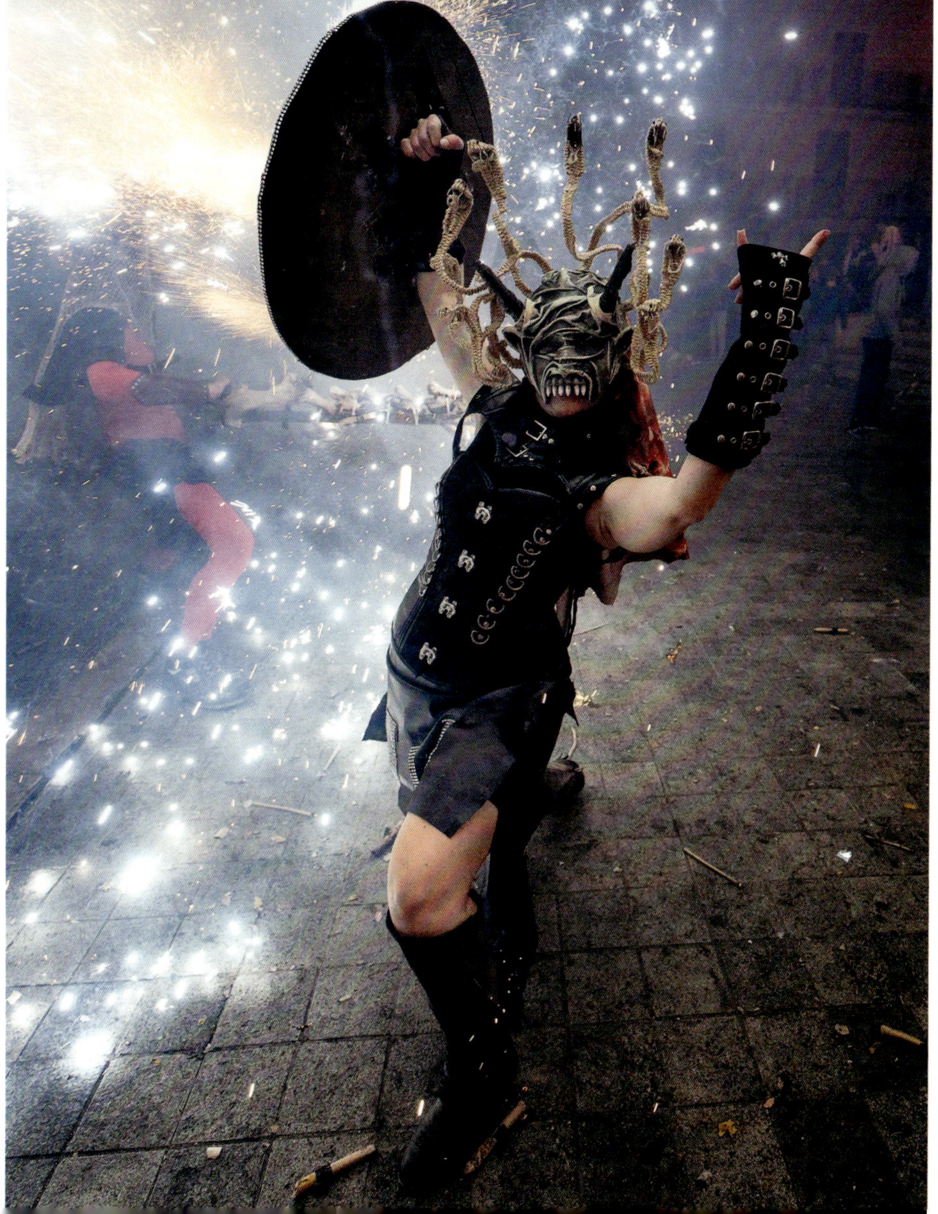

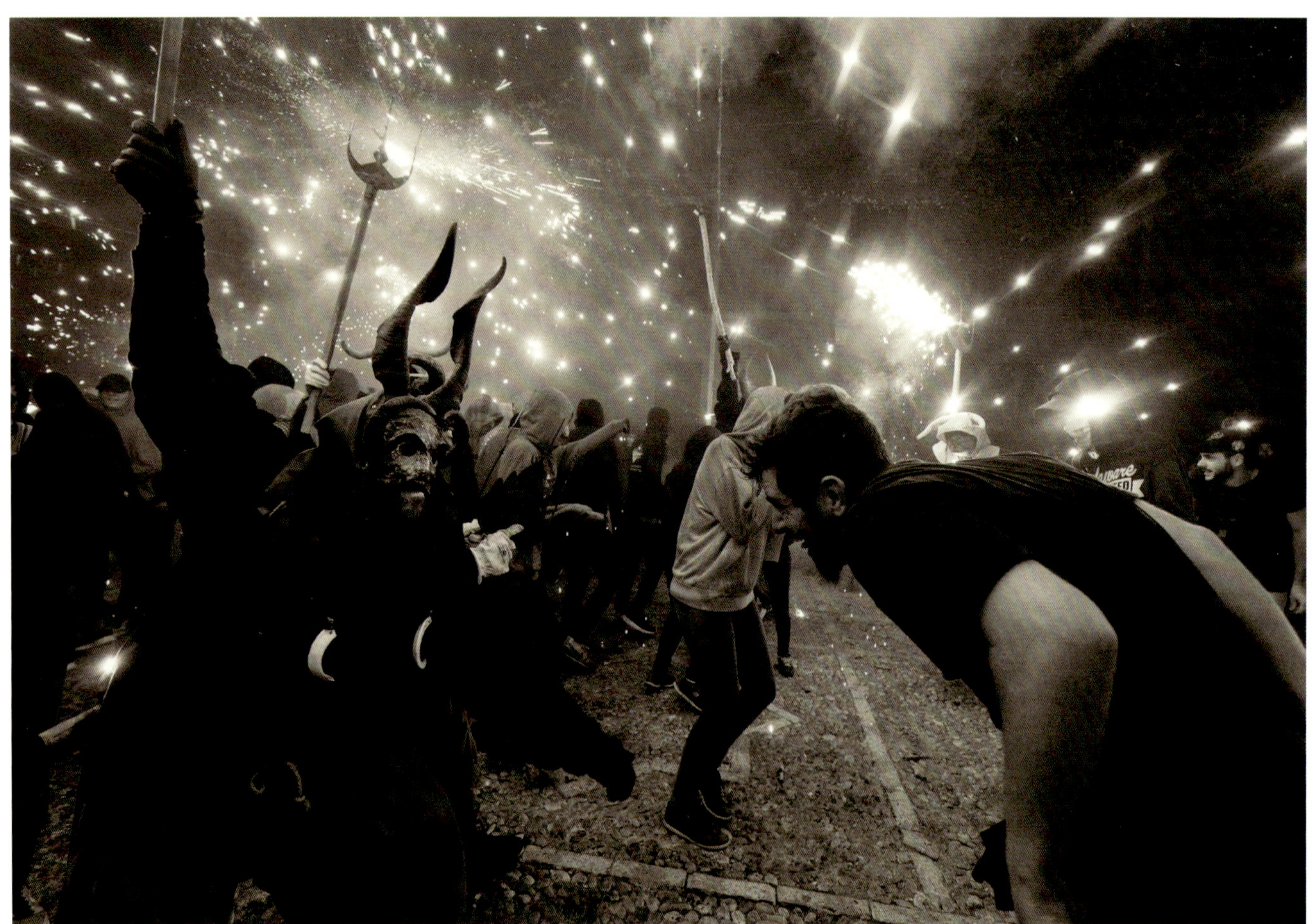

Artà - 08/2019

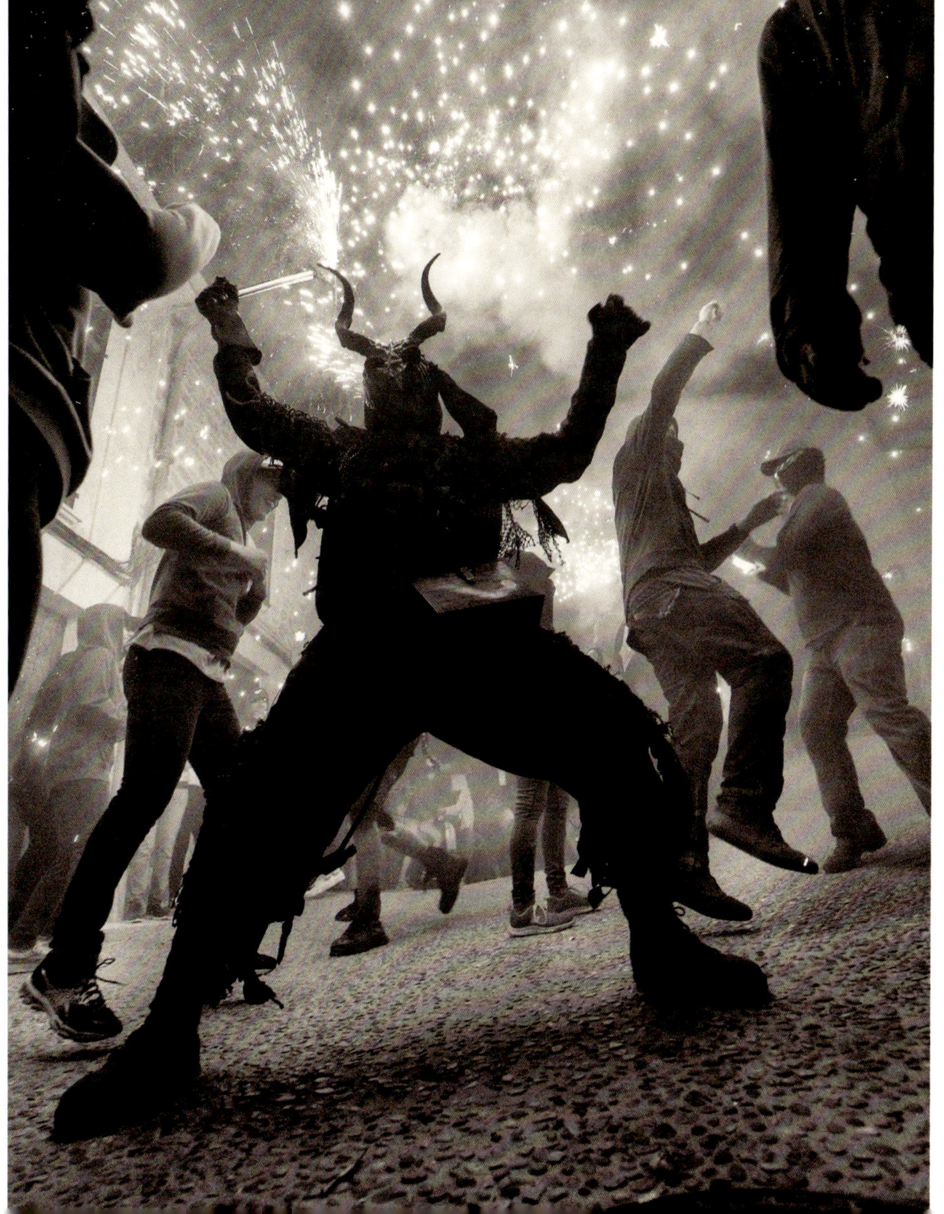

Capdepera - 08/2019

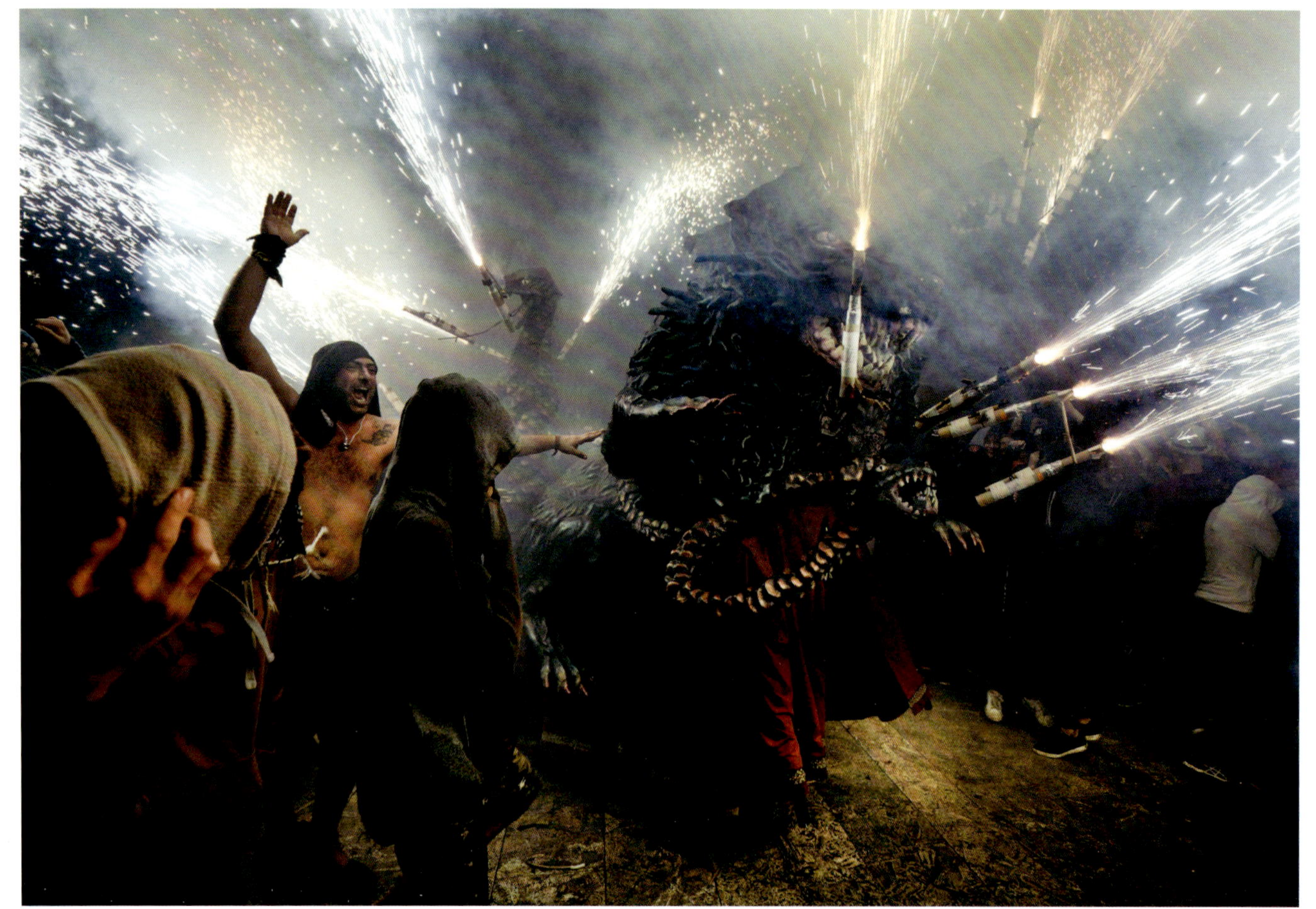

Sóller - 08/2019

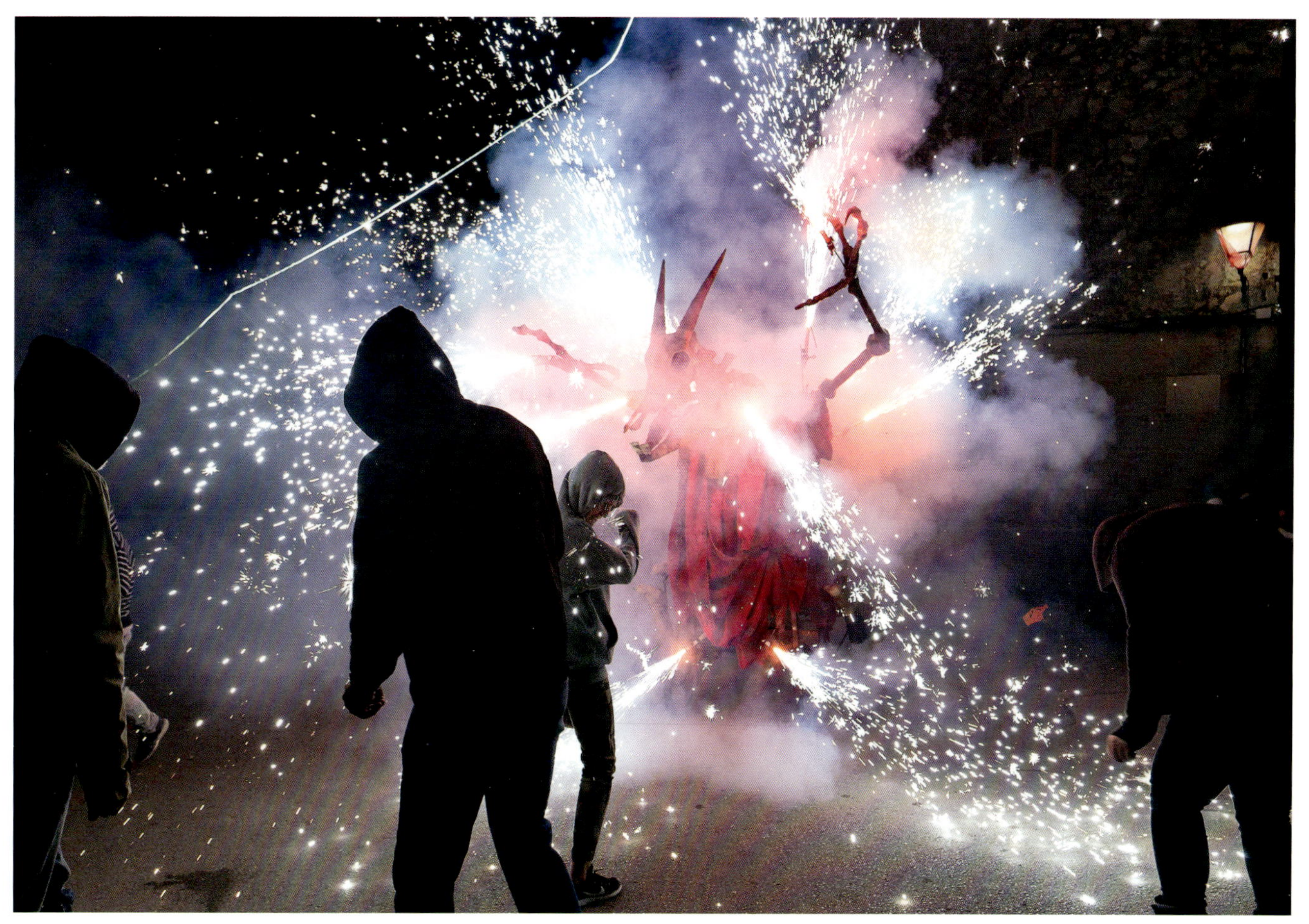

Campanet - 05/2019

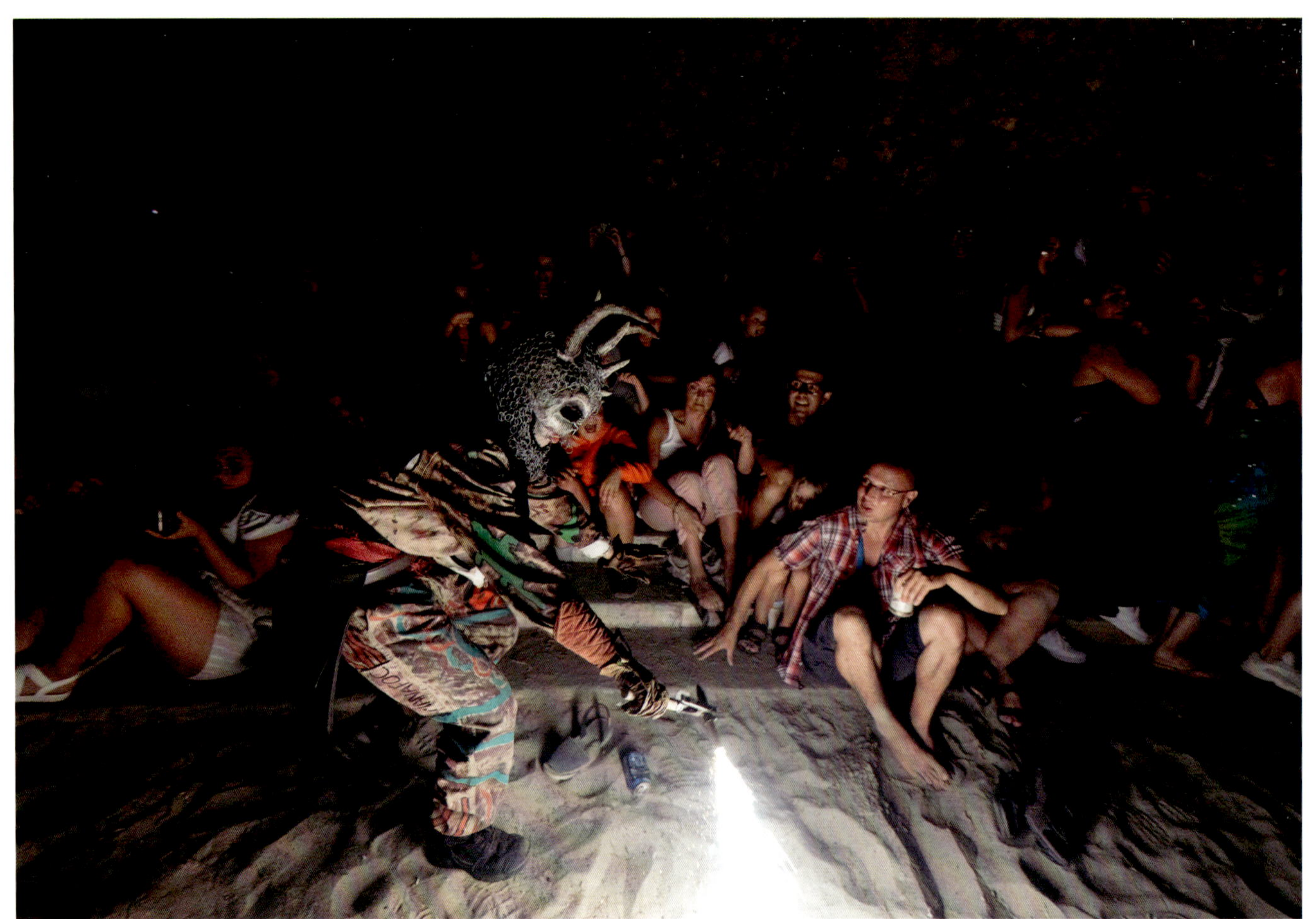

Porto Cristo - 07/2019

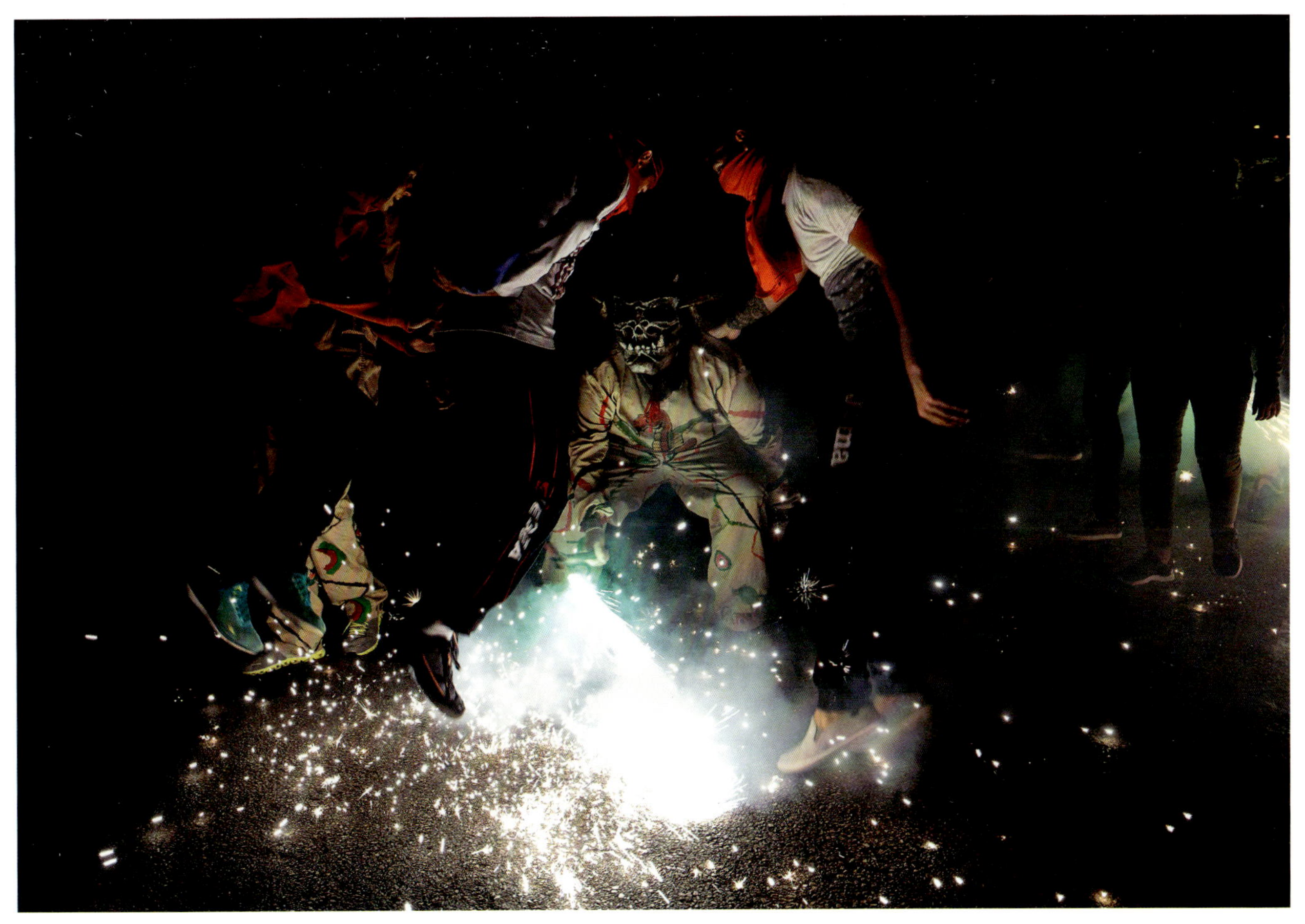

Porto Cristo - 07/2019

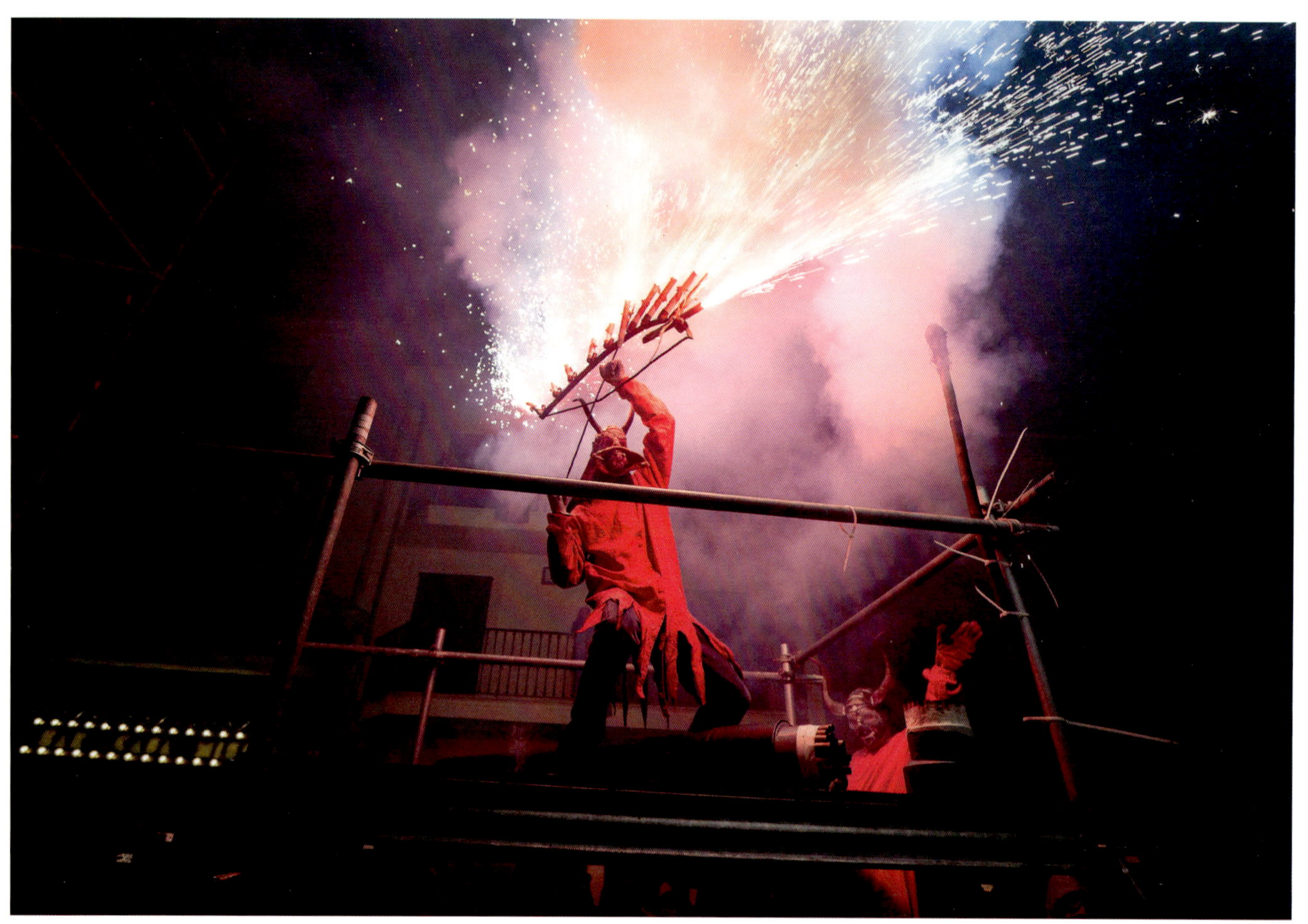

Sa Pobla - 01/2018

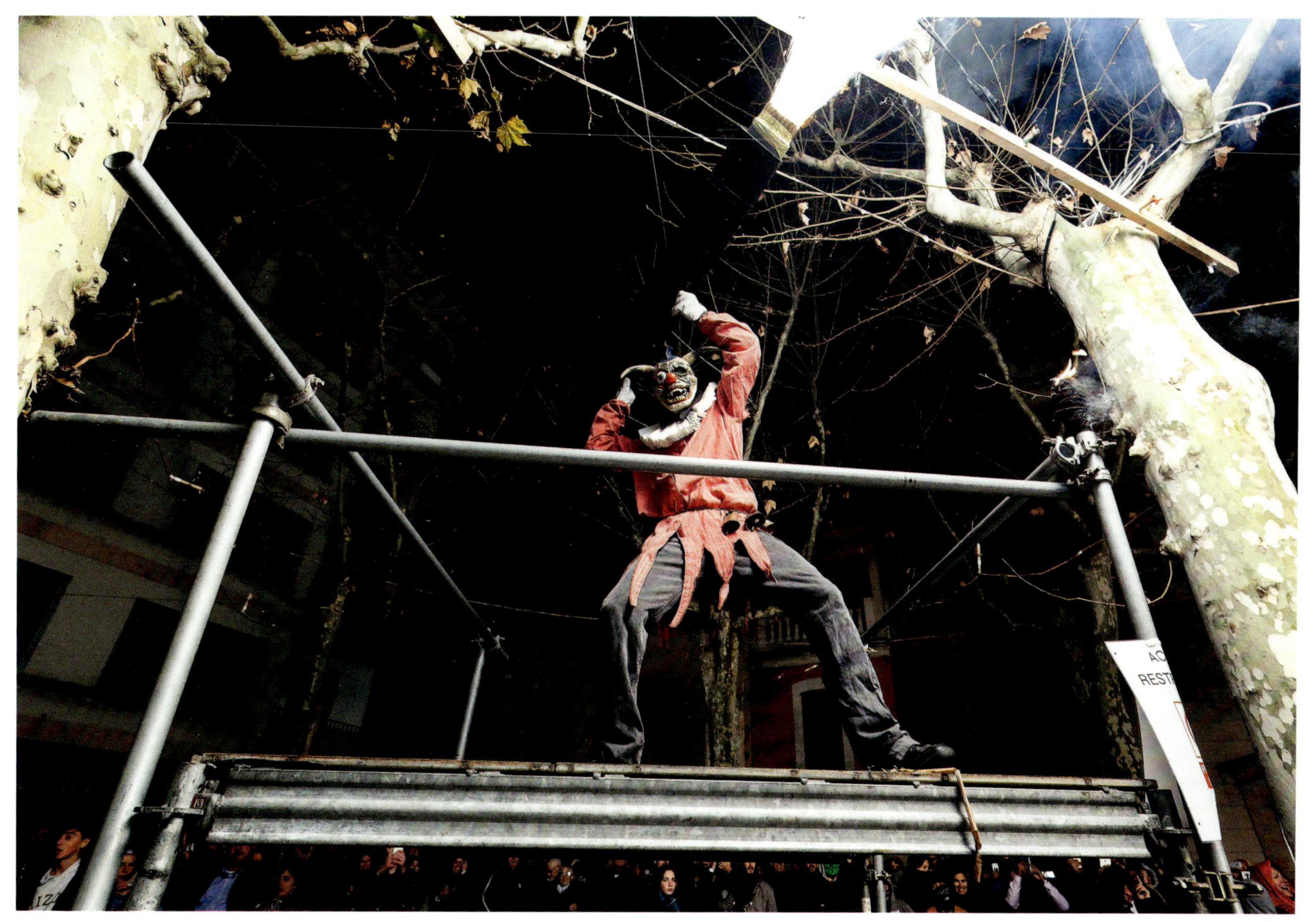

Sa Pobla - 01/2019

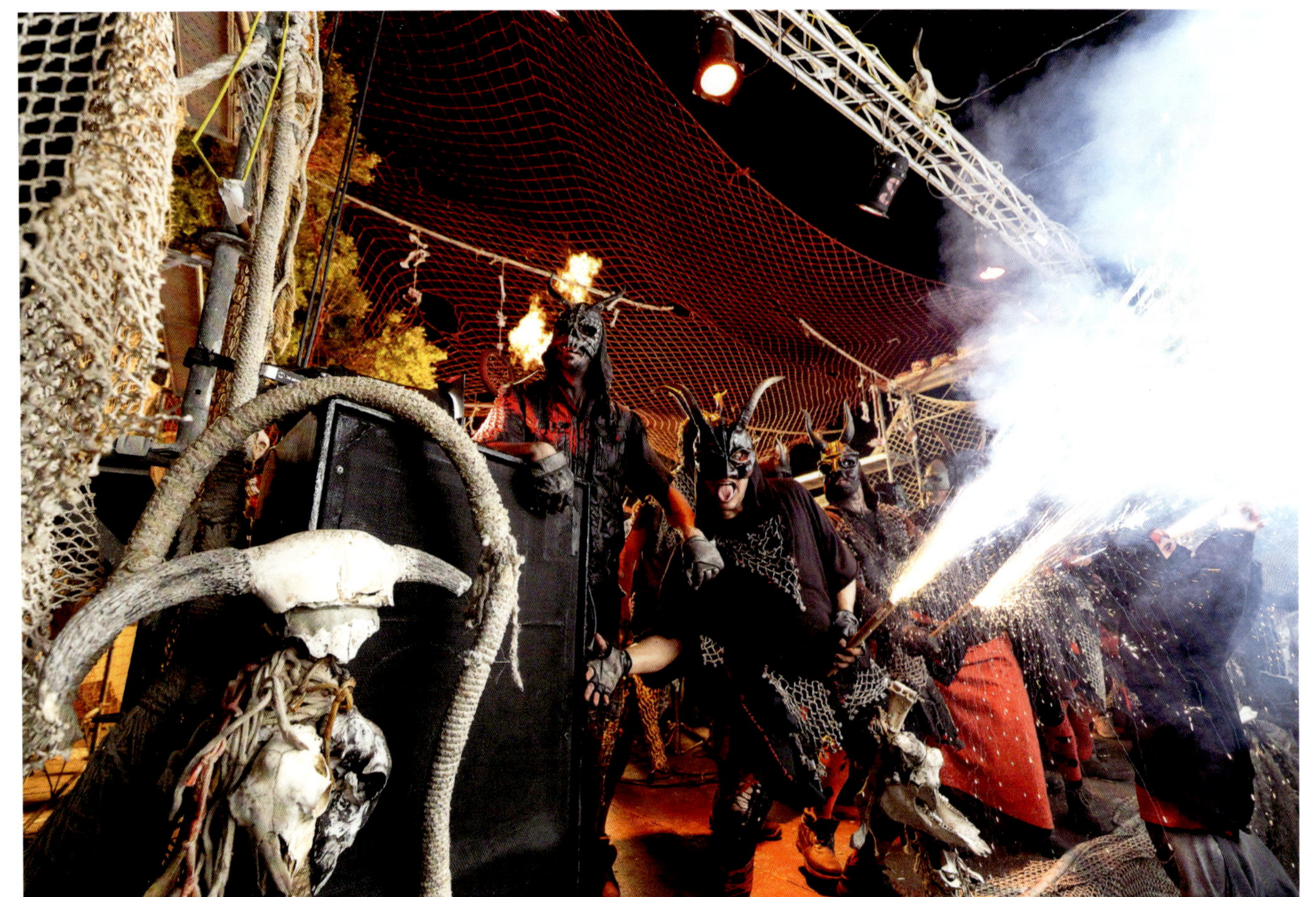

Capdepera - 08/2017

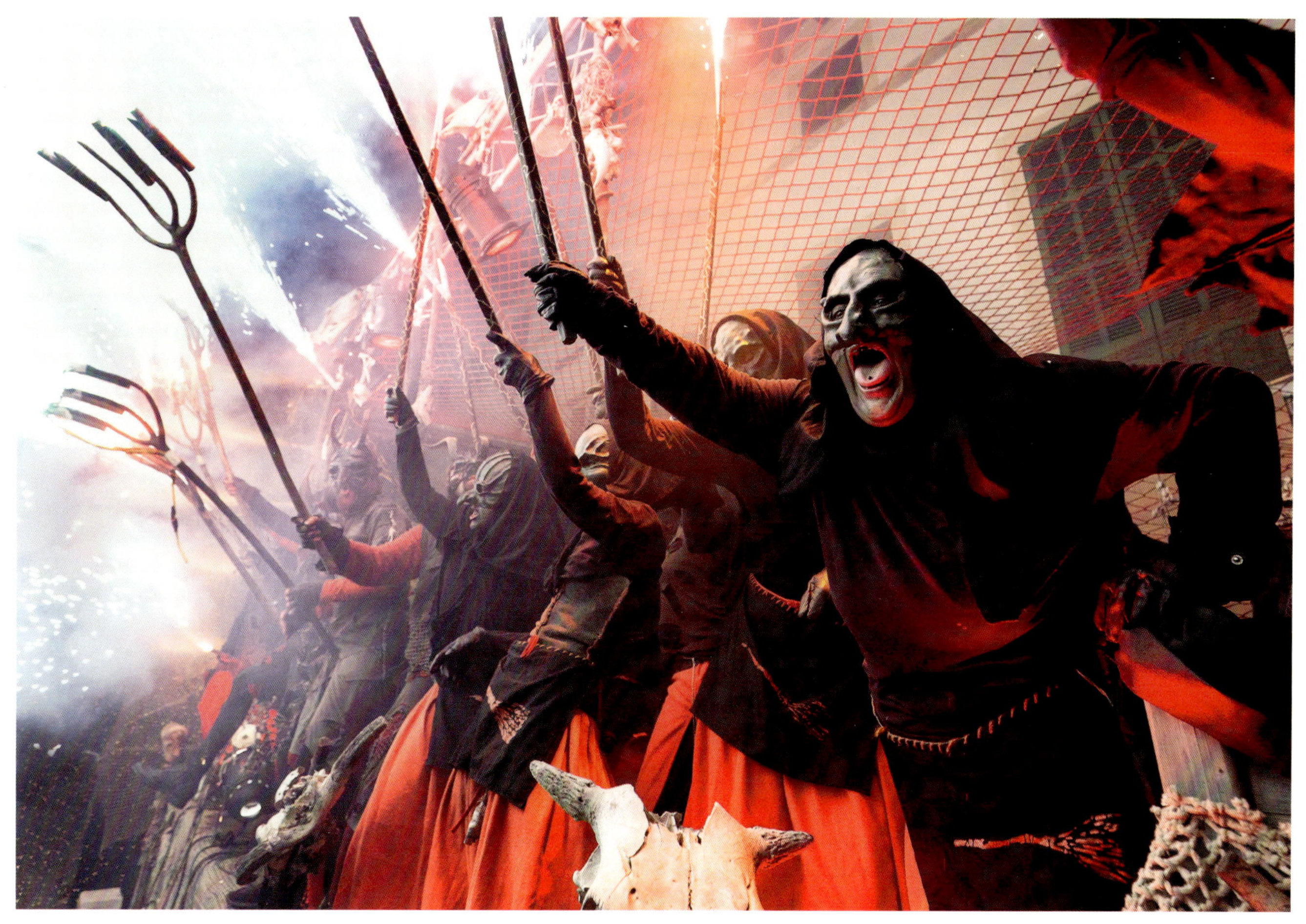

Capdepera - 05/2018

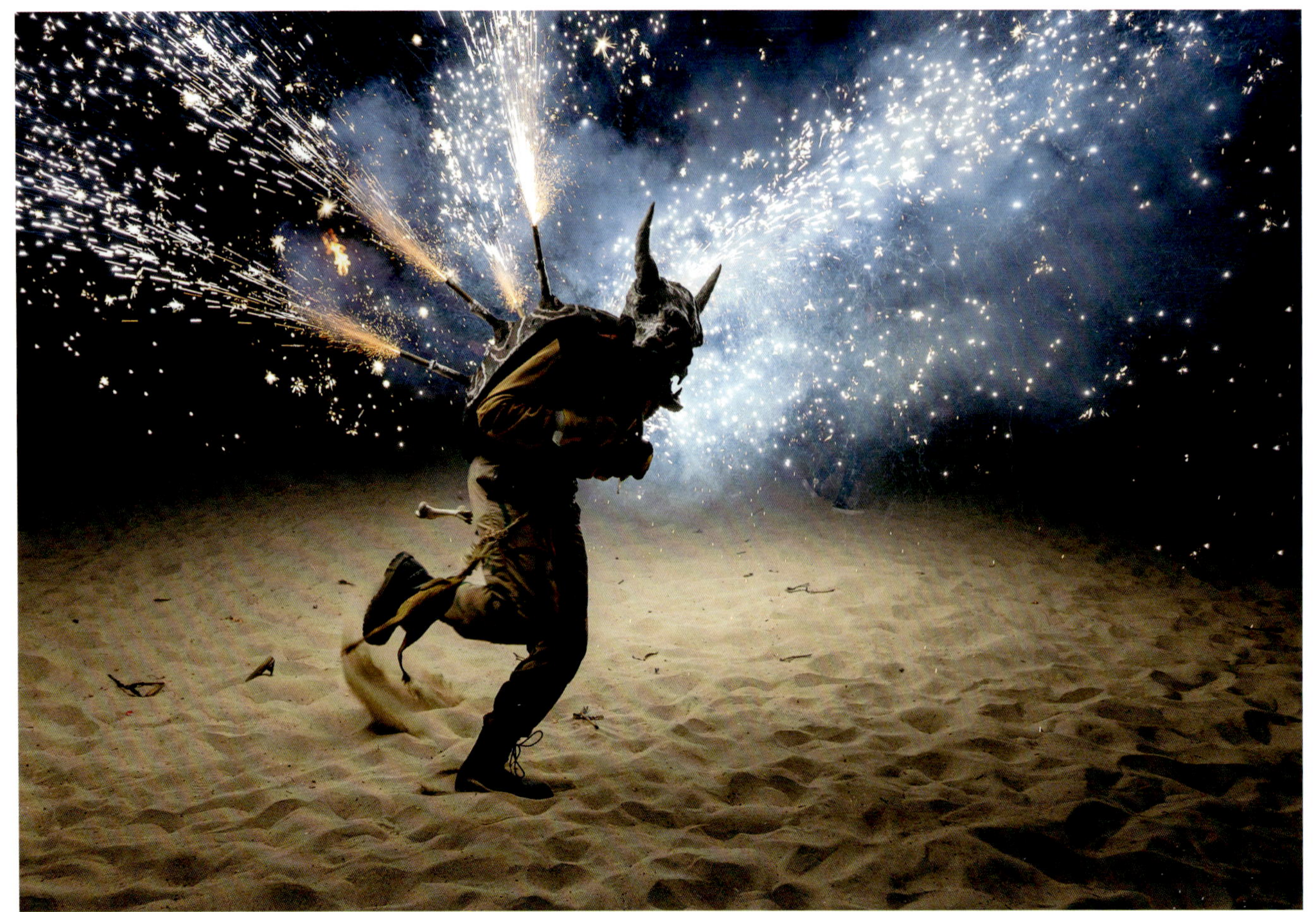

Porto Cristo - 07/2018

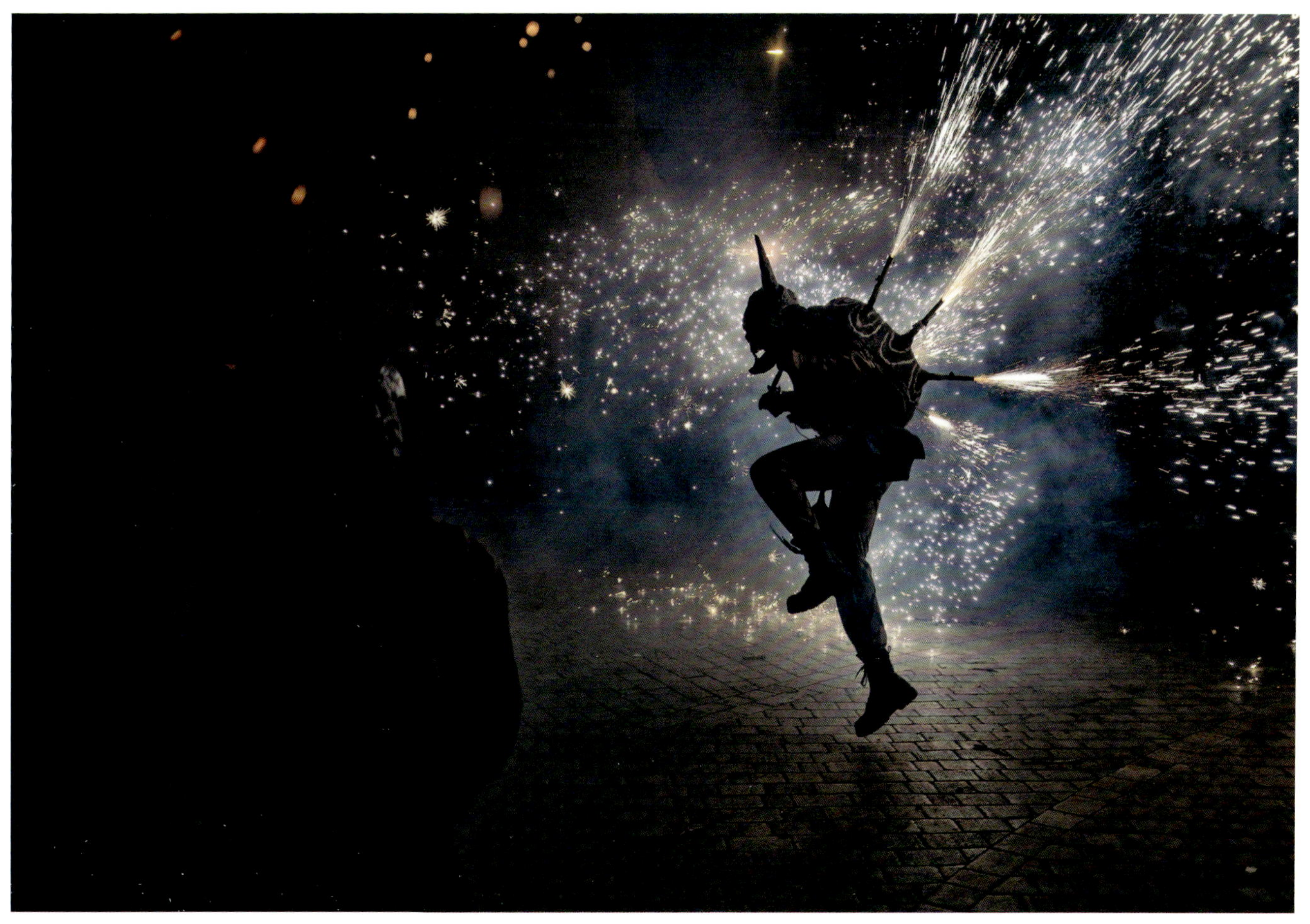

Manacor - 07/2019

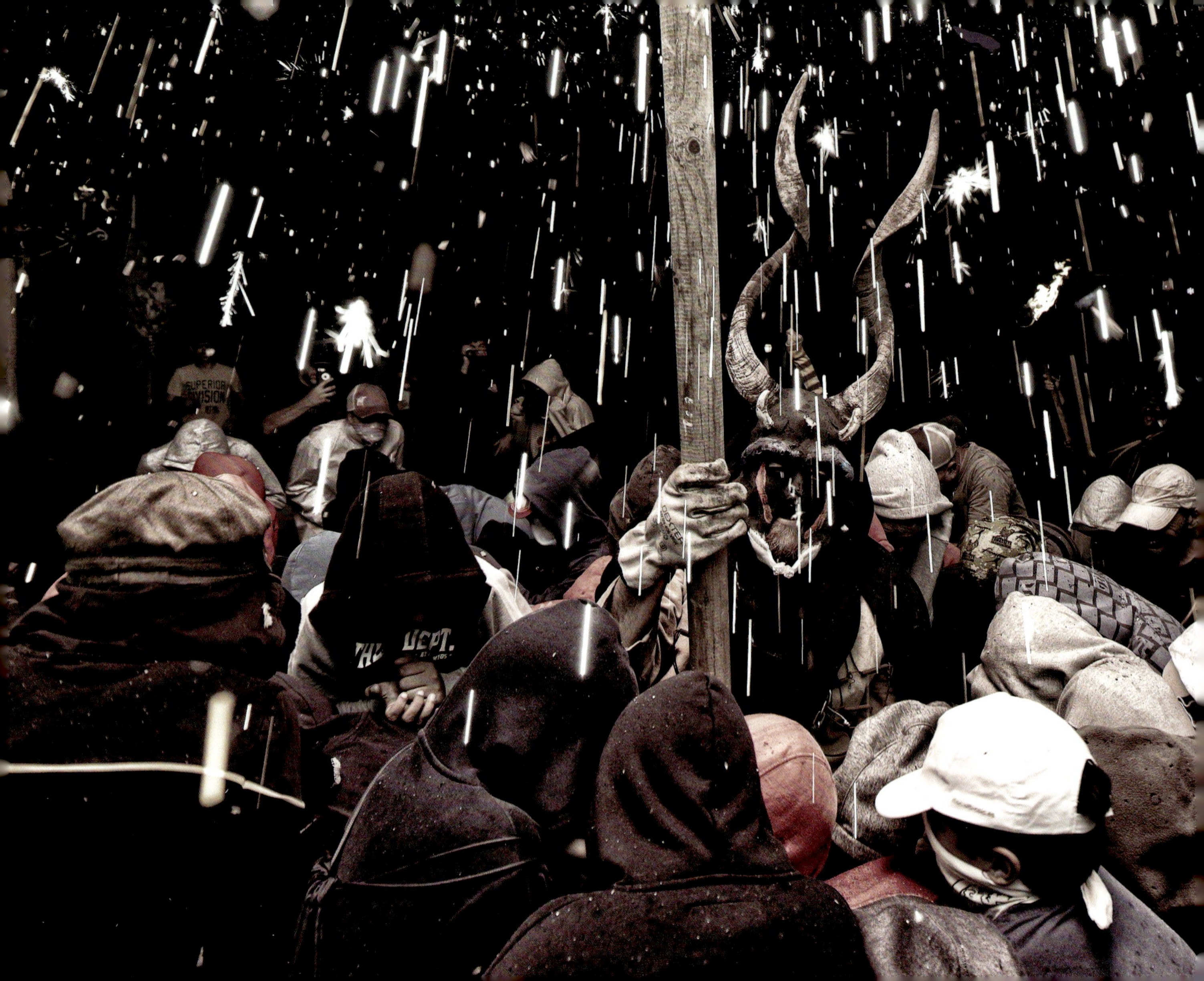

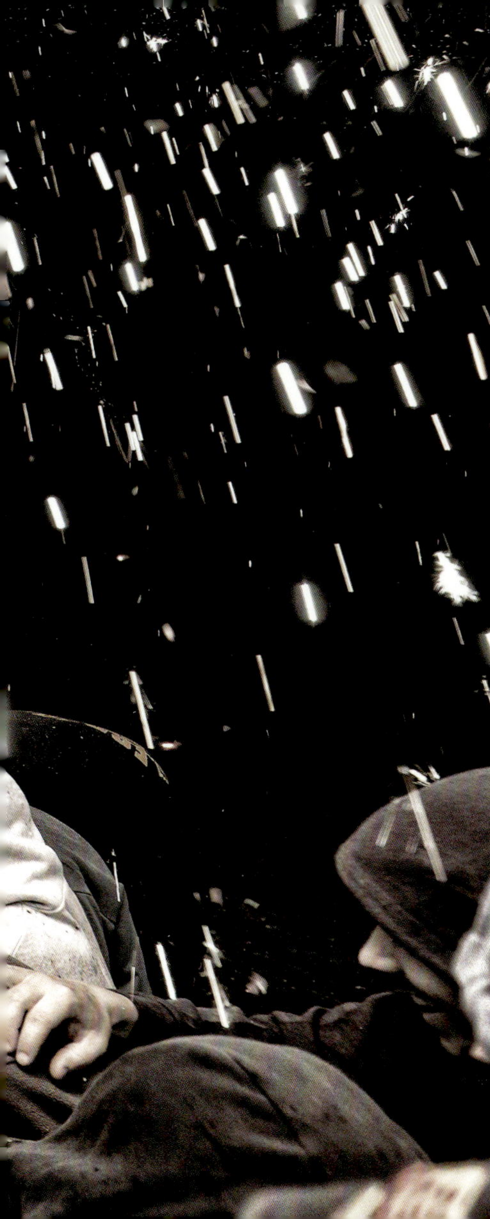

Esporles - 06/2019

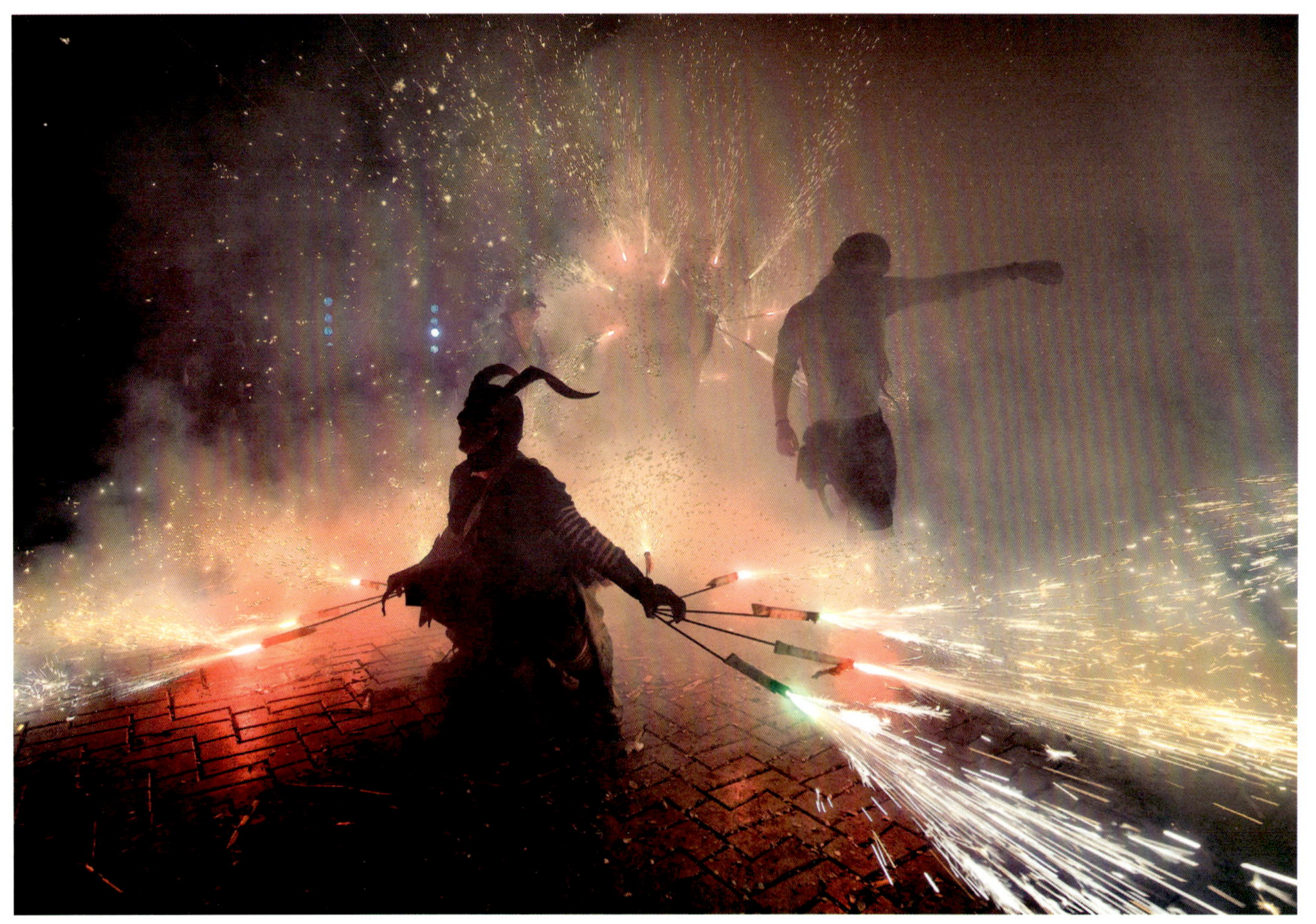

Santa Ponça - 09/2019

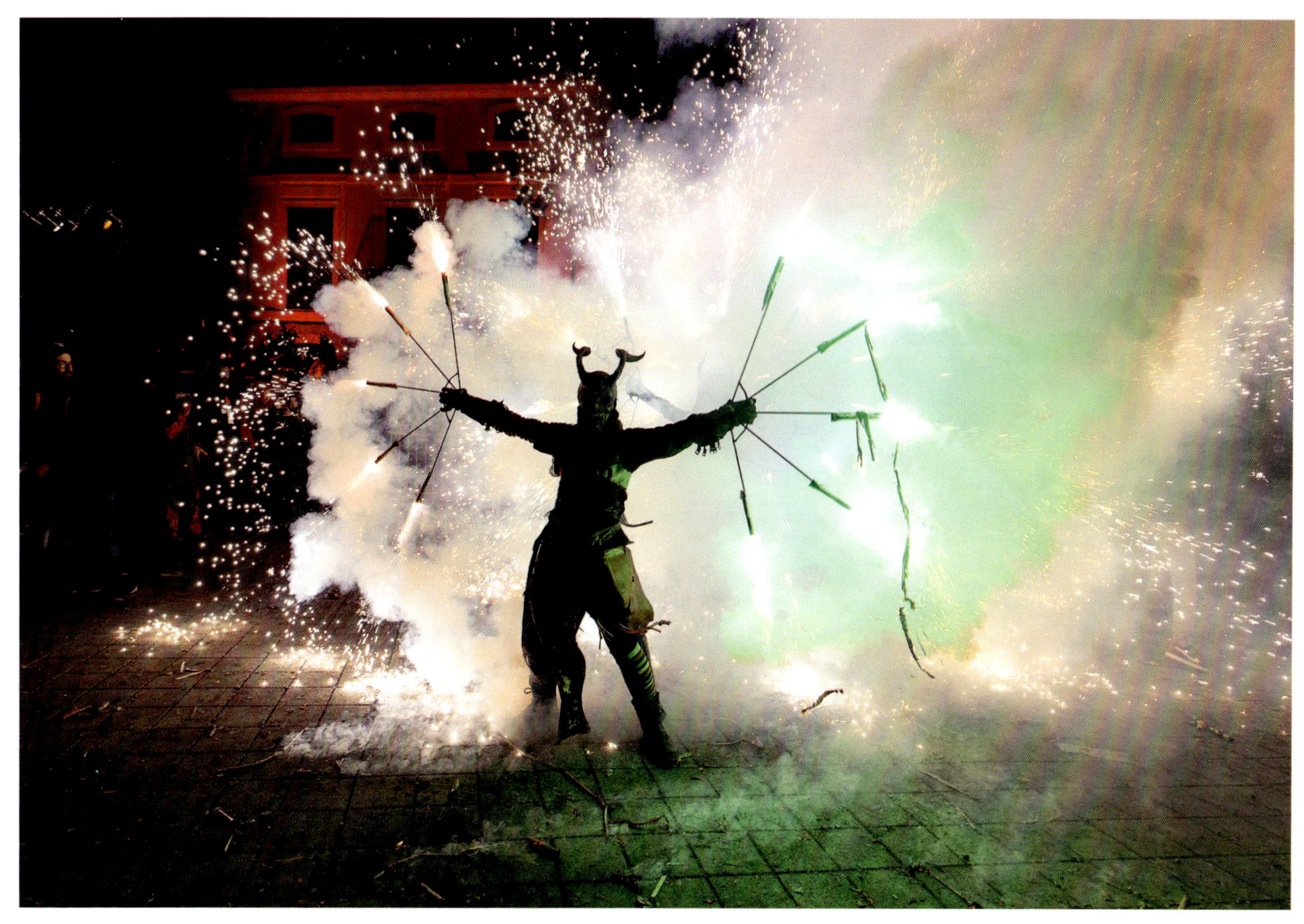

Santa Maria del Camí - 01/2019

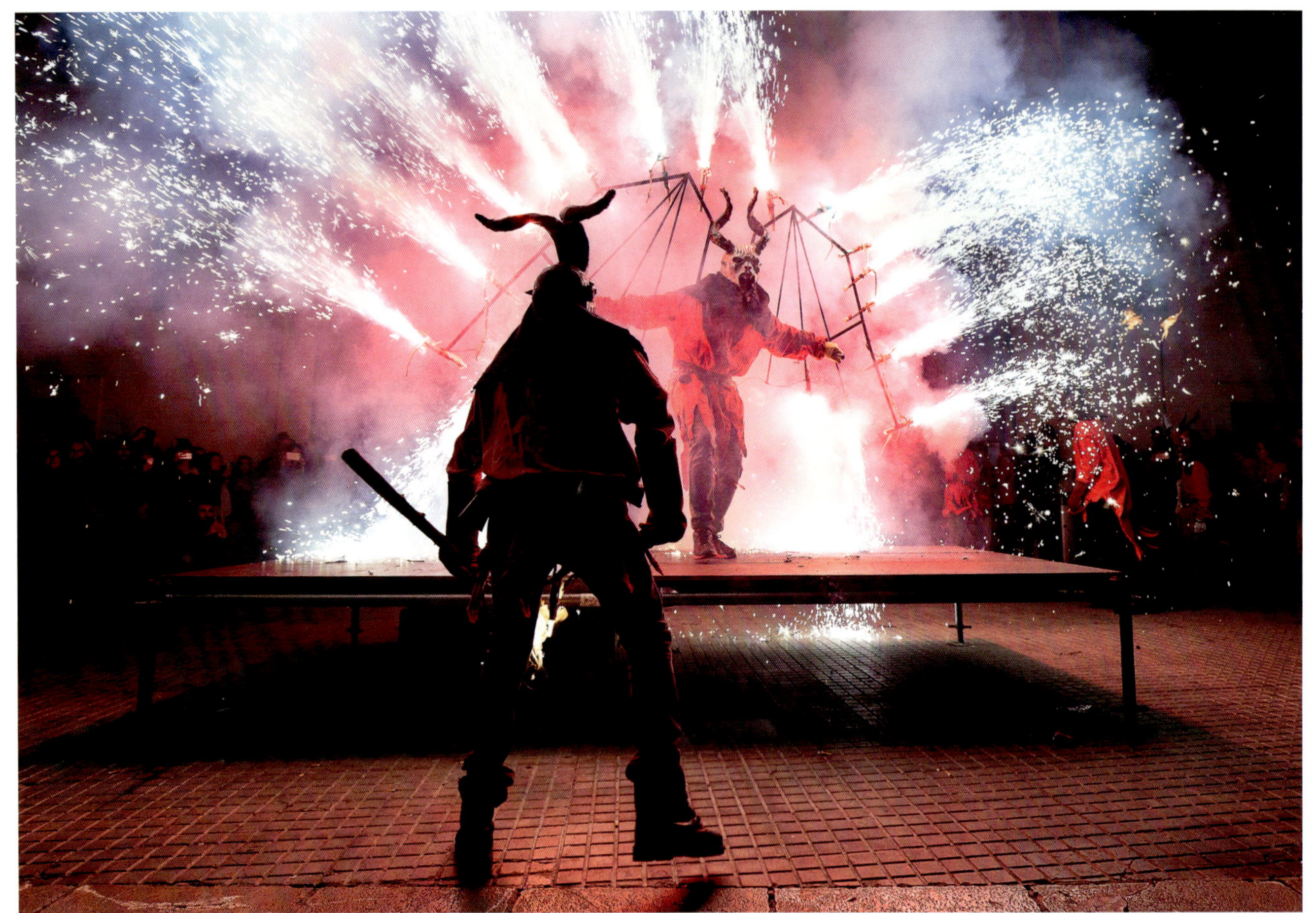

Sa Pobla - 01/2018

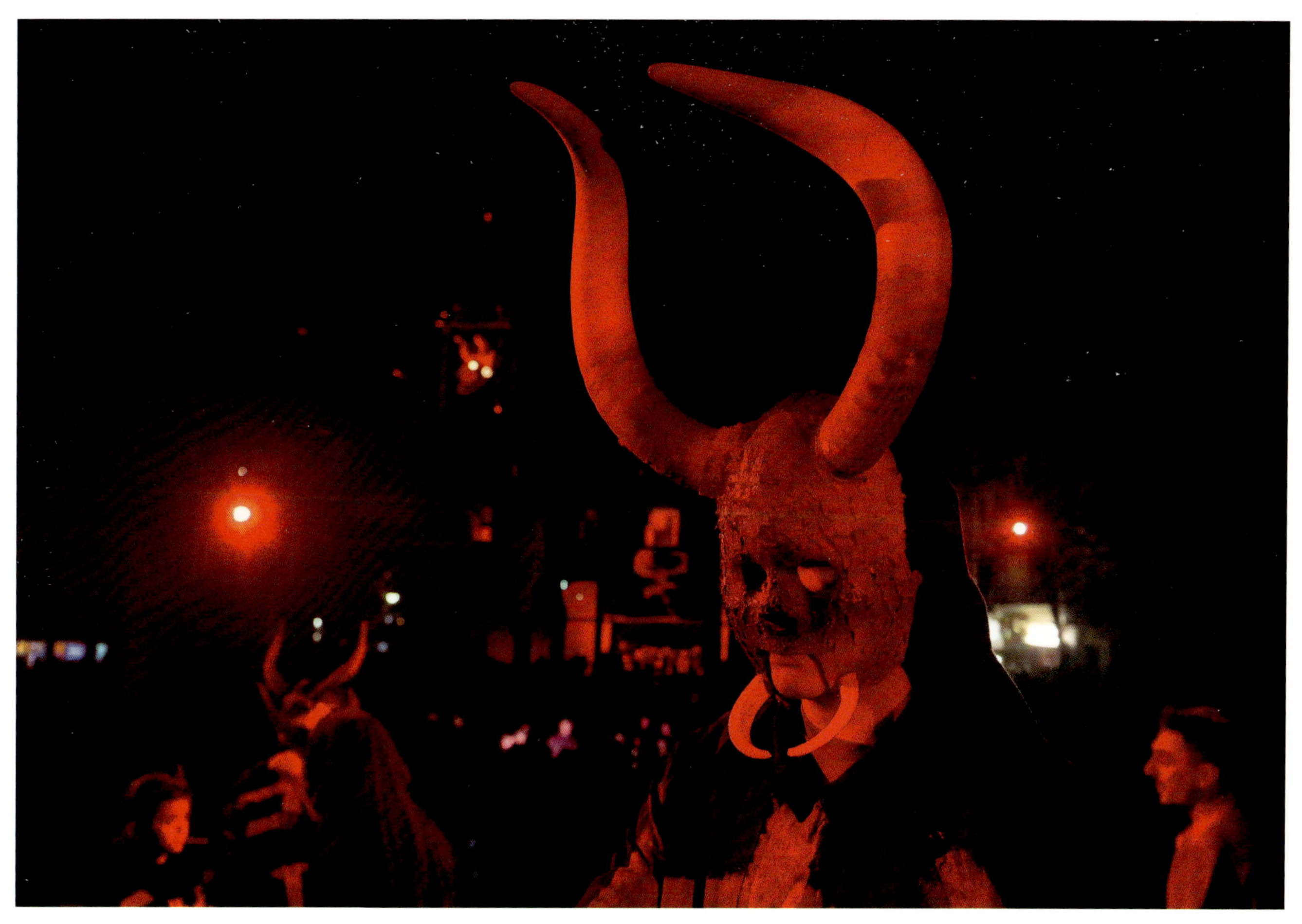

Sa Pobla - 01/2018

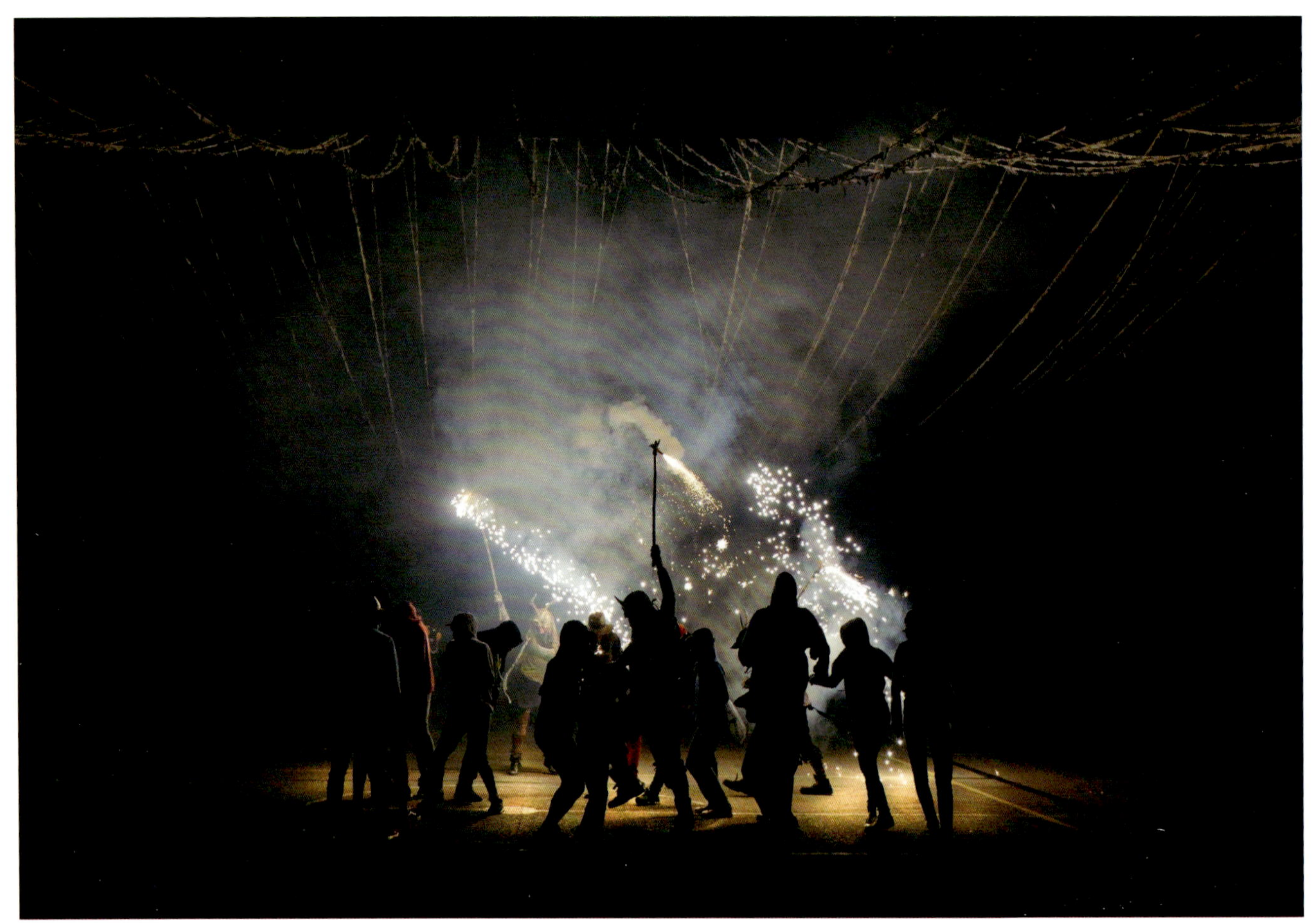

Sant Joan - 08/2018

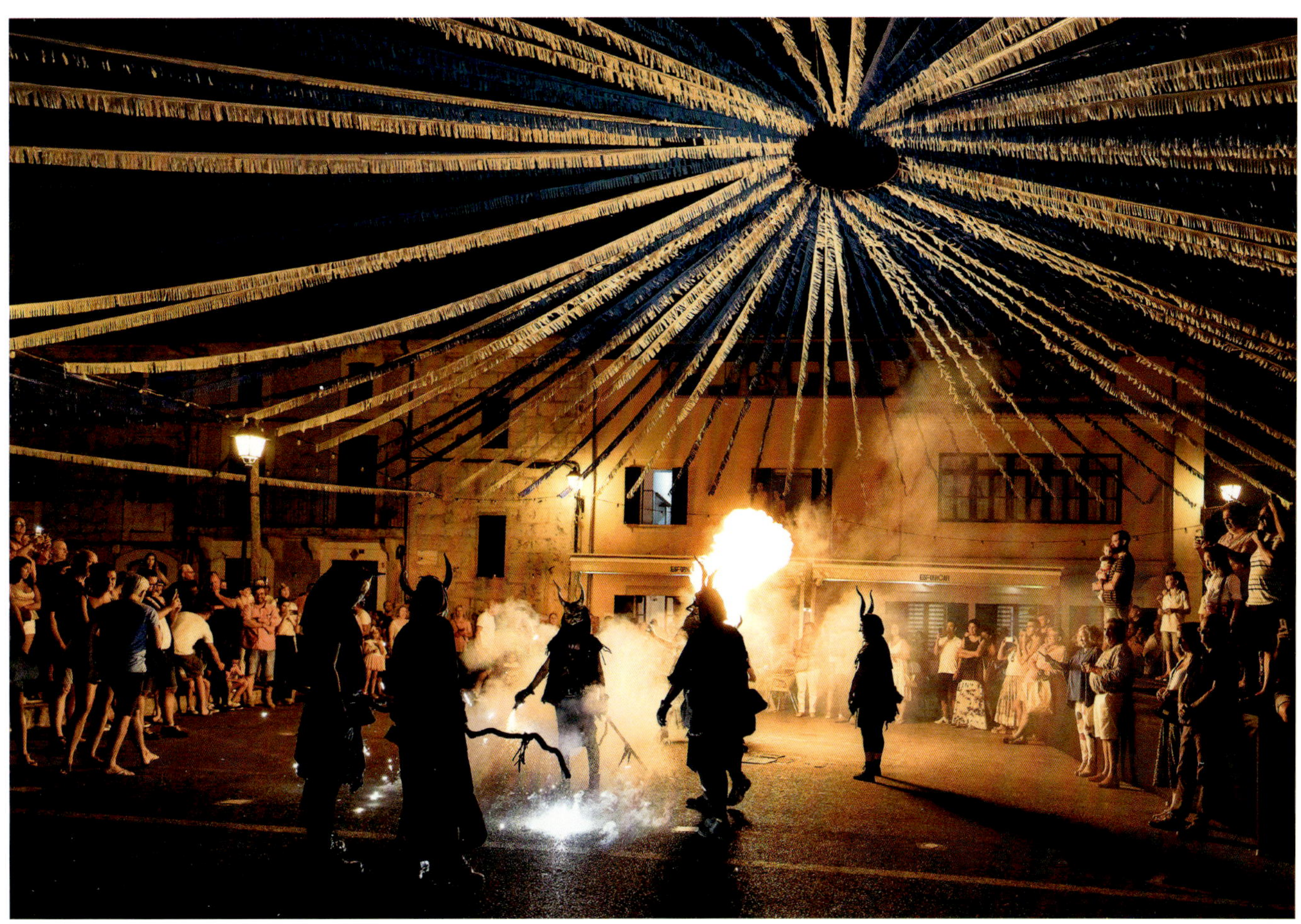

Selva - 08/2019

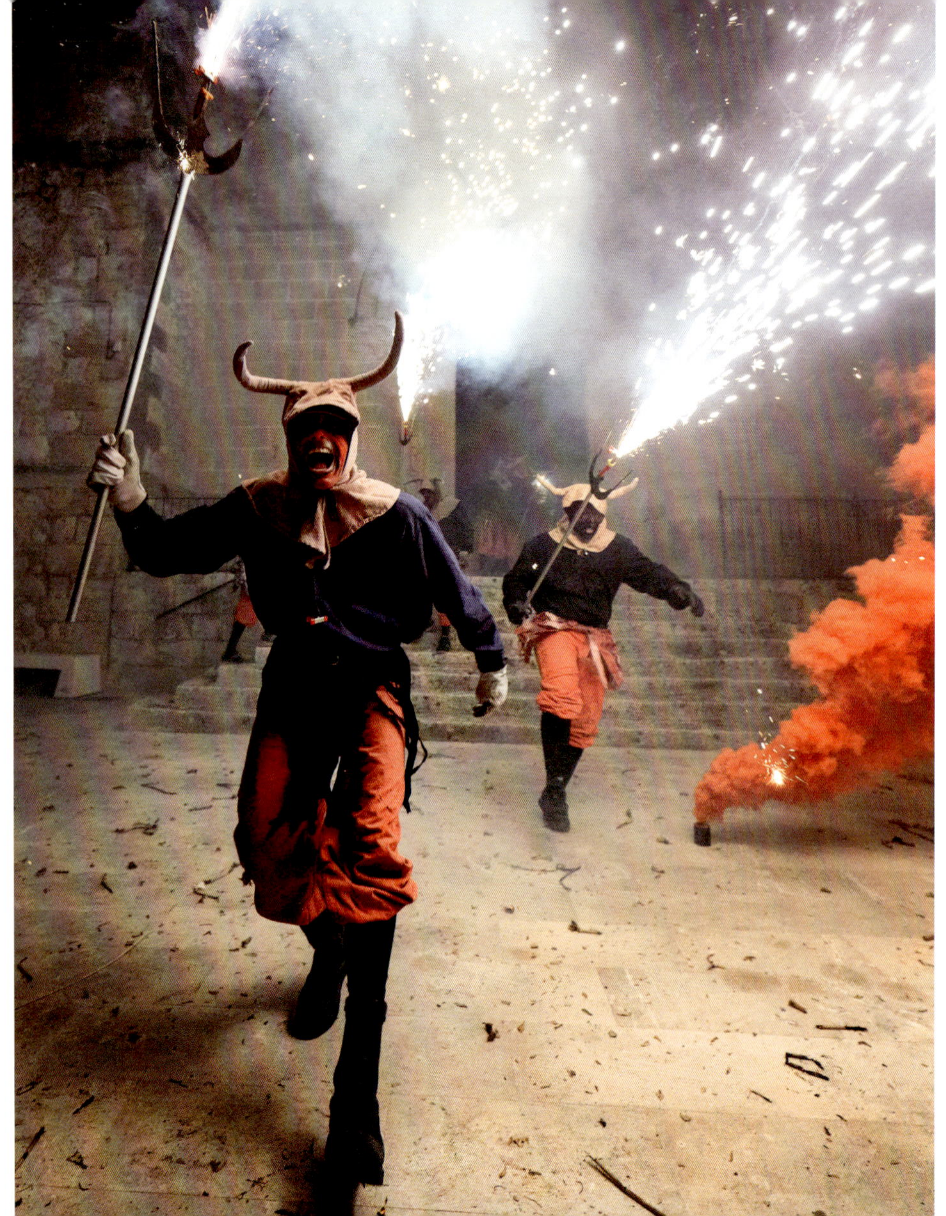

Santa Margalida - 08/2018

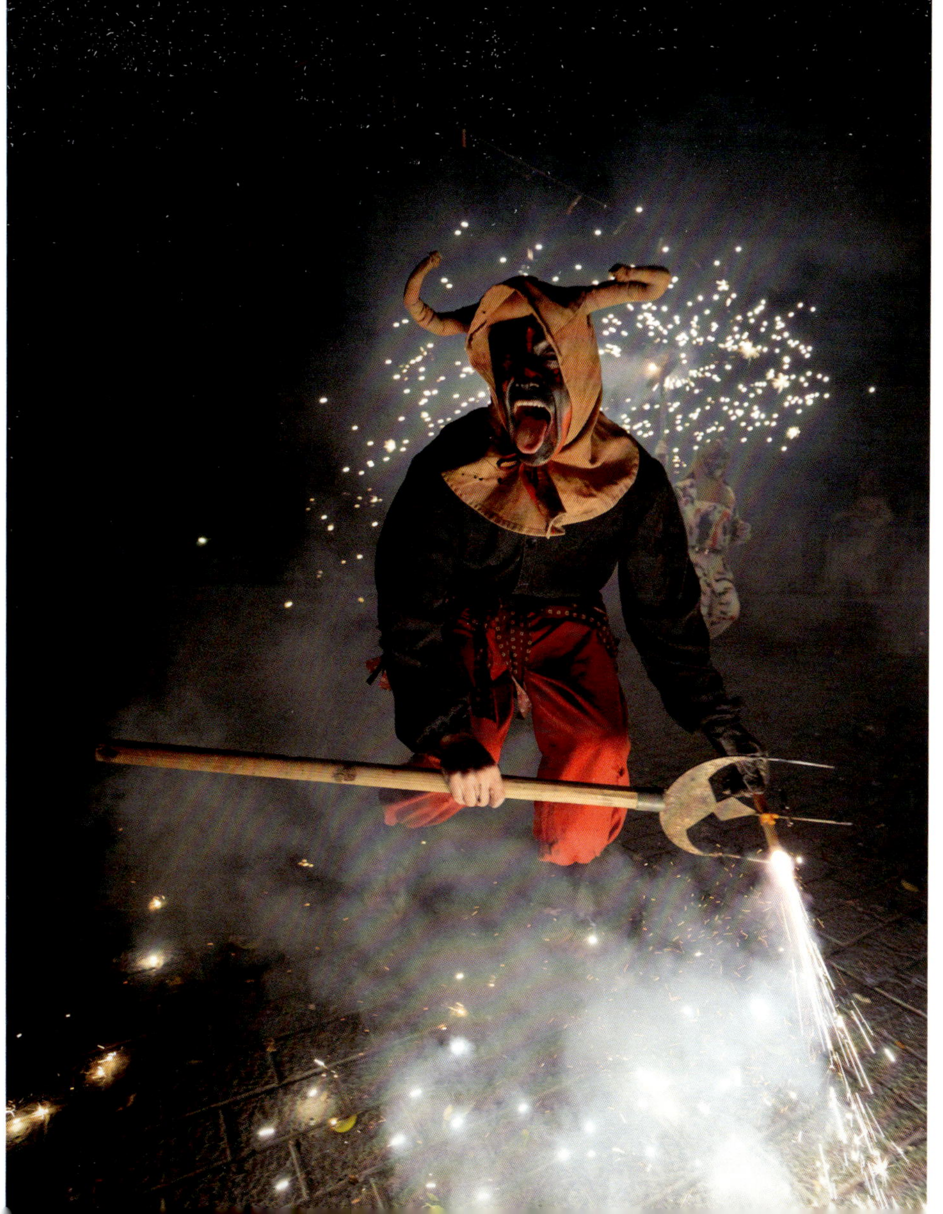

Muro - 06/2019

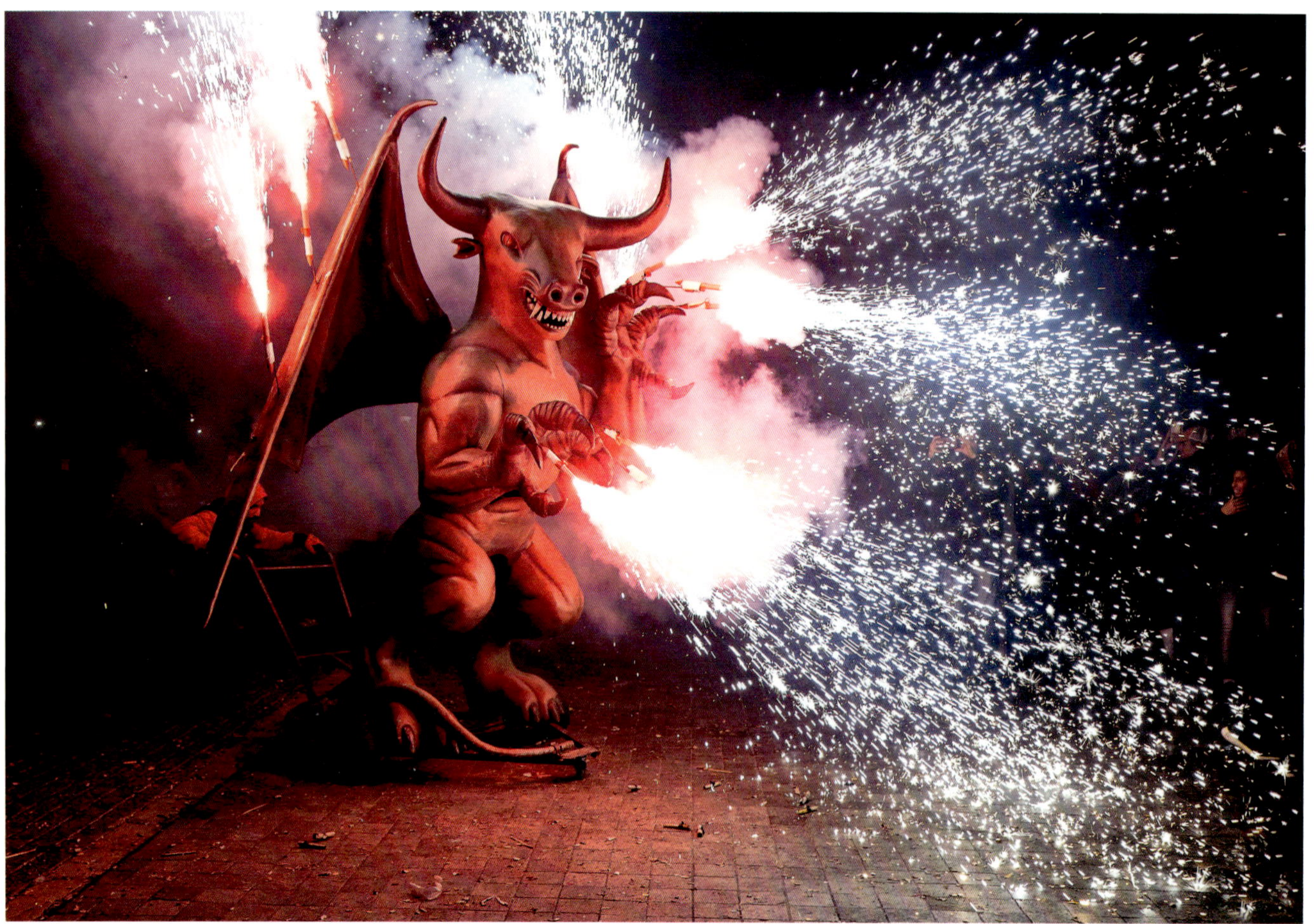

Inca - 11/2018

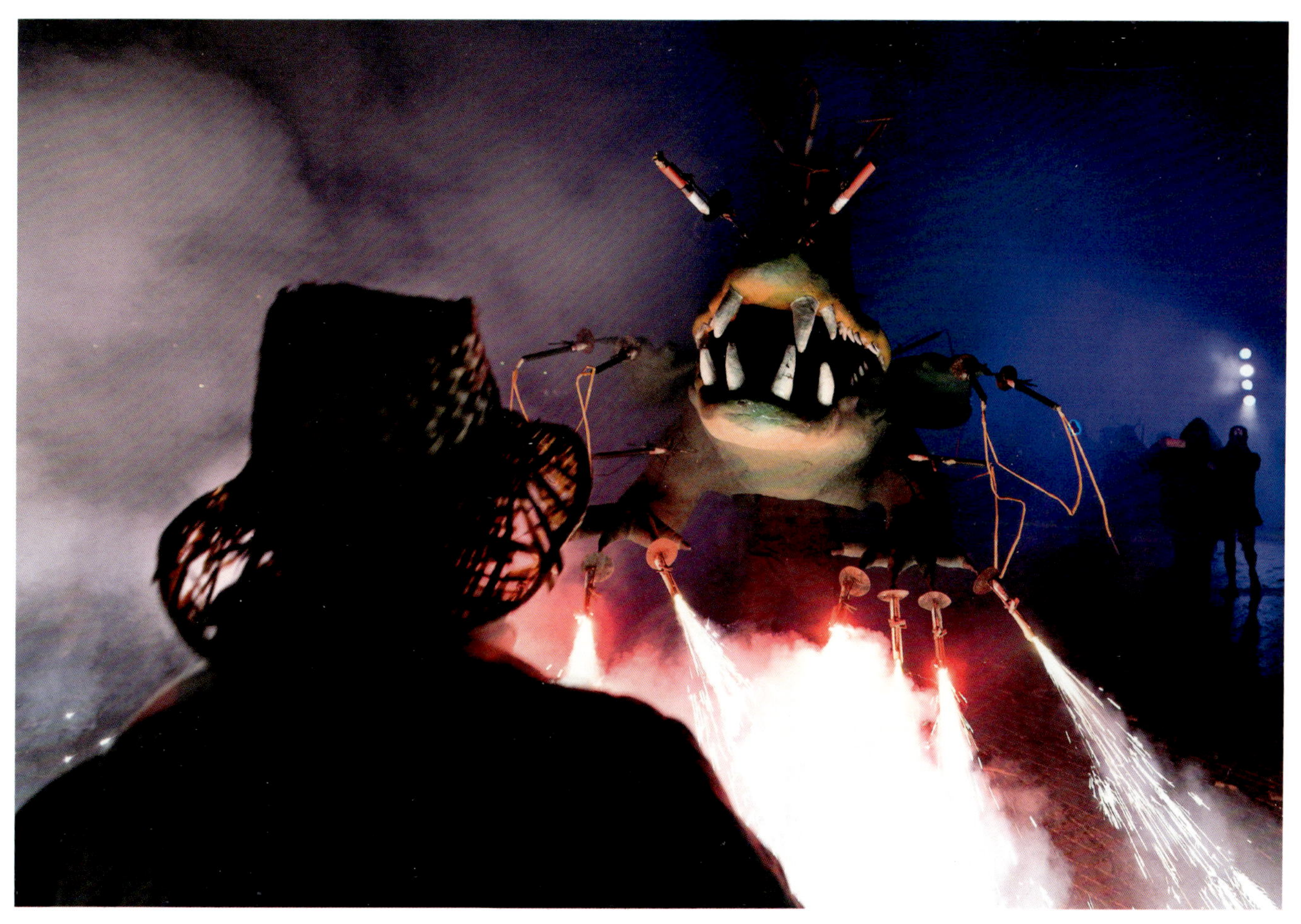

Santa Ponça - 09/2019

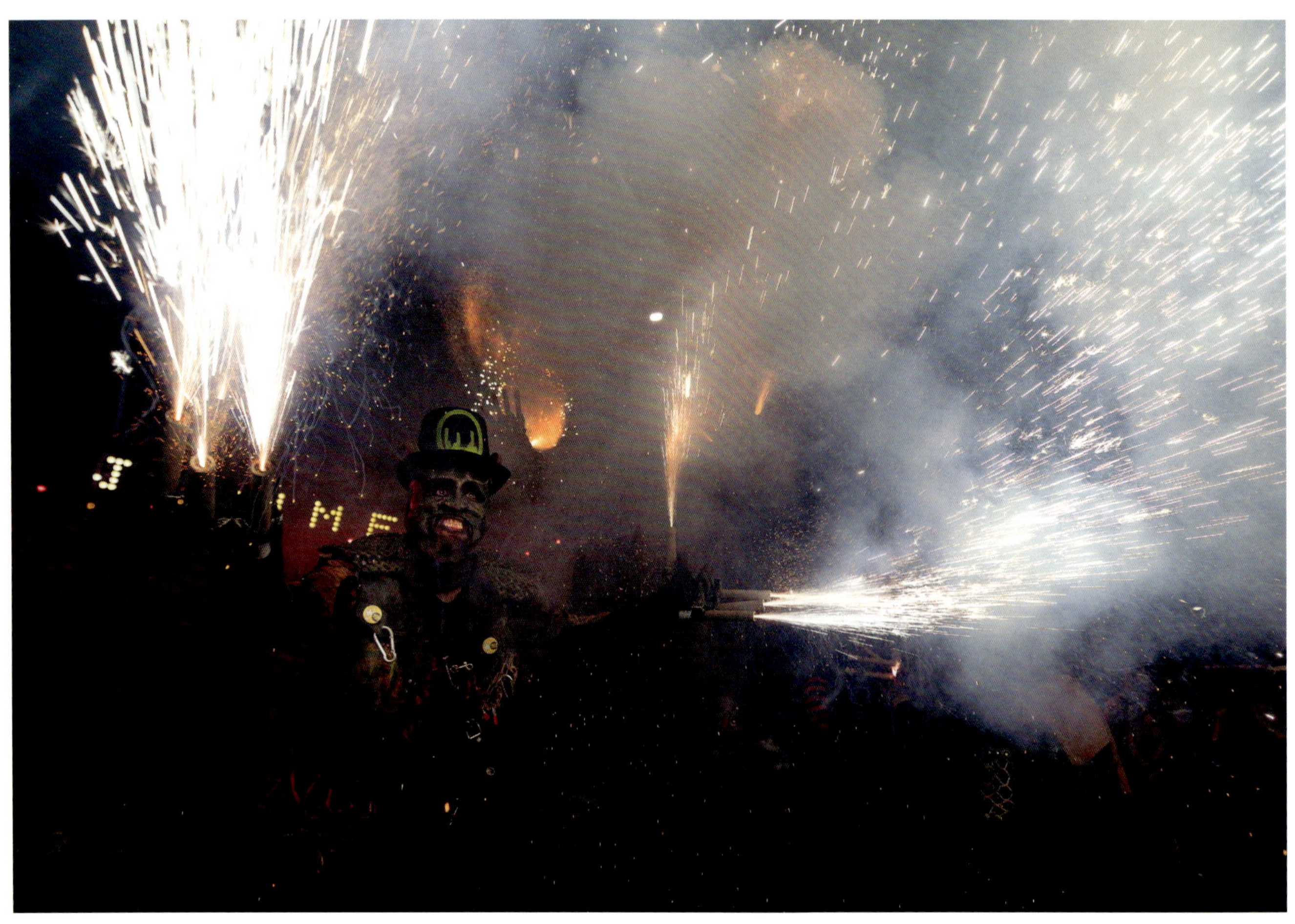

Santa Ponça - 09/2019

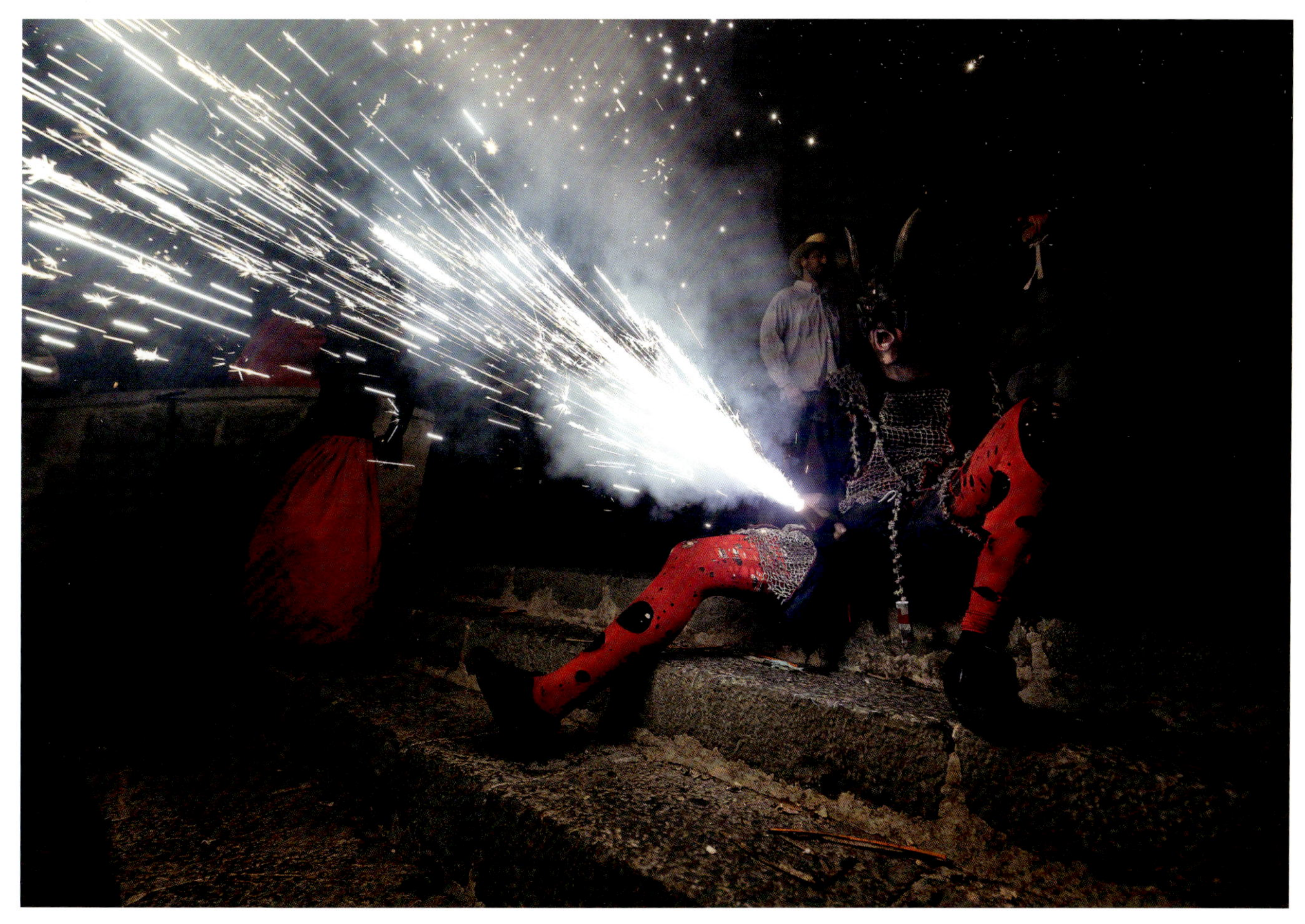

Capdepera - 08/2019

Capdepera - 08/2017

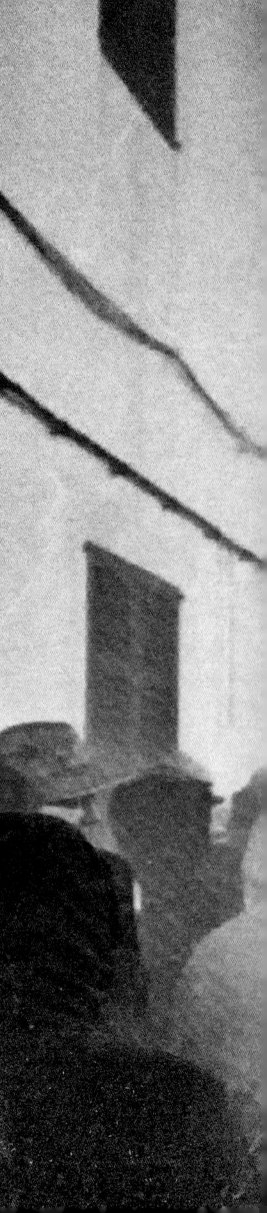

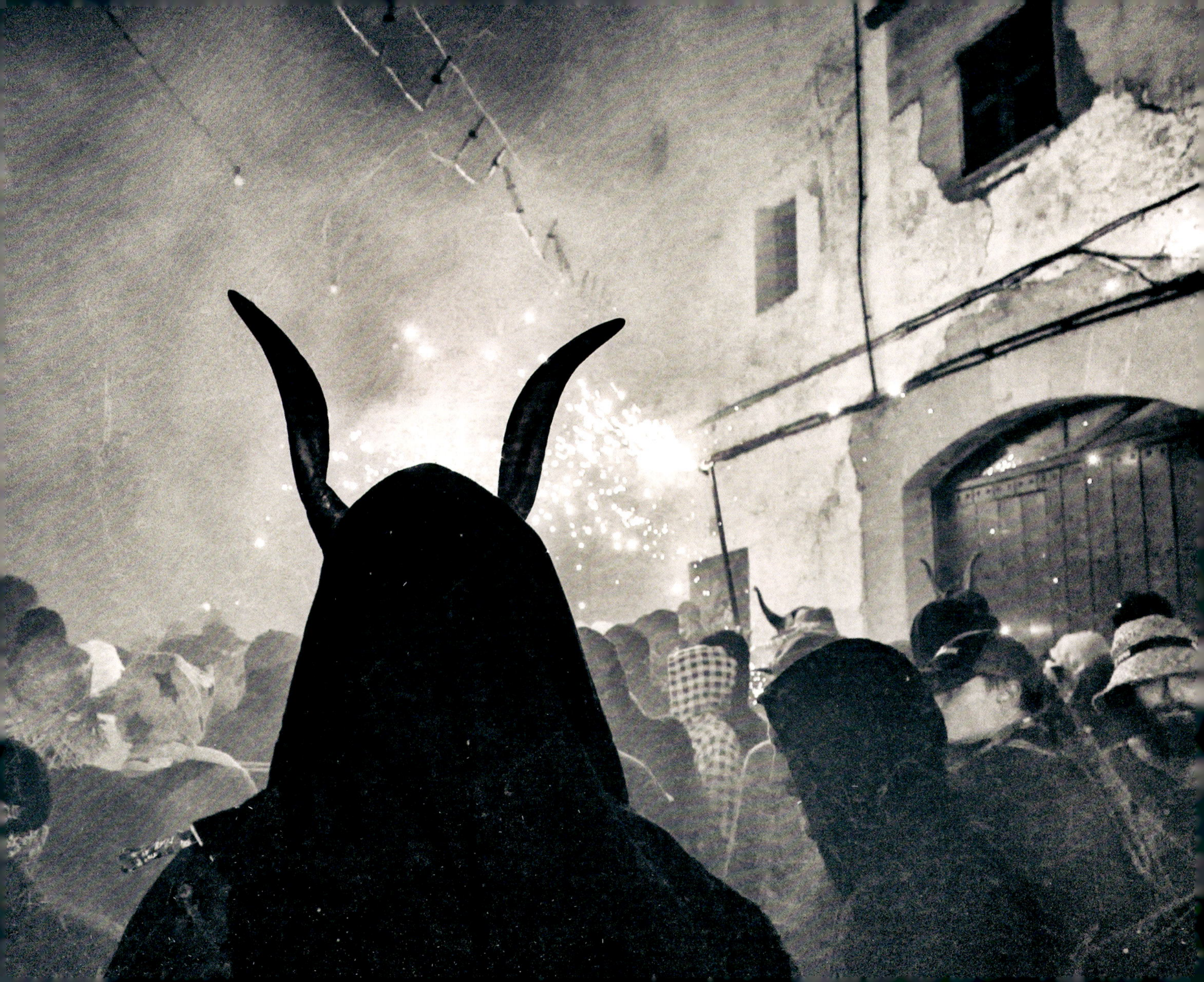

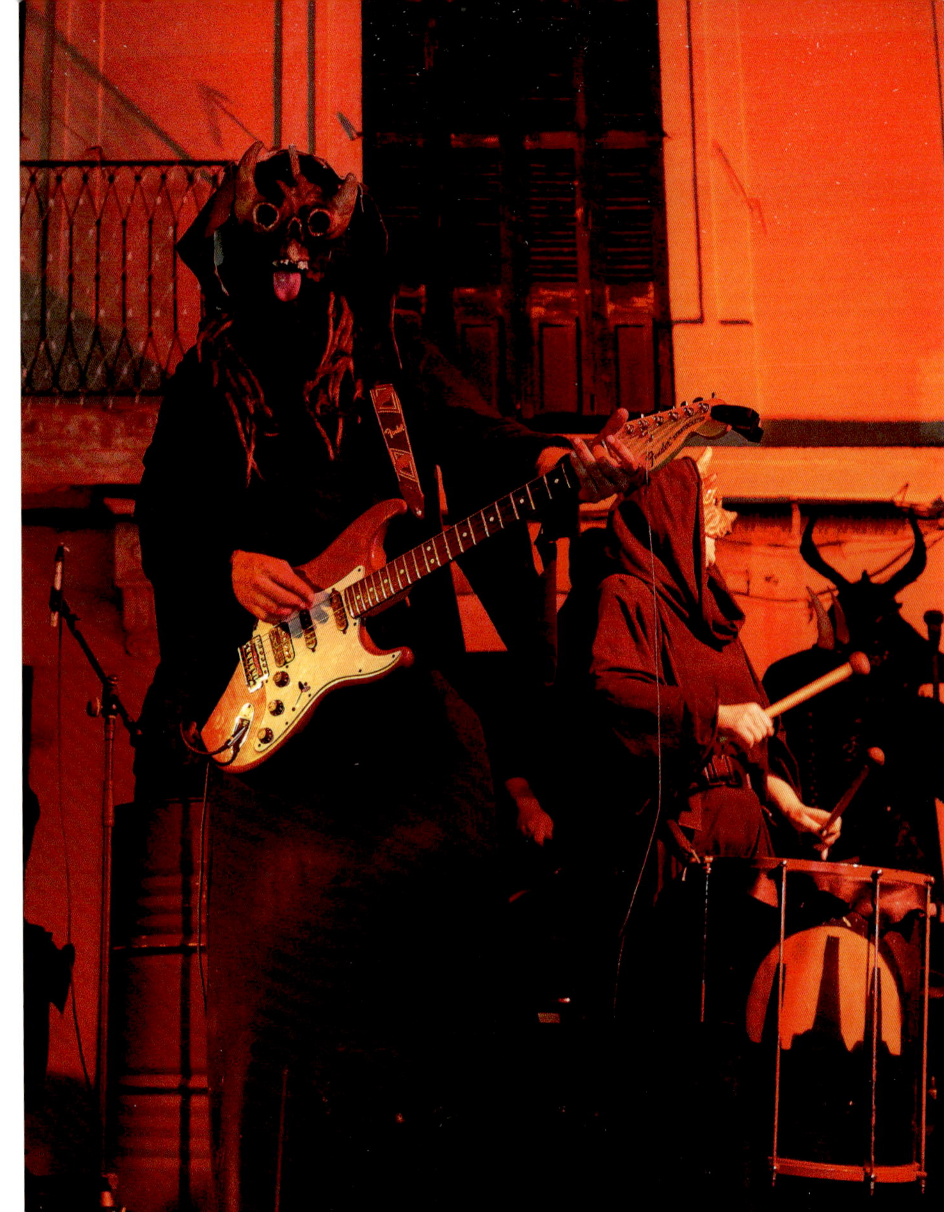

Santa Maria del Camí - 01/2019

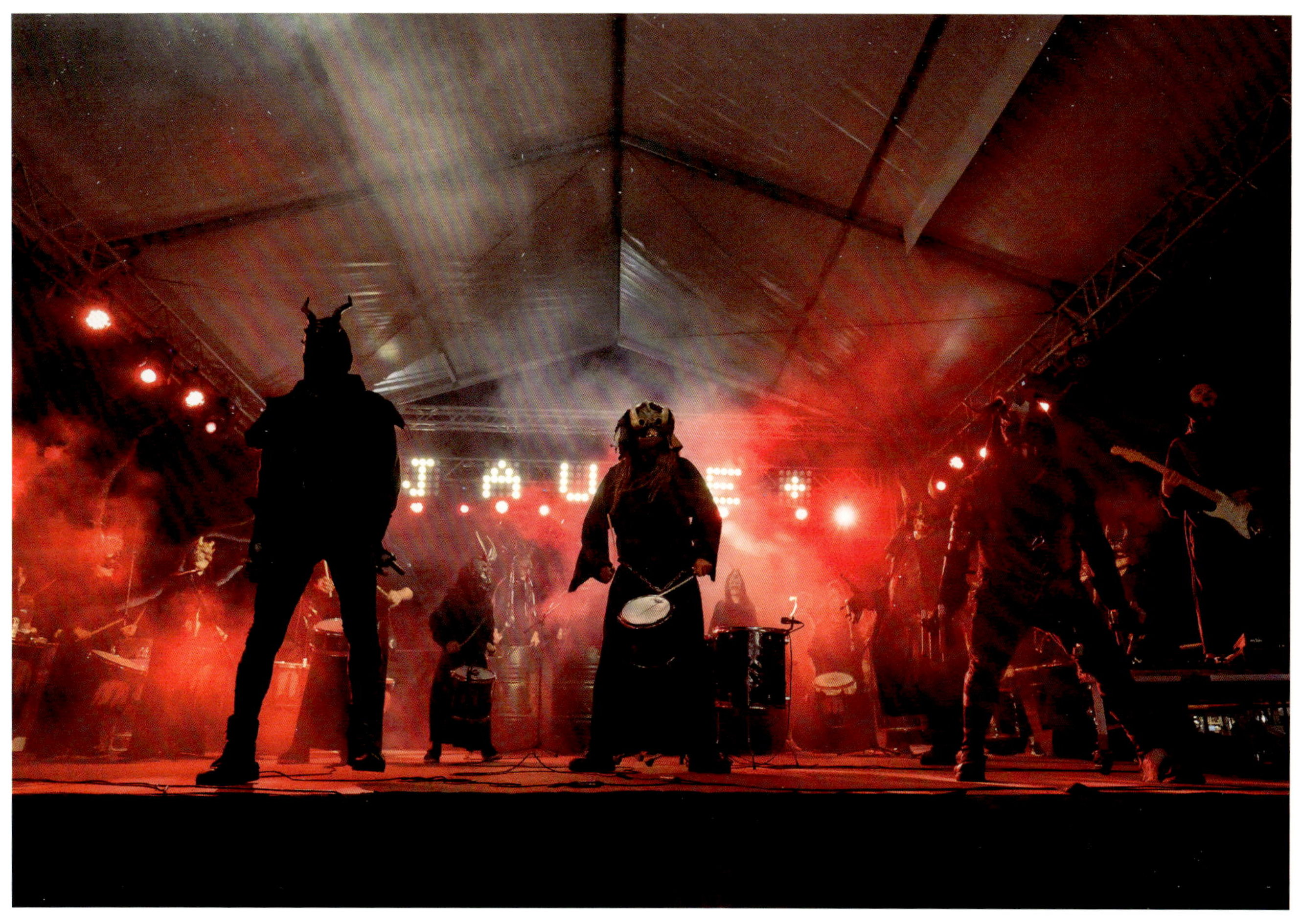

Santa Ponça - 09/2019

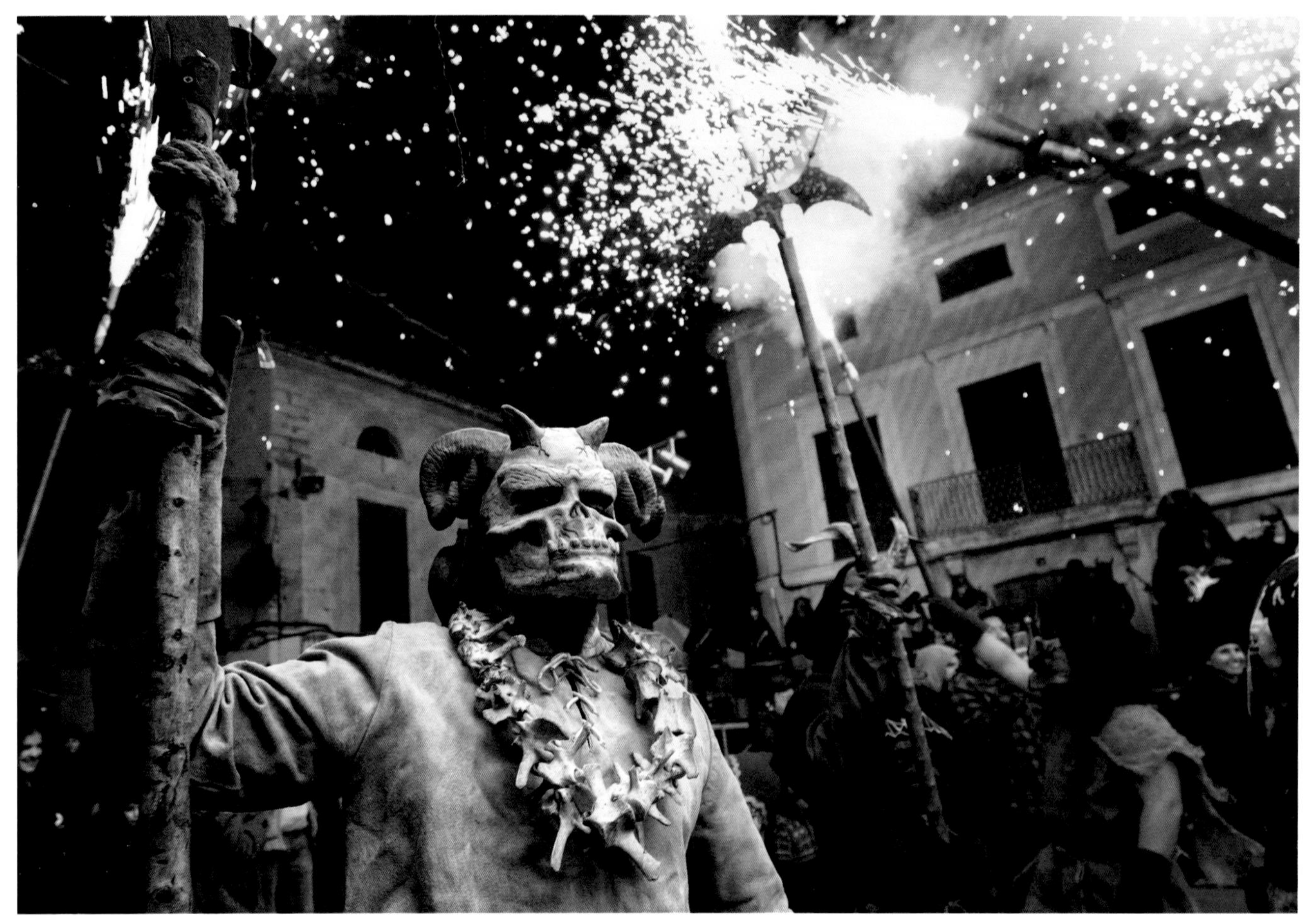

Santa Maria del Camí - 01/2019

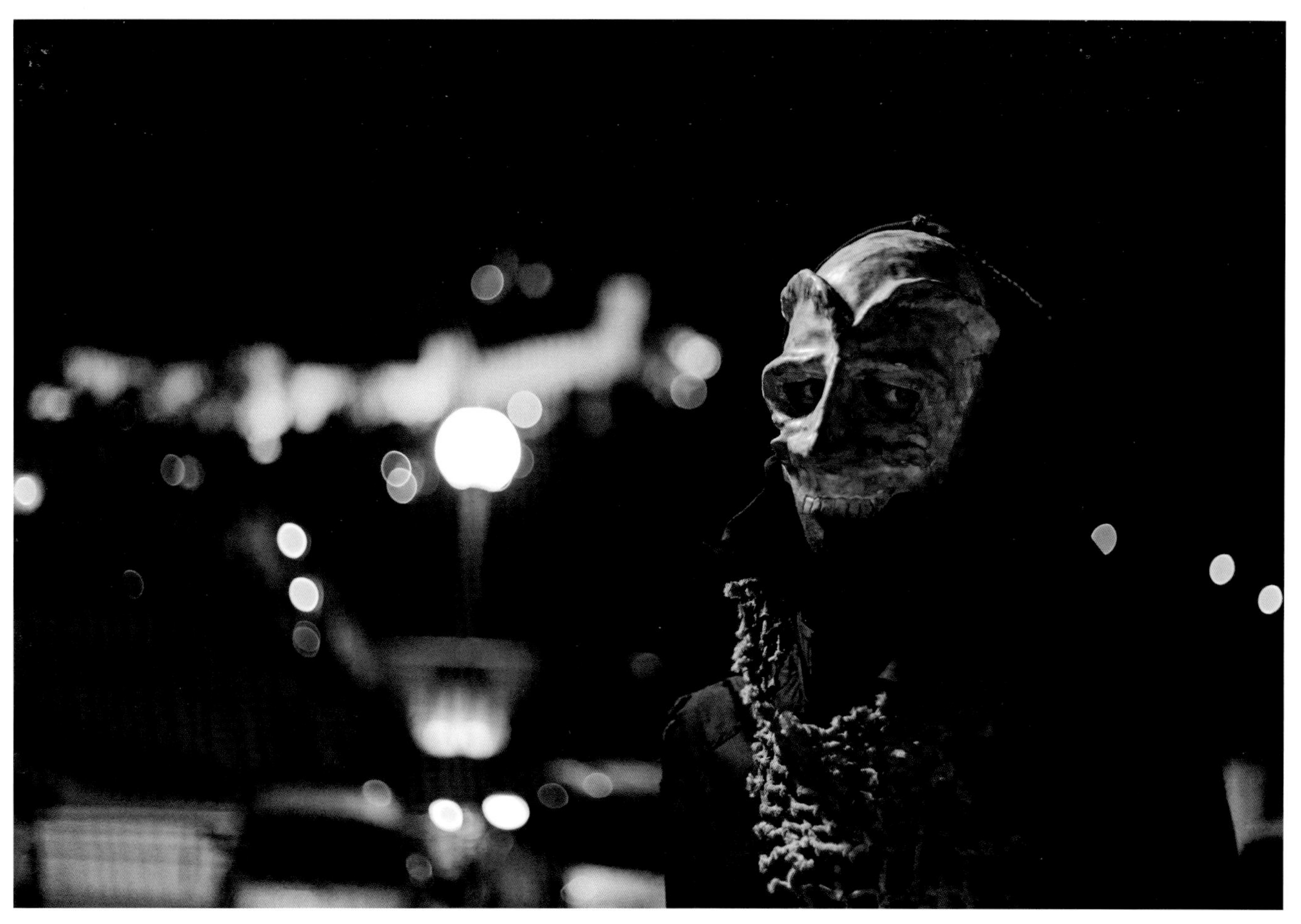

Capdepera - 08/2017

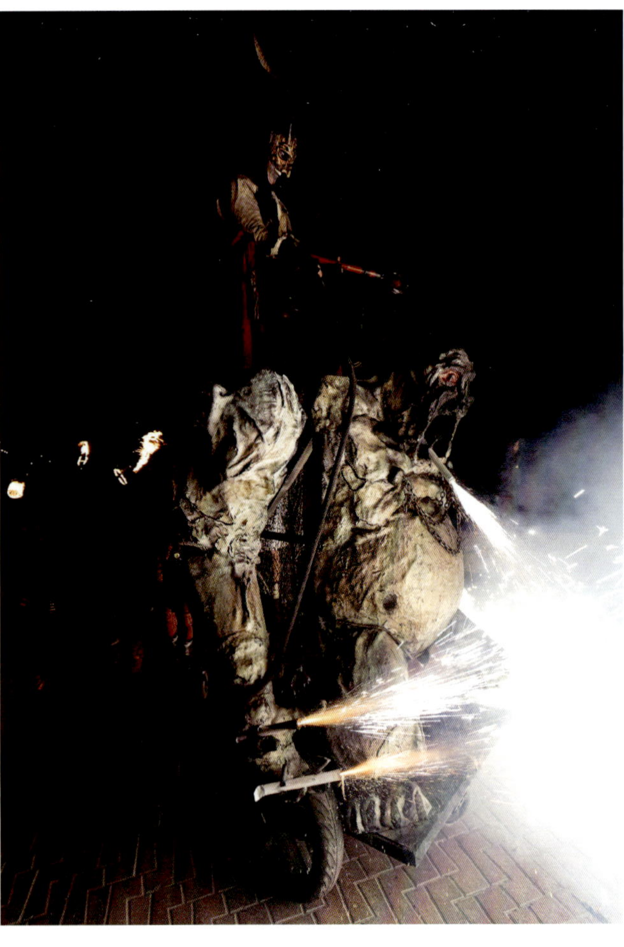

Santa Ponça - 09/2019

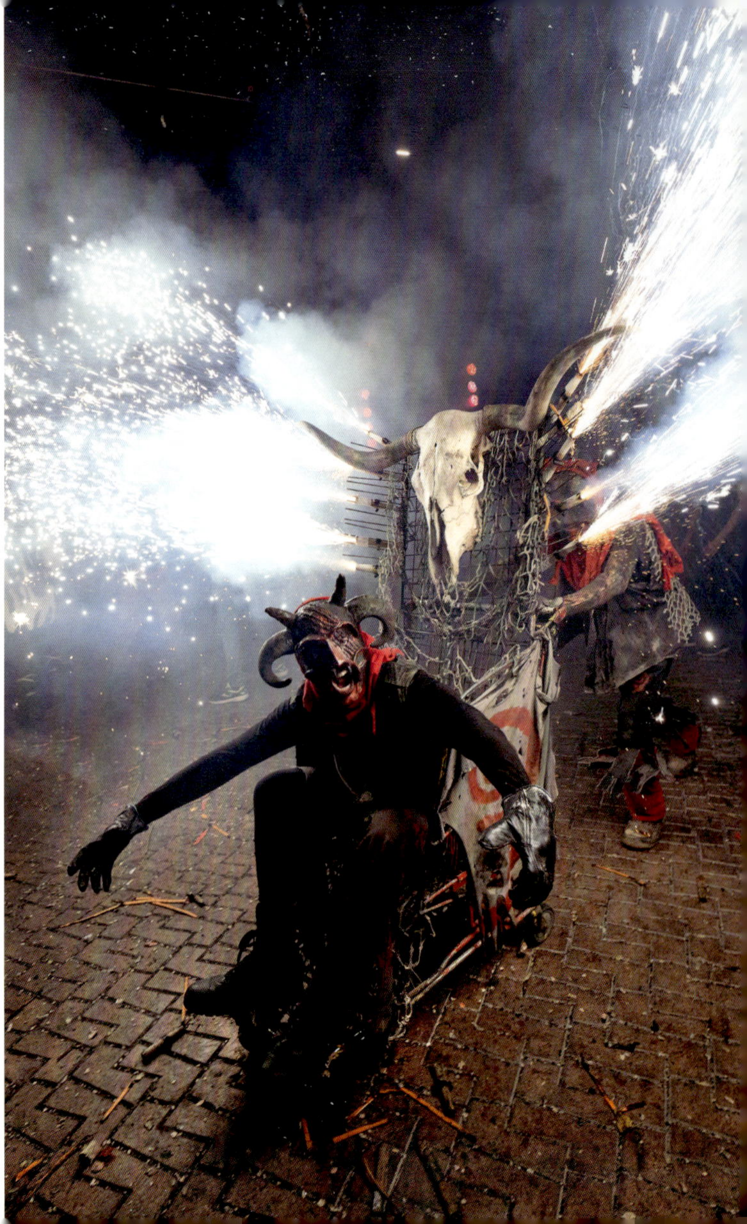

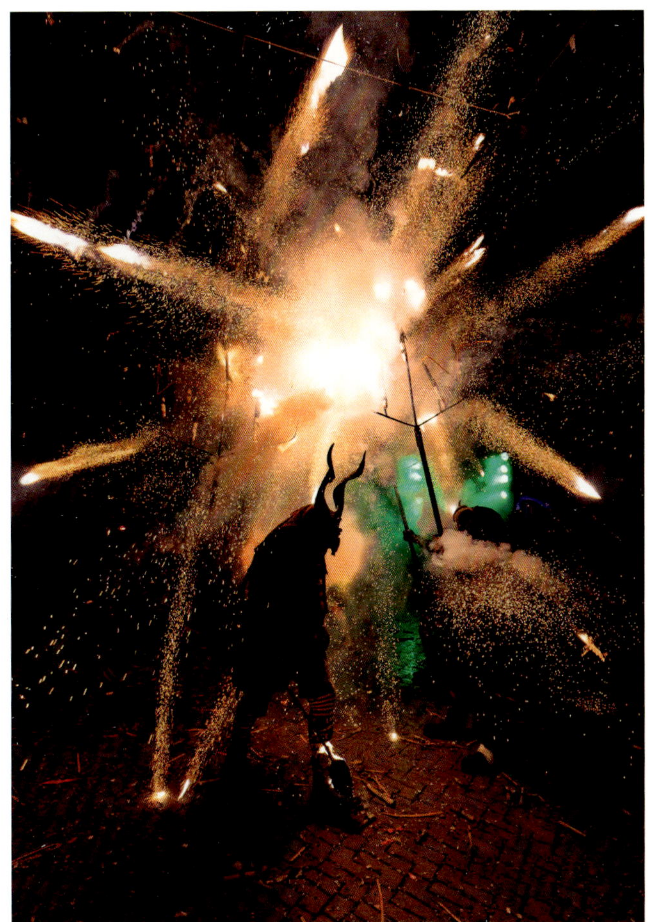

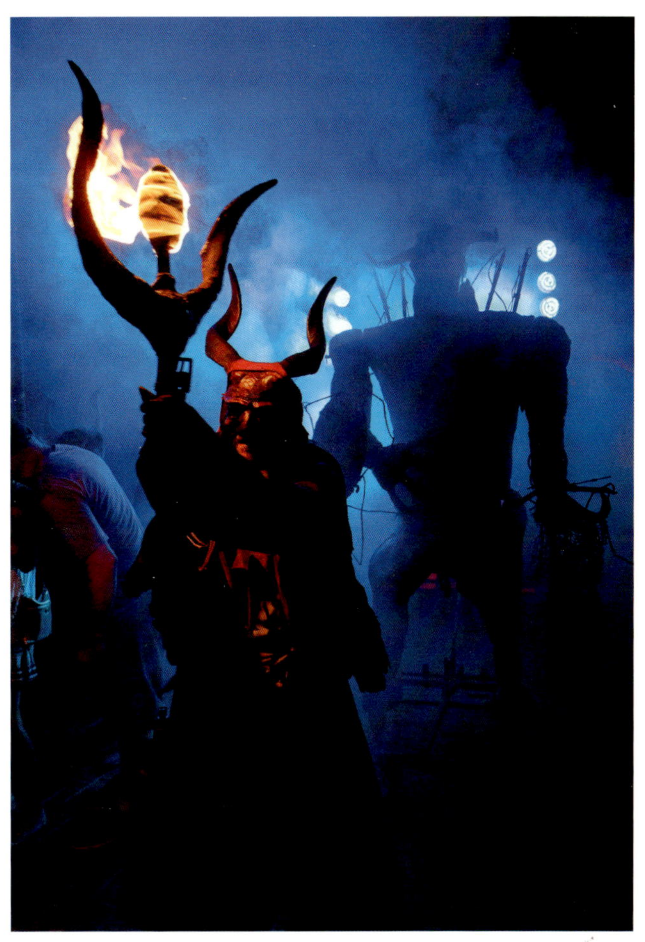

Santa Ponça - 09/2019

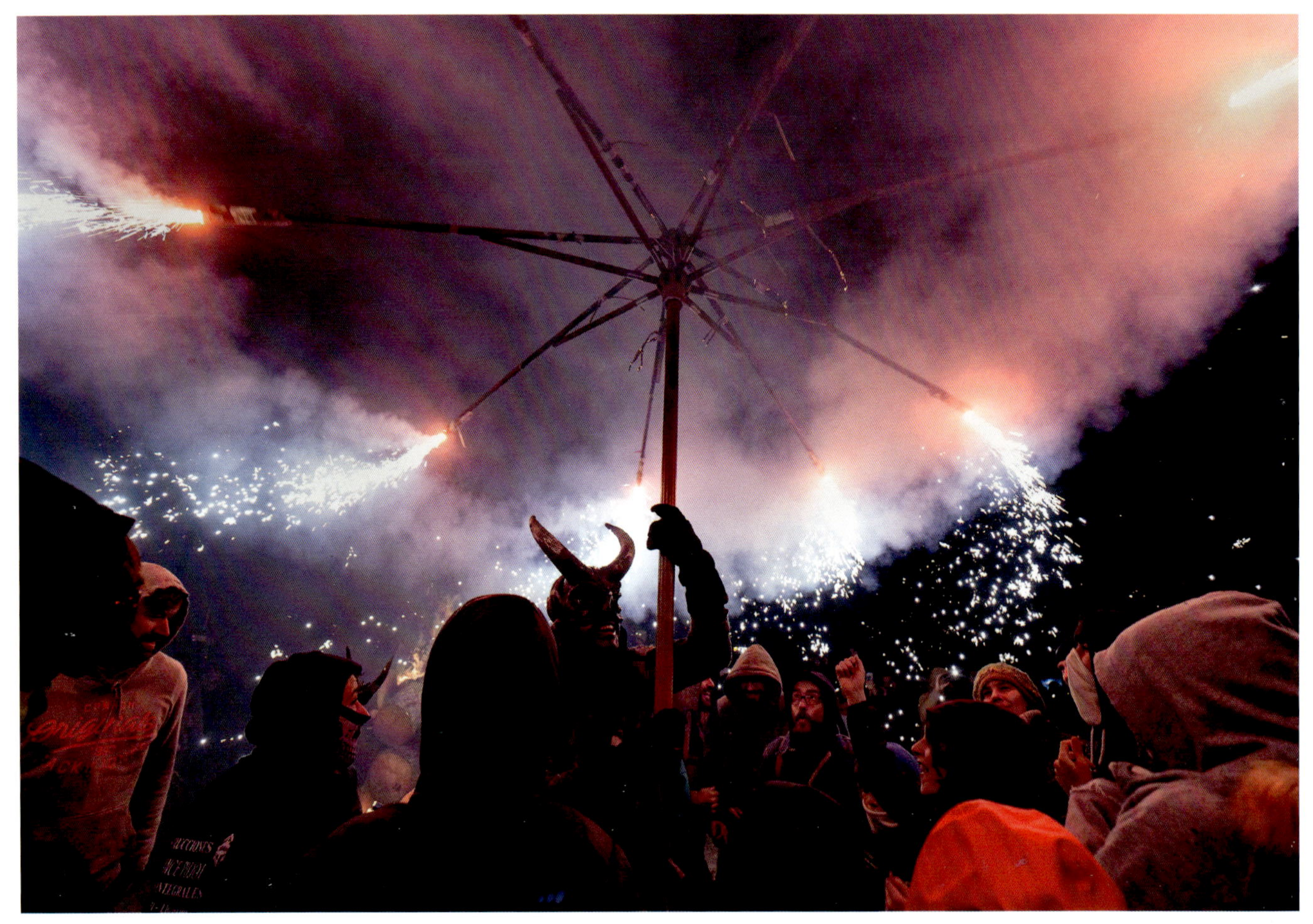

Santa Maria del Camí - 01/2019

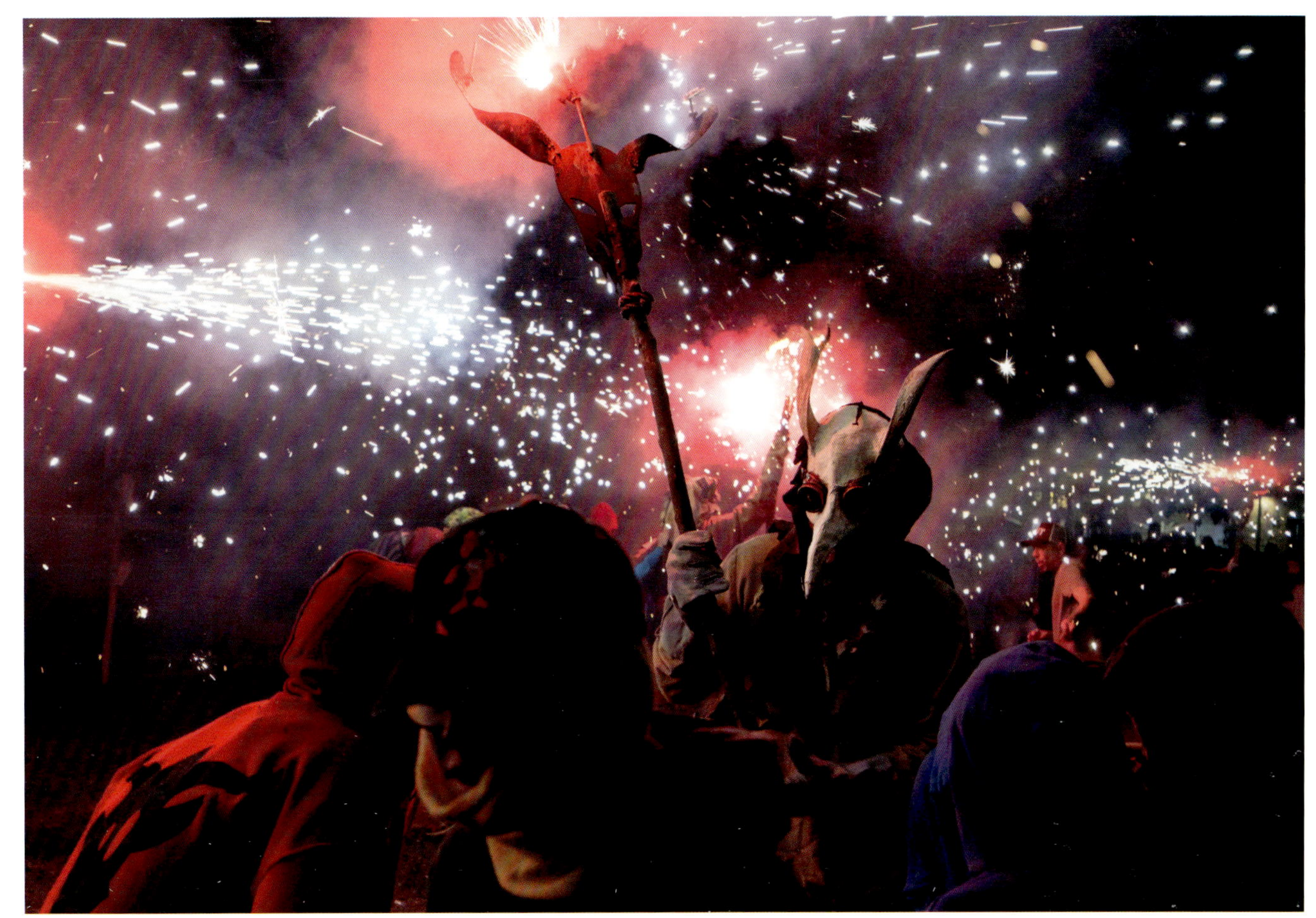

Esporles - 06/2019

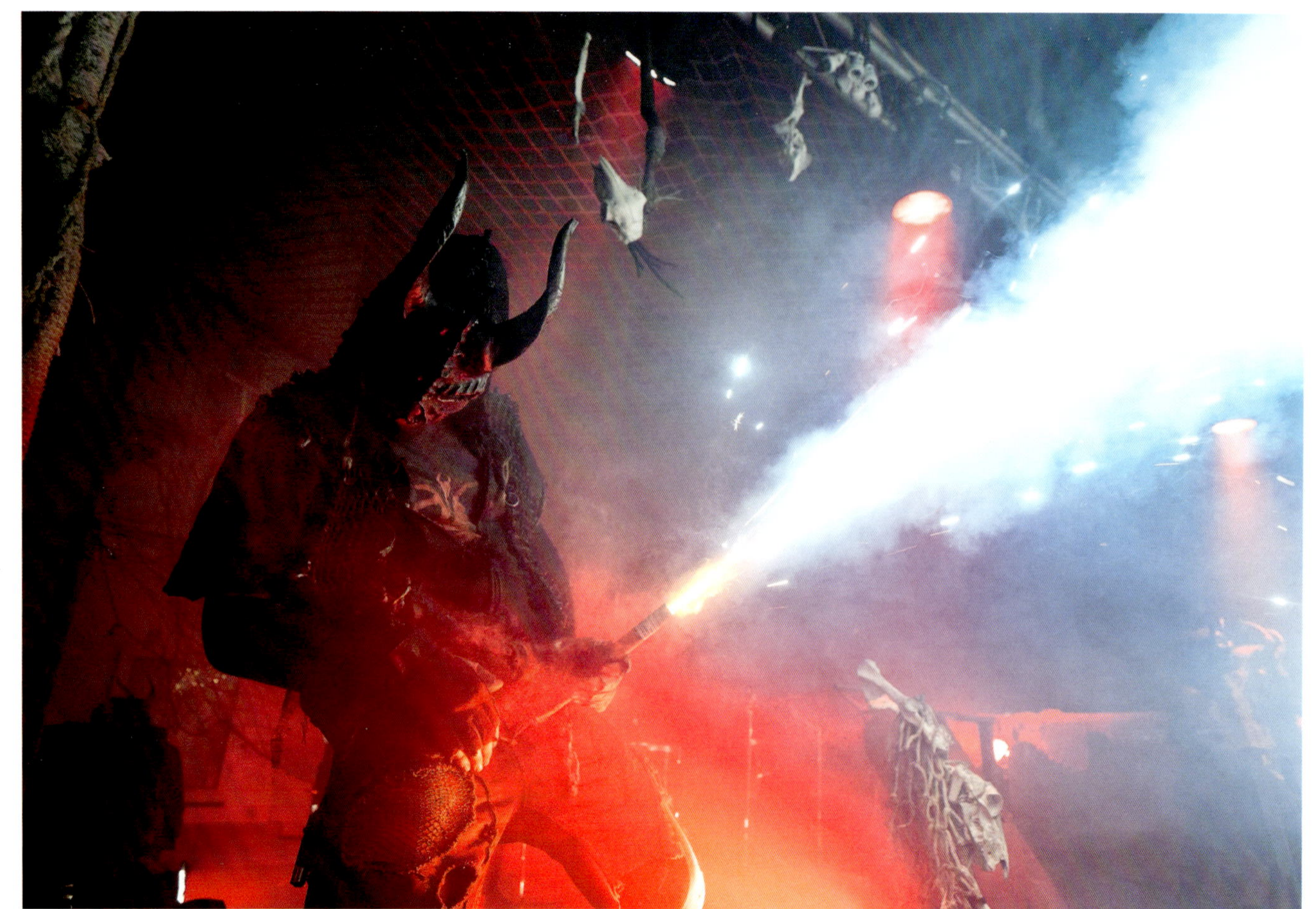

Capdepera - 05/2018

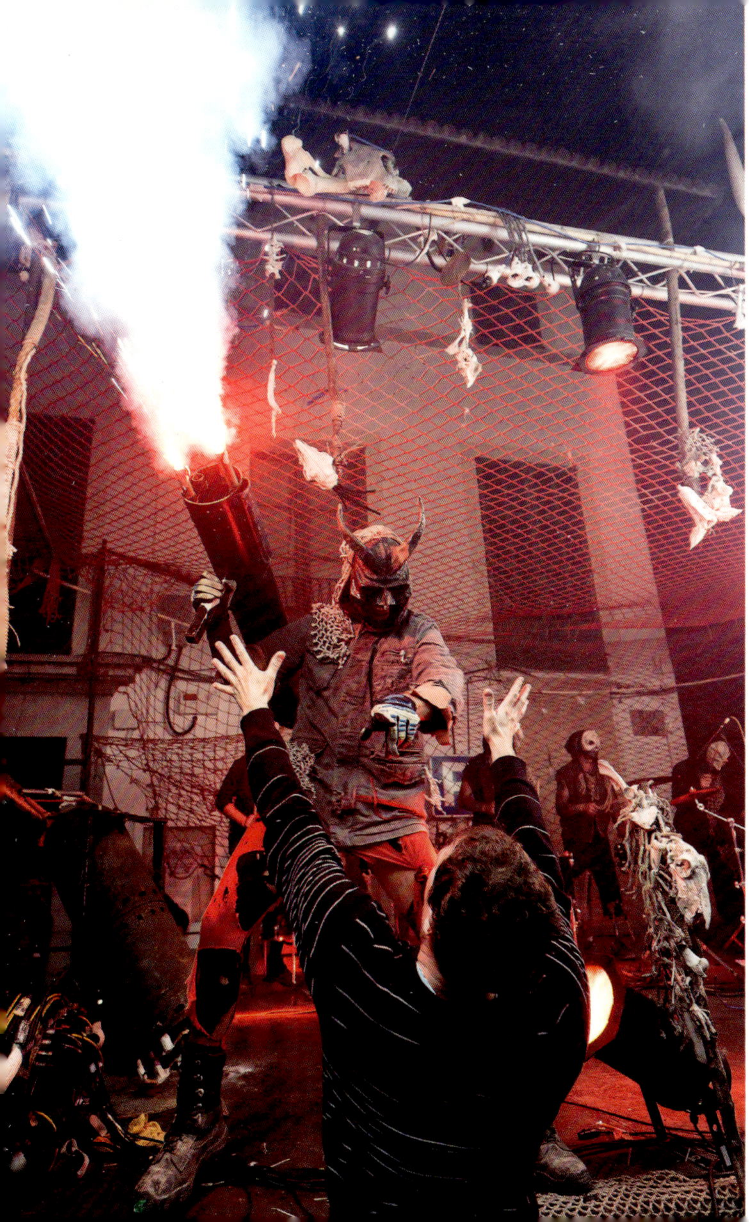

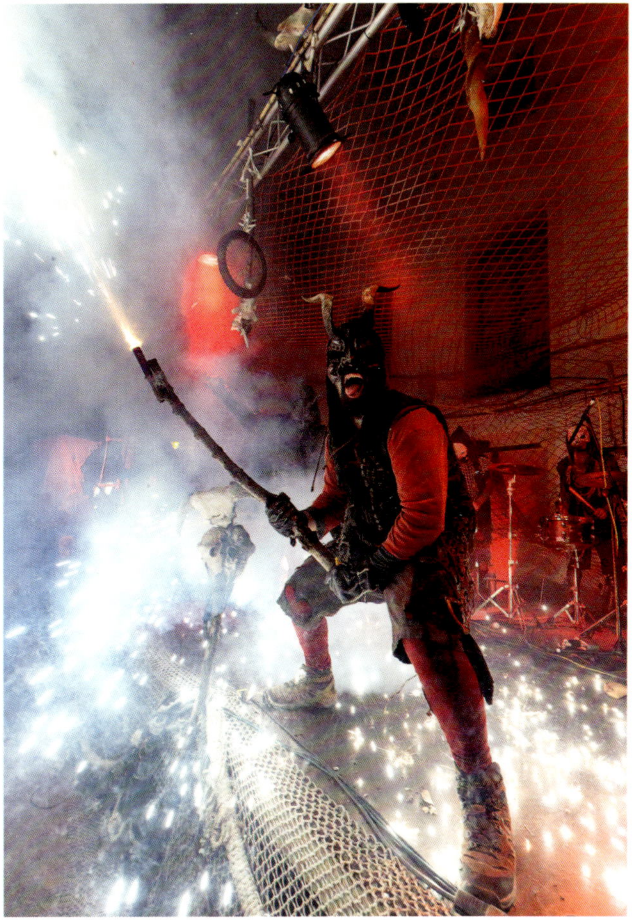

Capdepera - 05/2018

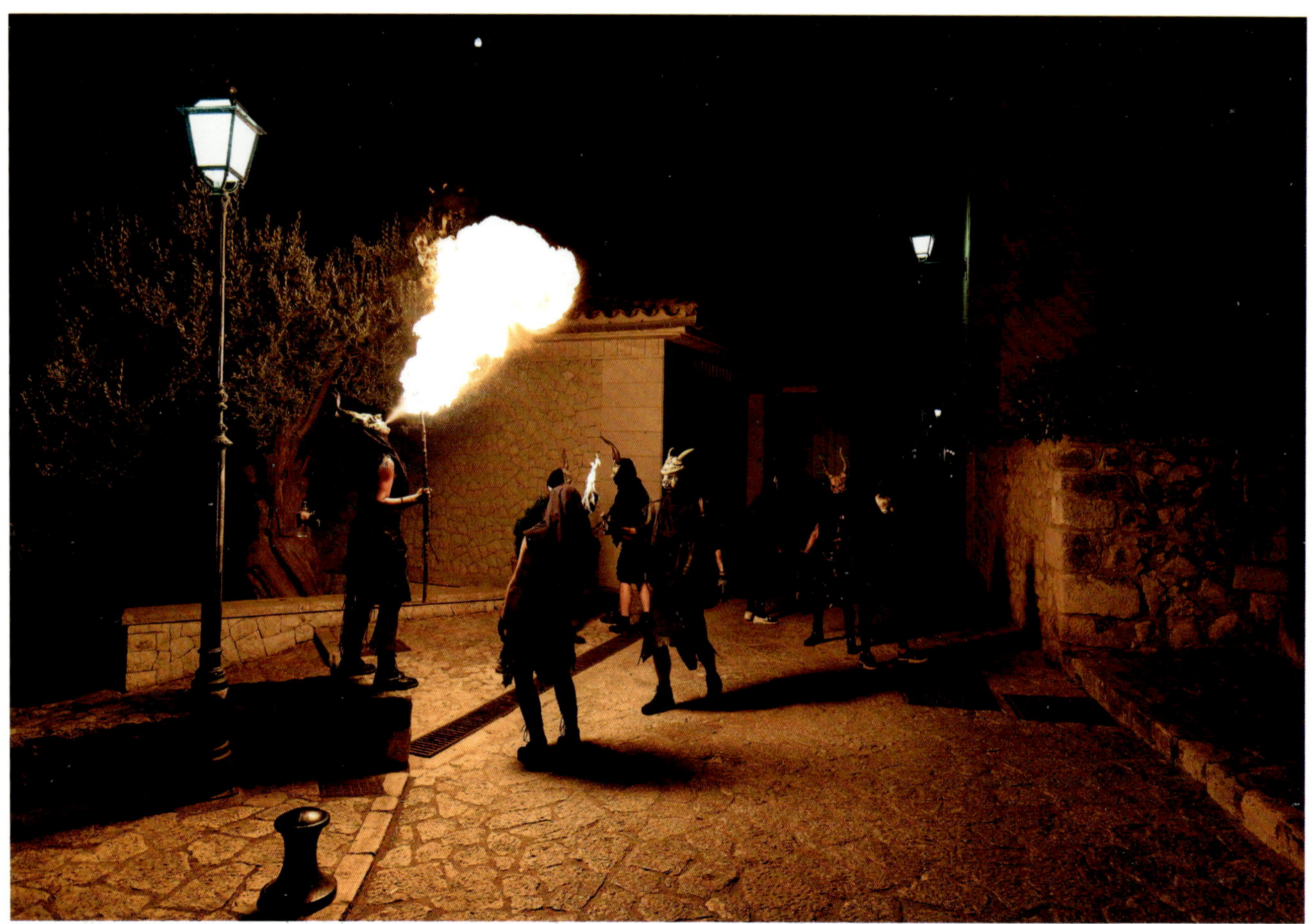

Selva - 08/2019

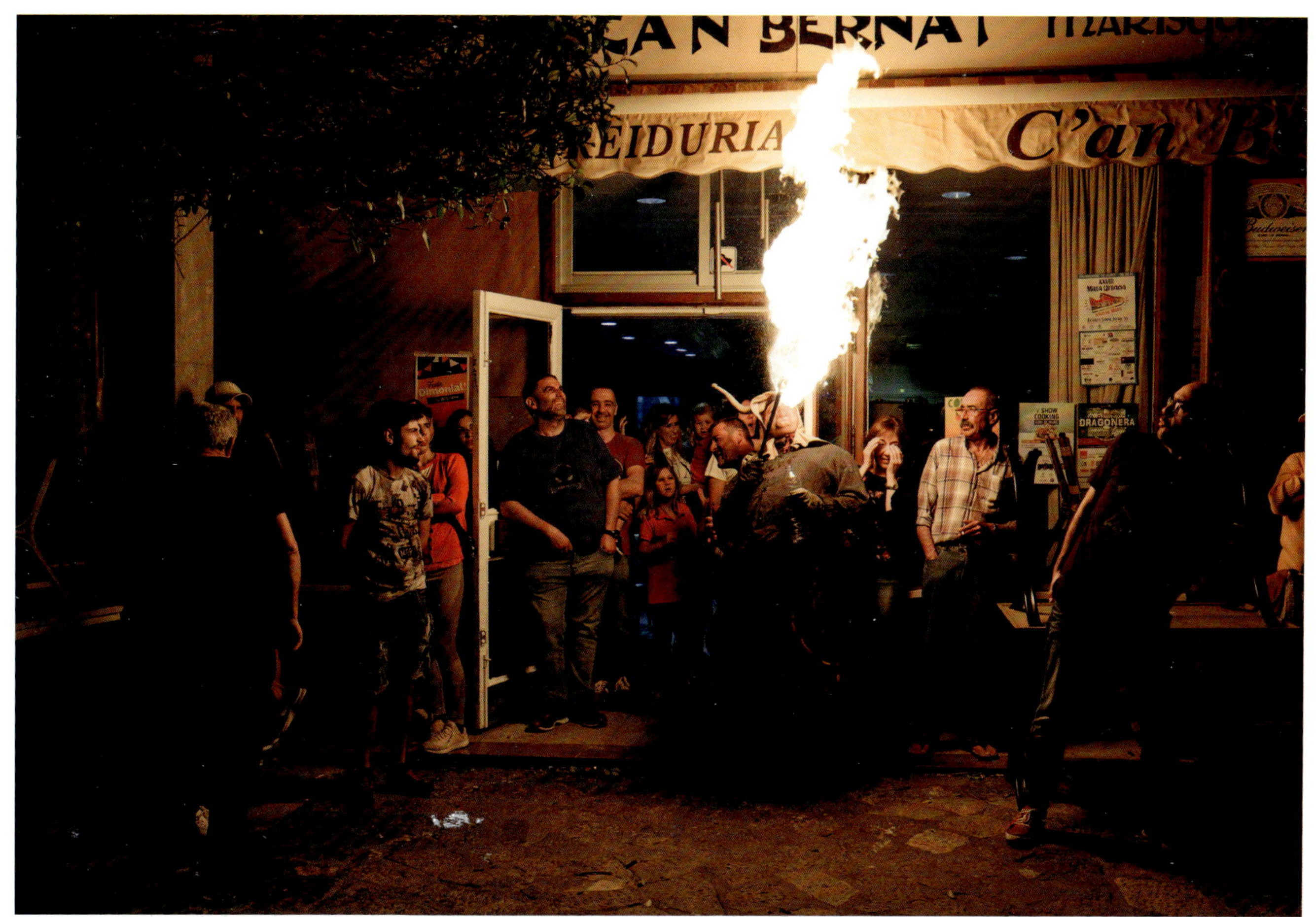

Muro - 06/2019

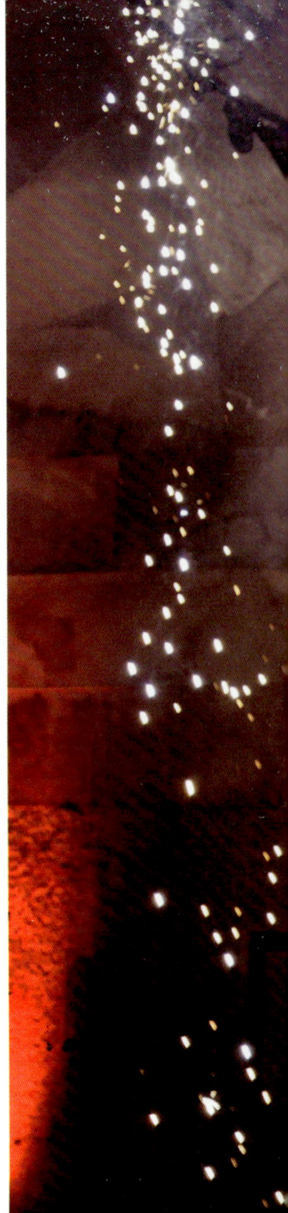

Inca - 11/2018

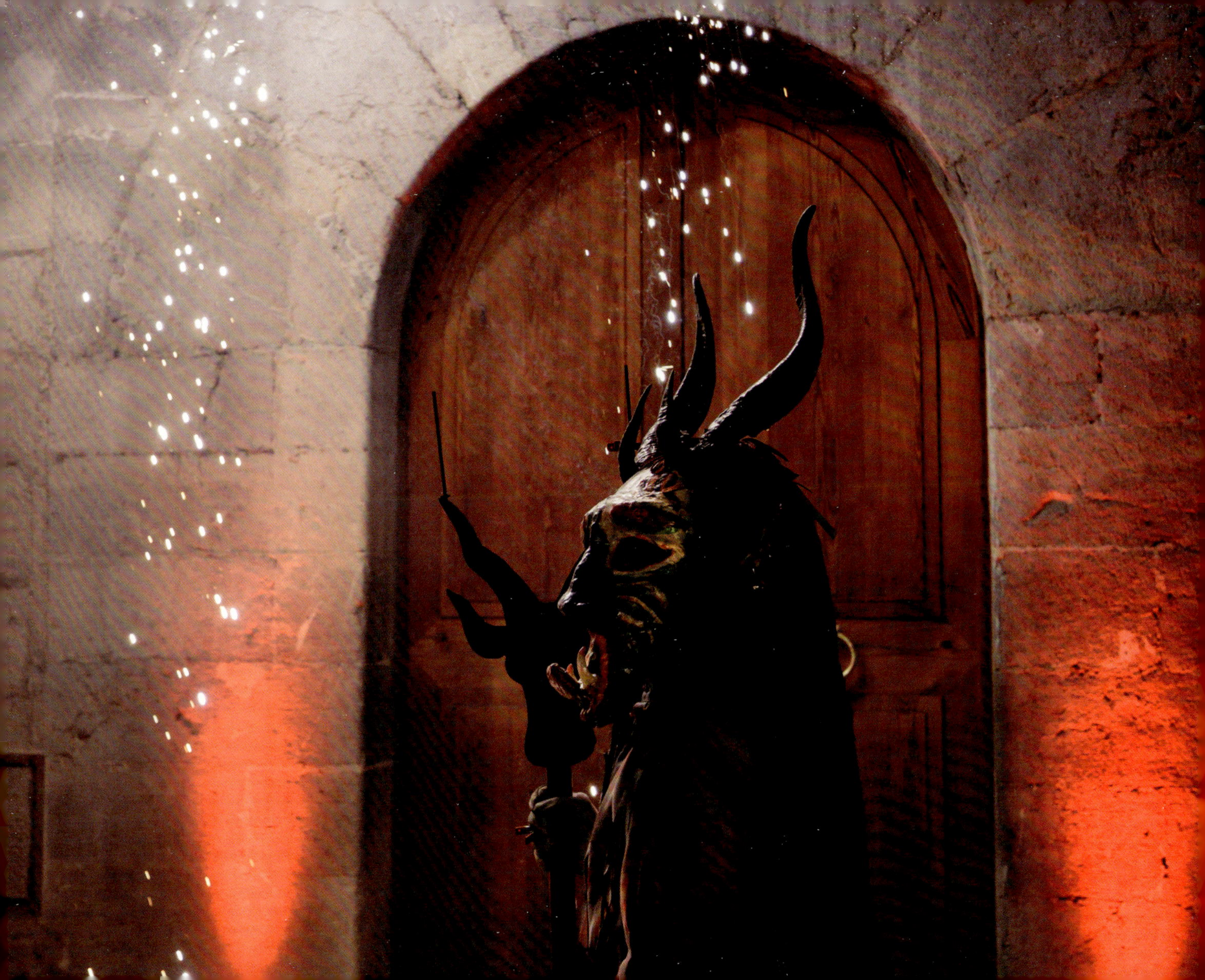

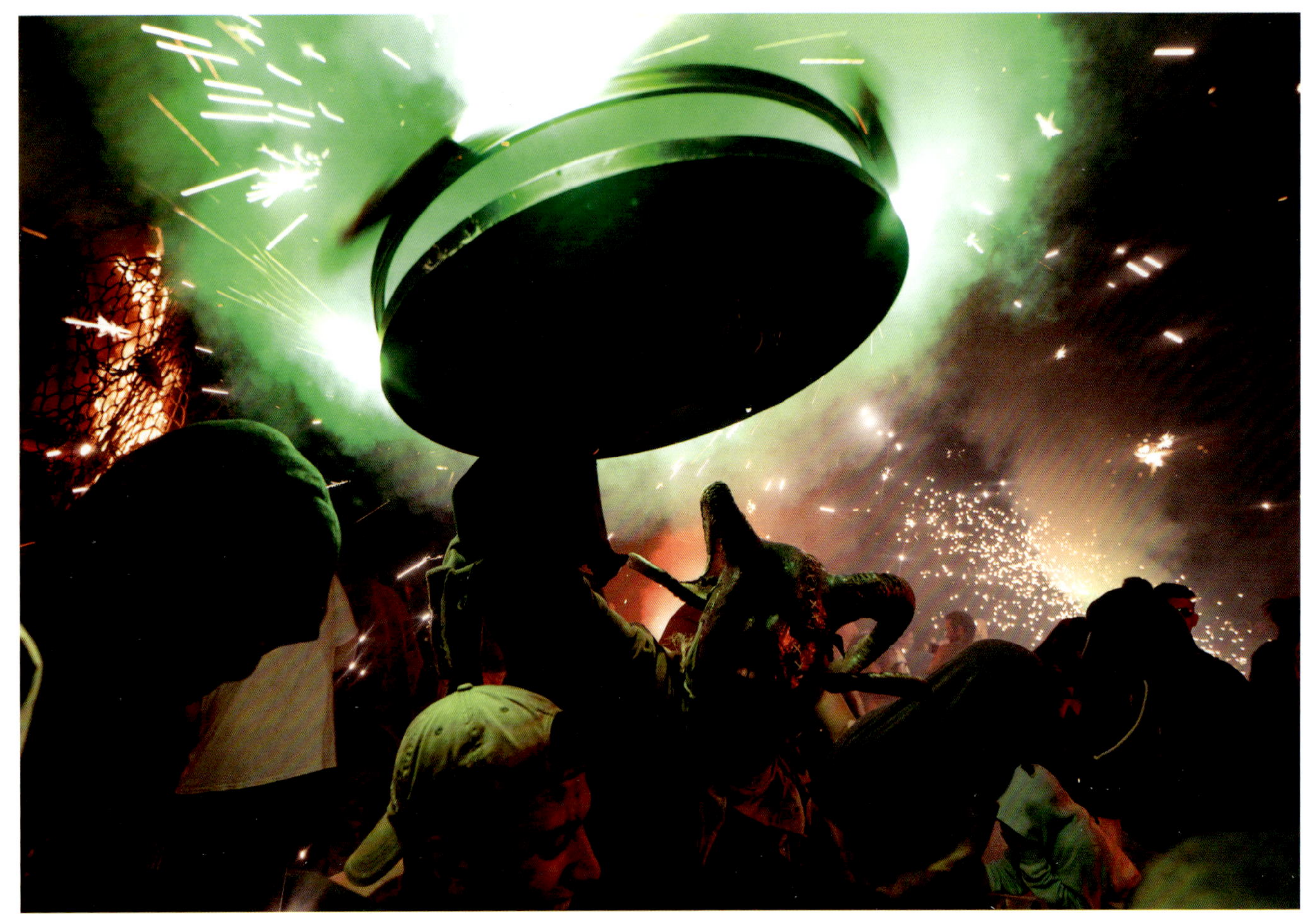

Felanitx - 08/2019

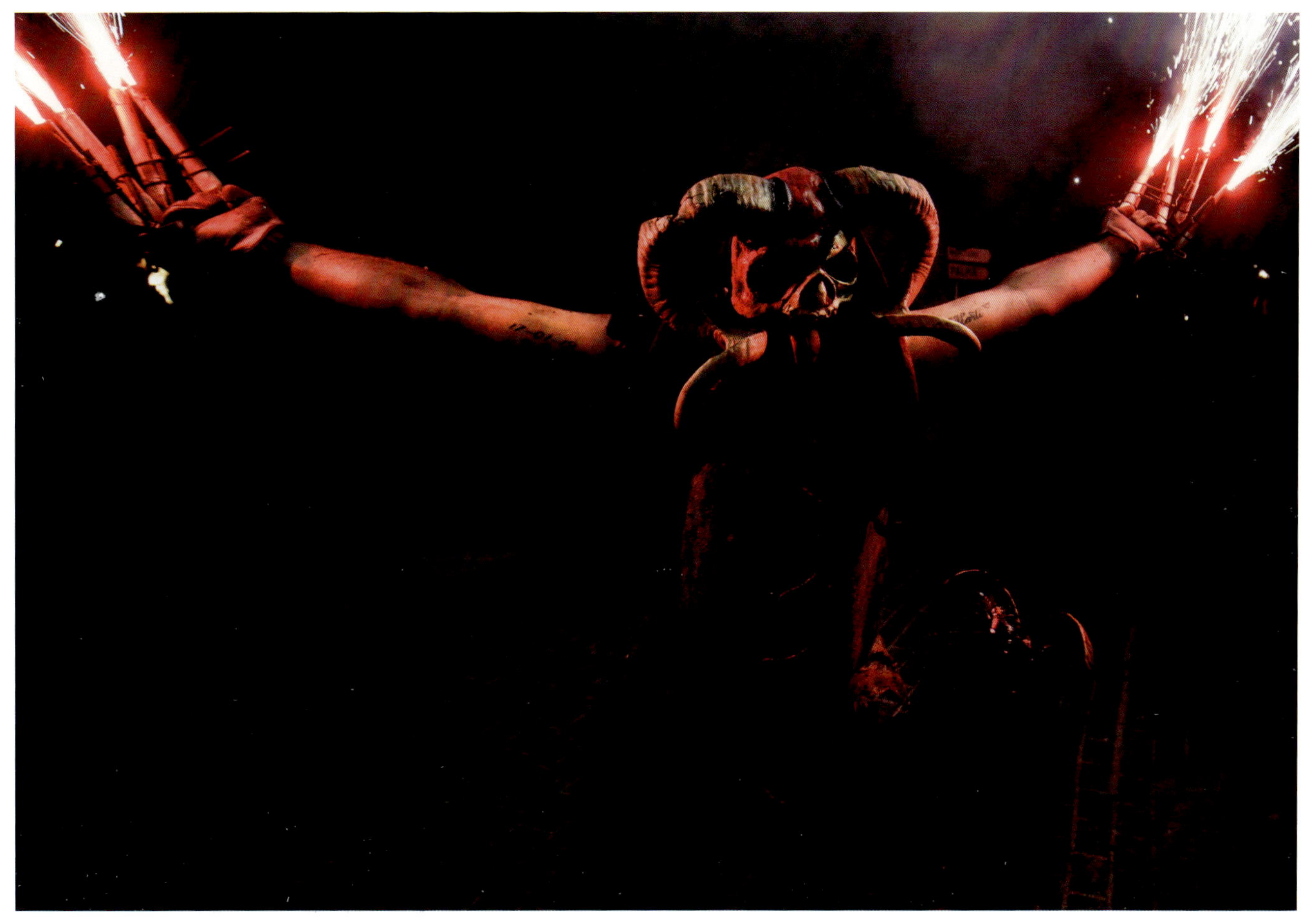

Porreres - 08/2019

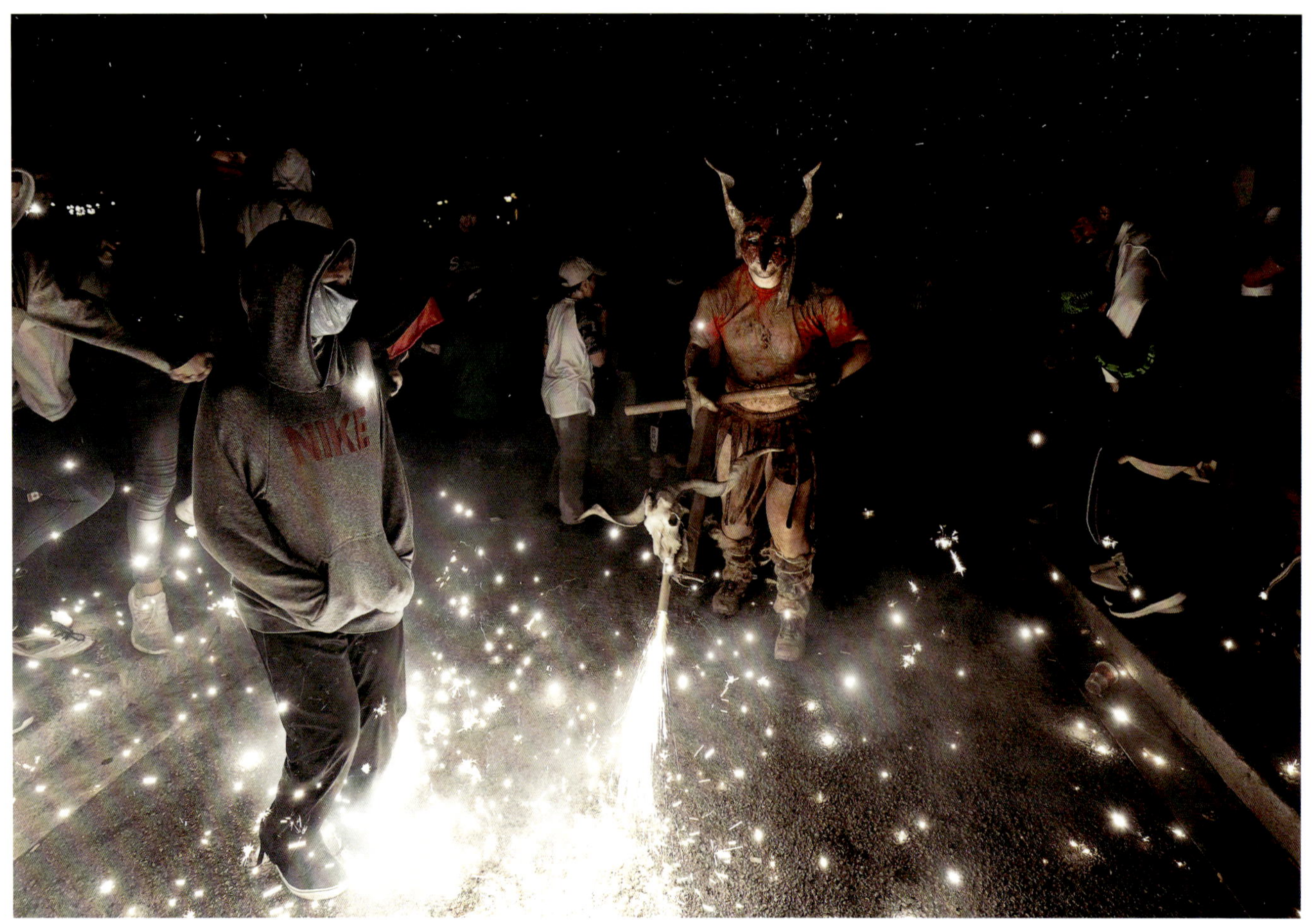

Sóller - 08/2018

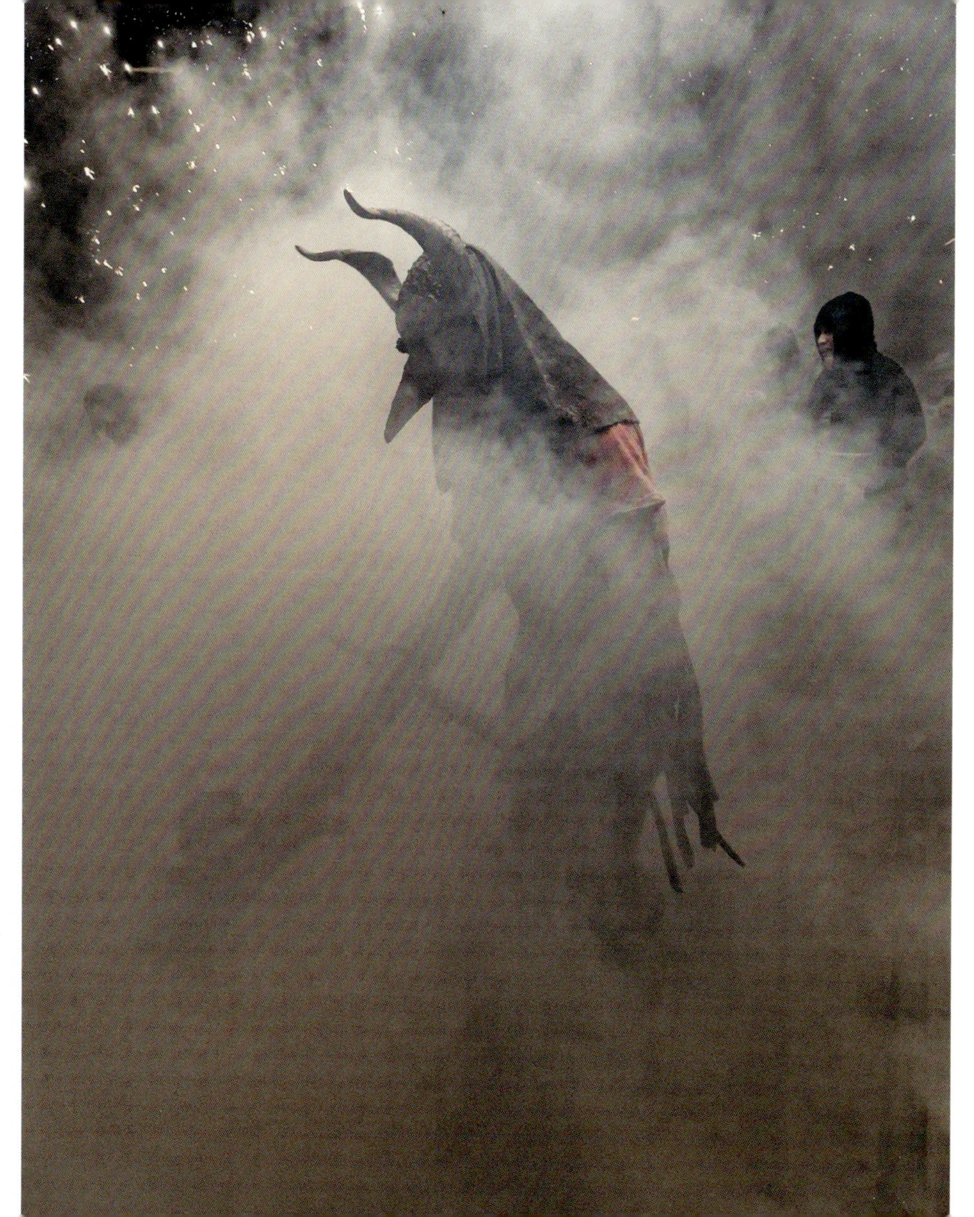

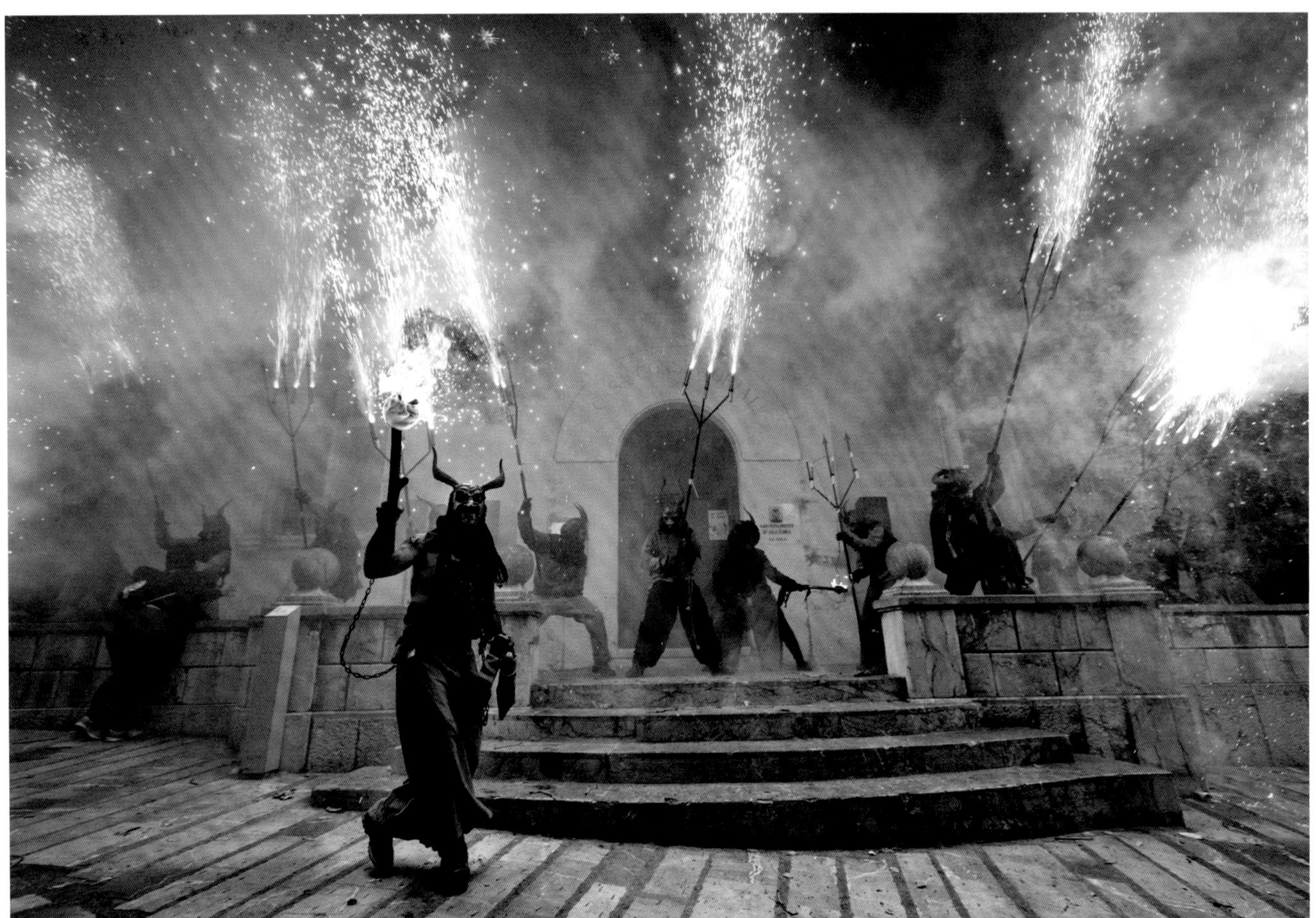

Alcúdia - 01/2020

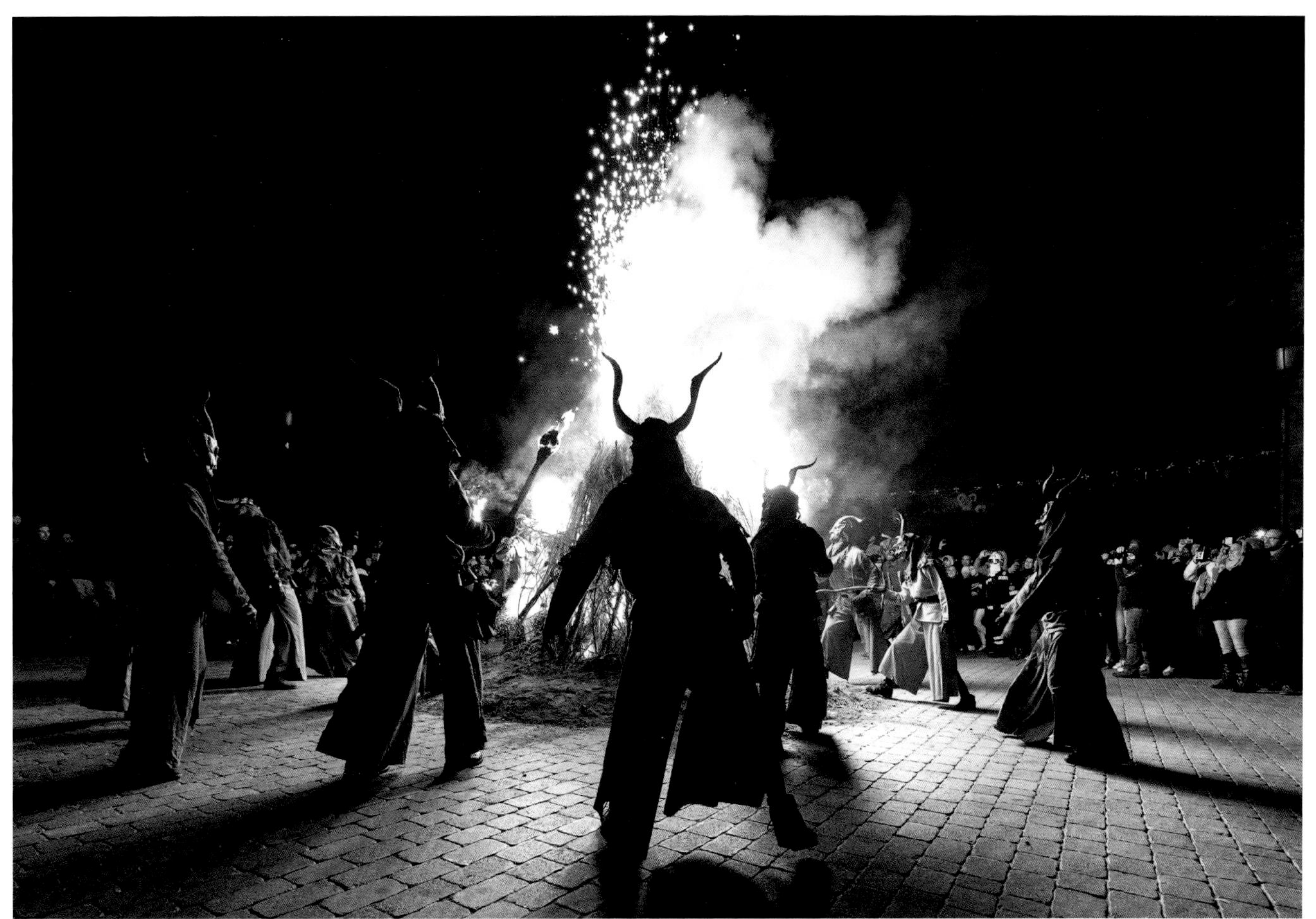

Alcúdia - 01/2020

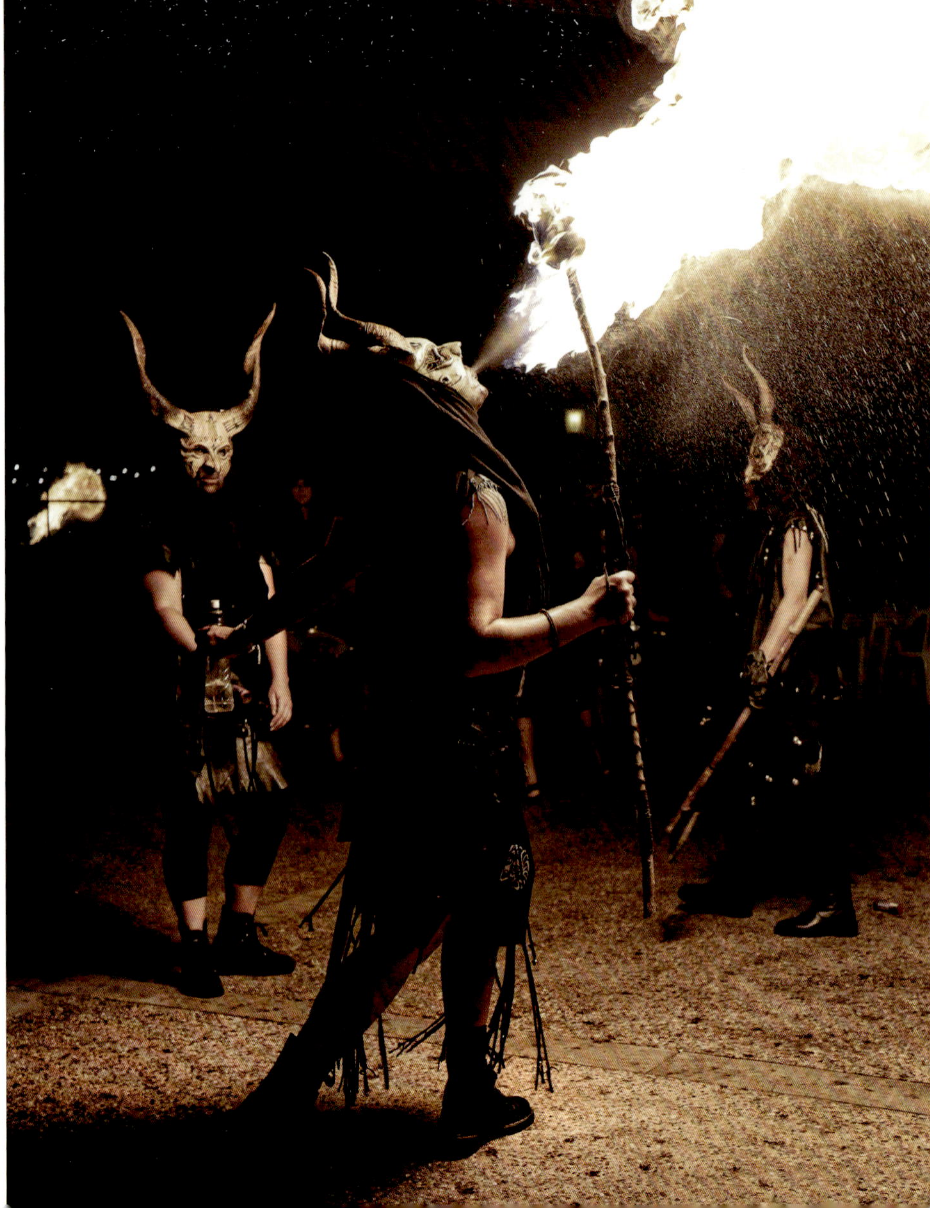

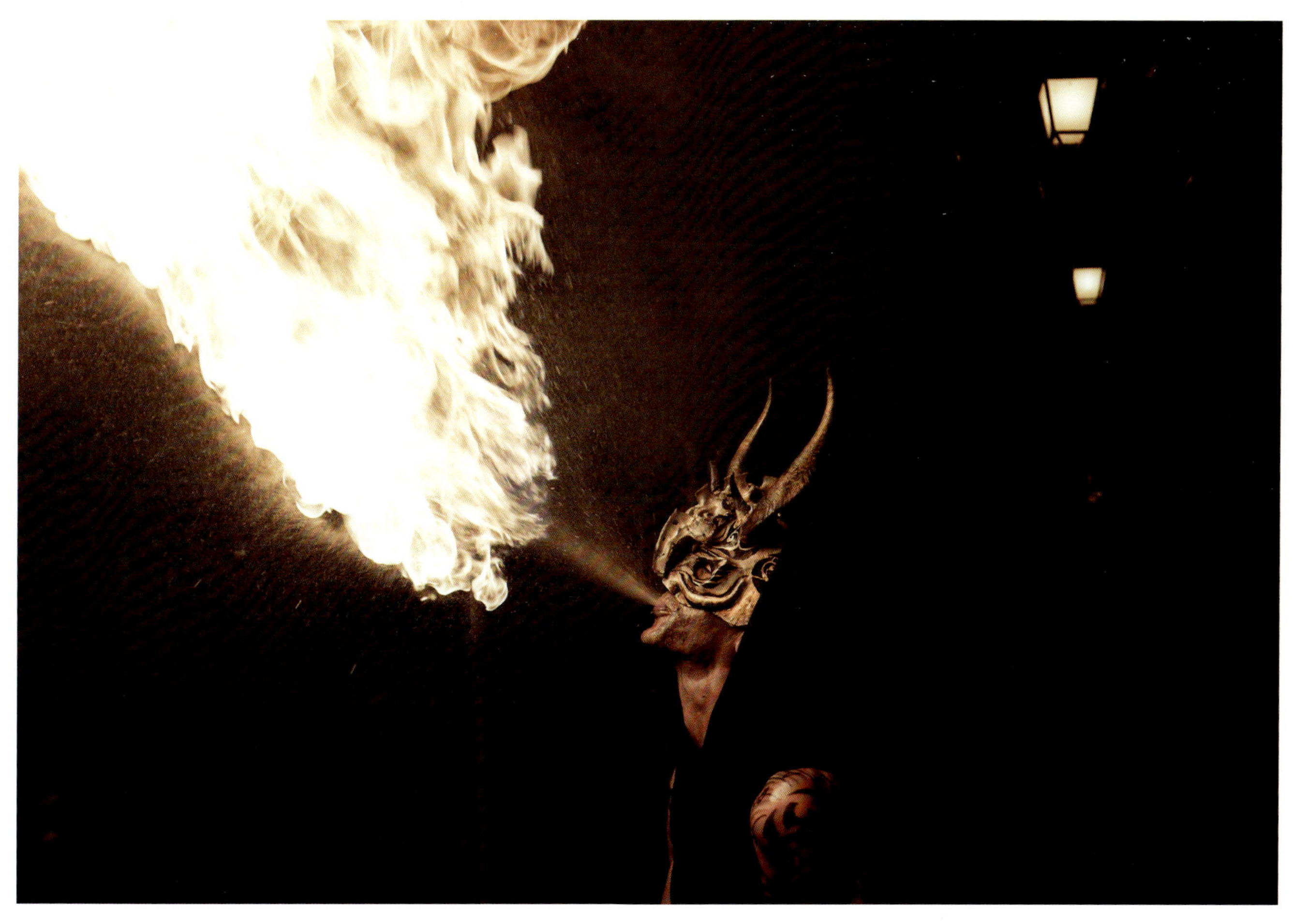

Selva - 08/2019

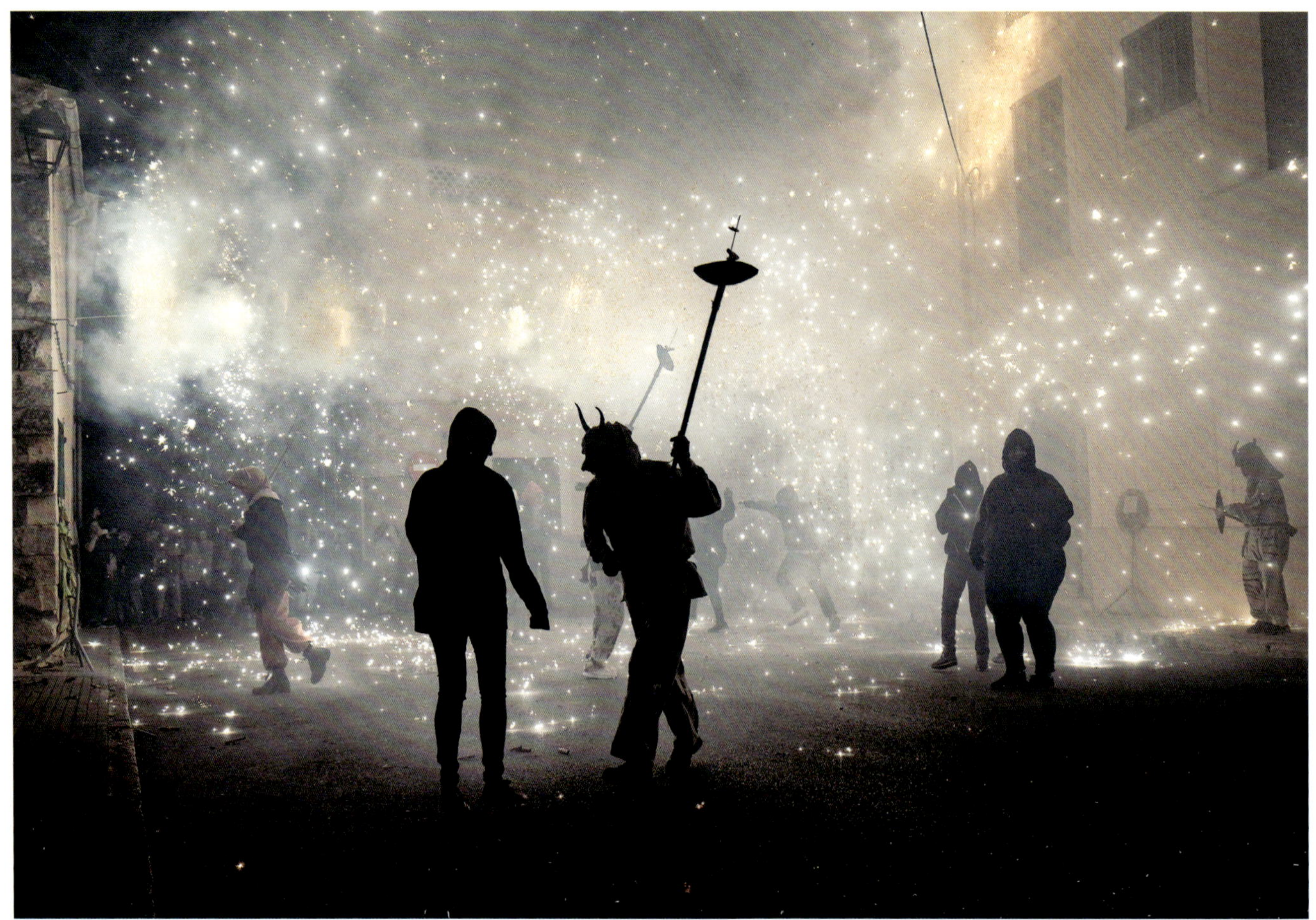

Muro - 06/2019

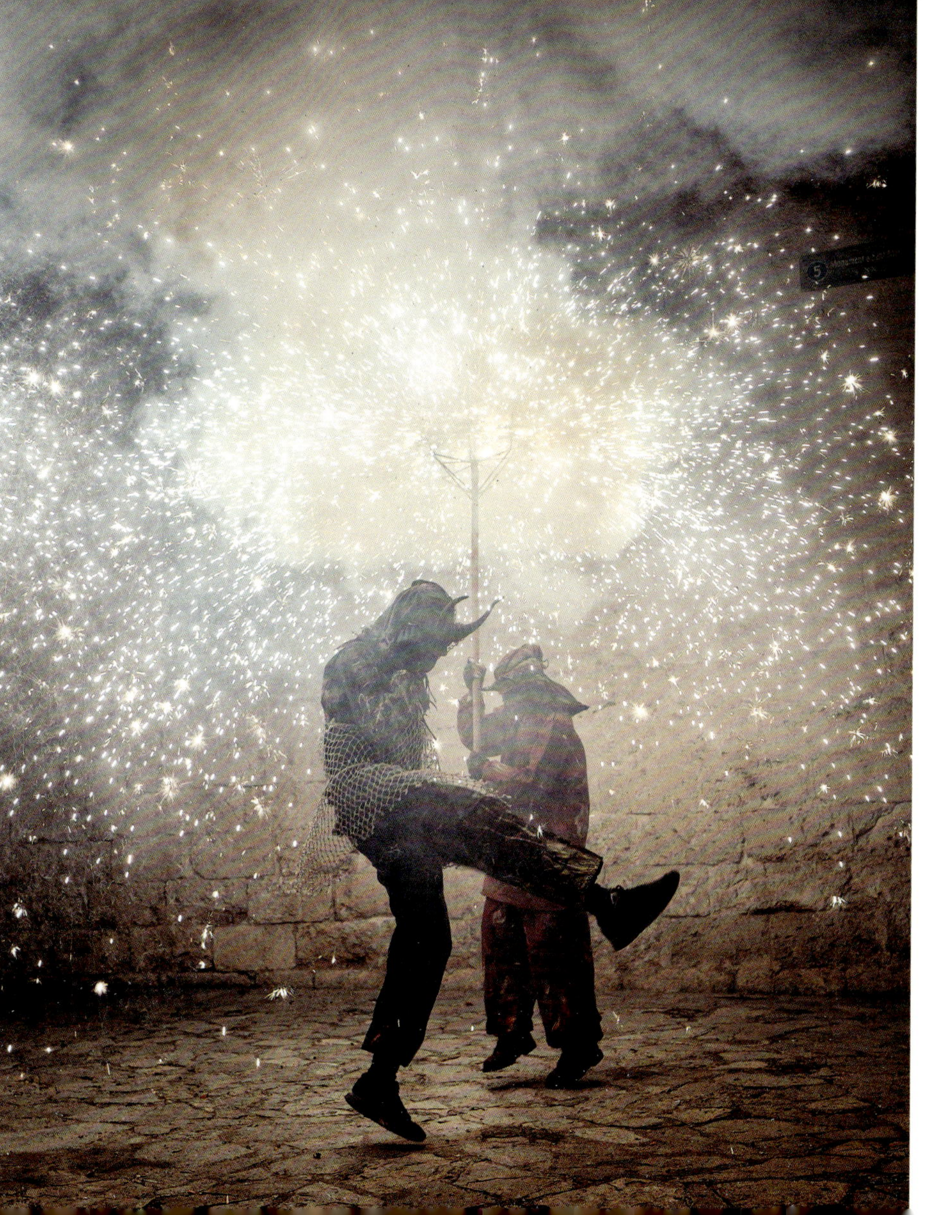

Sineu - 08/2018

Sant Joan - 08/2018

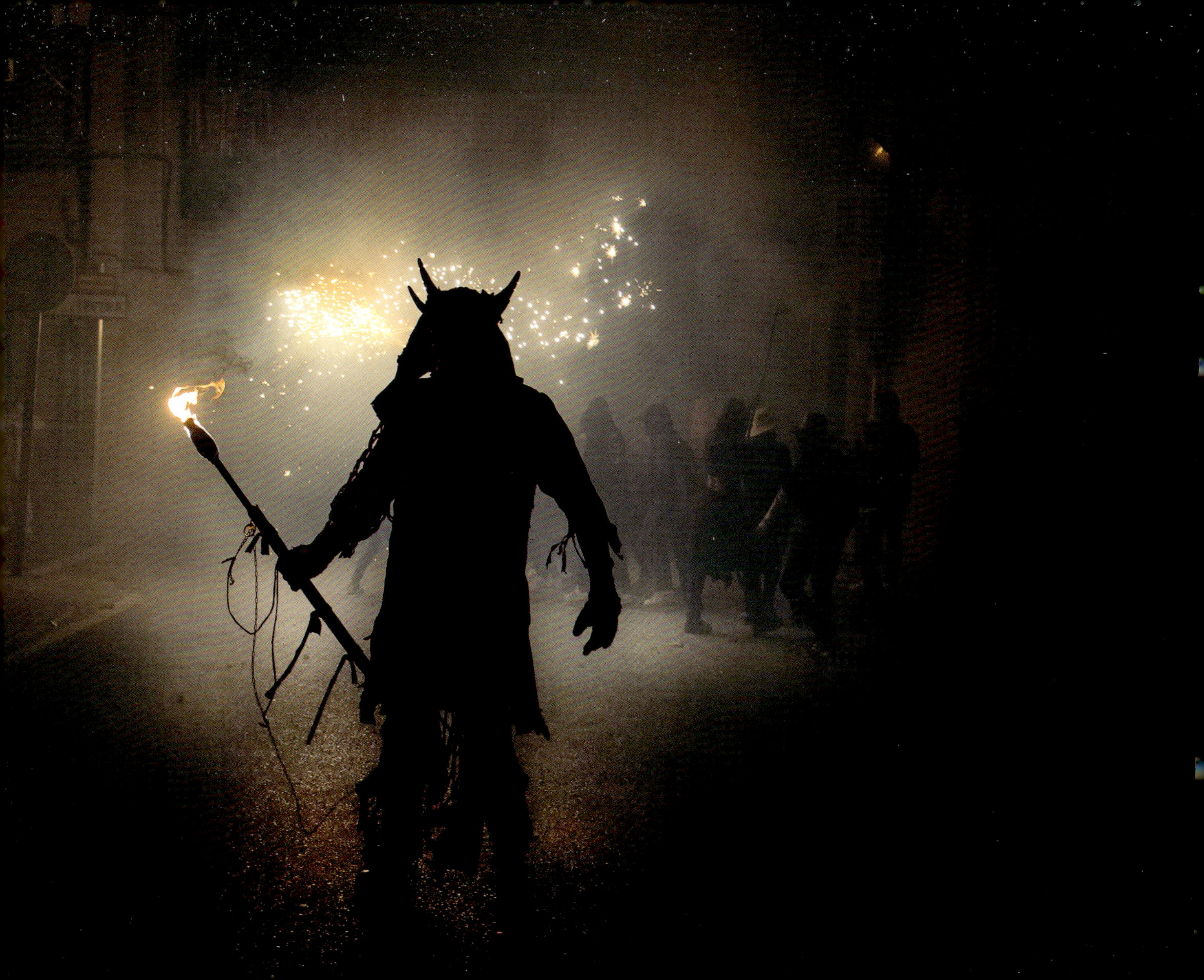

Porto Cristo - 07/2019

Santa Ponça - 09/2019

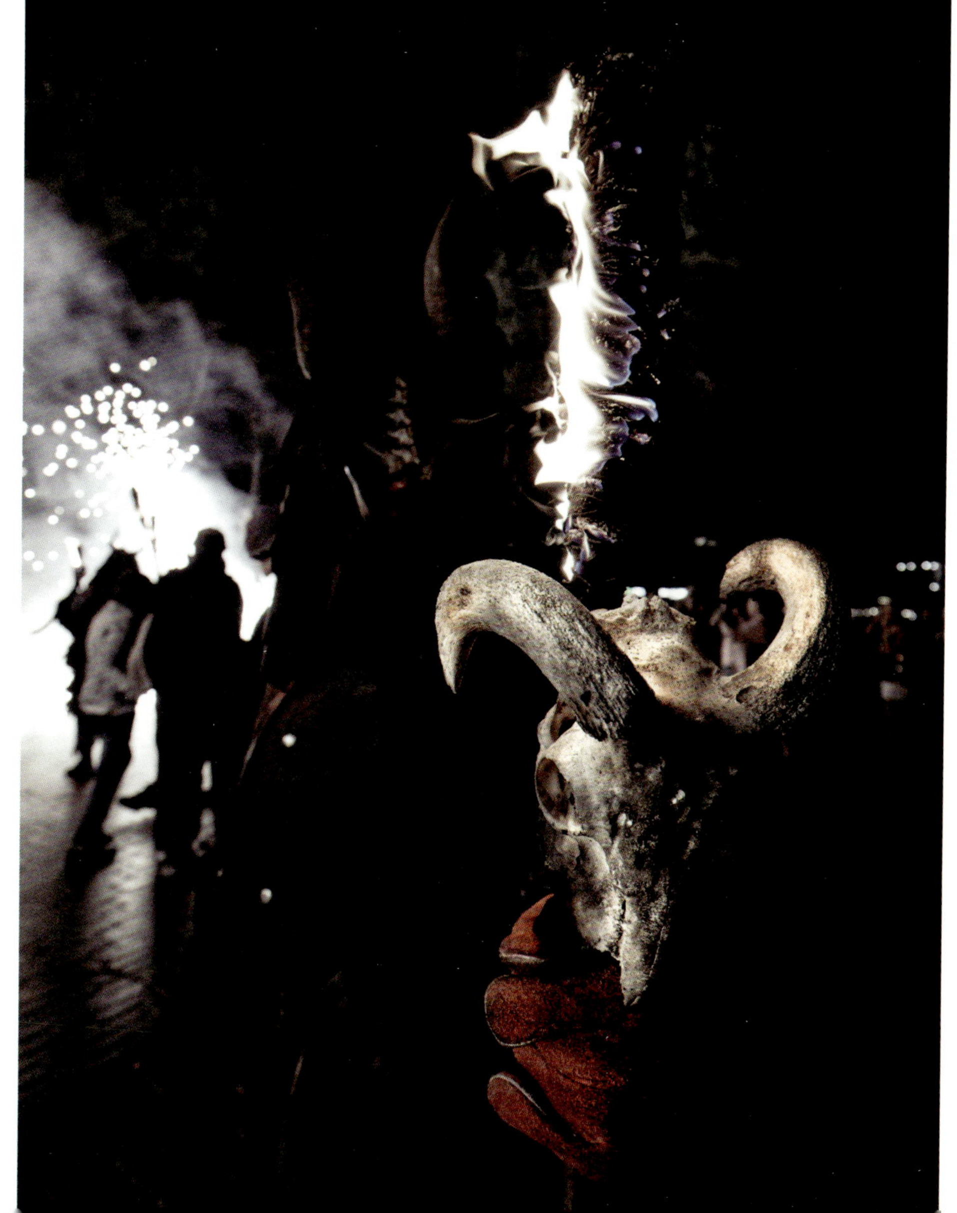

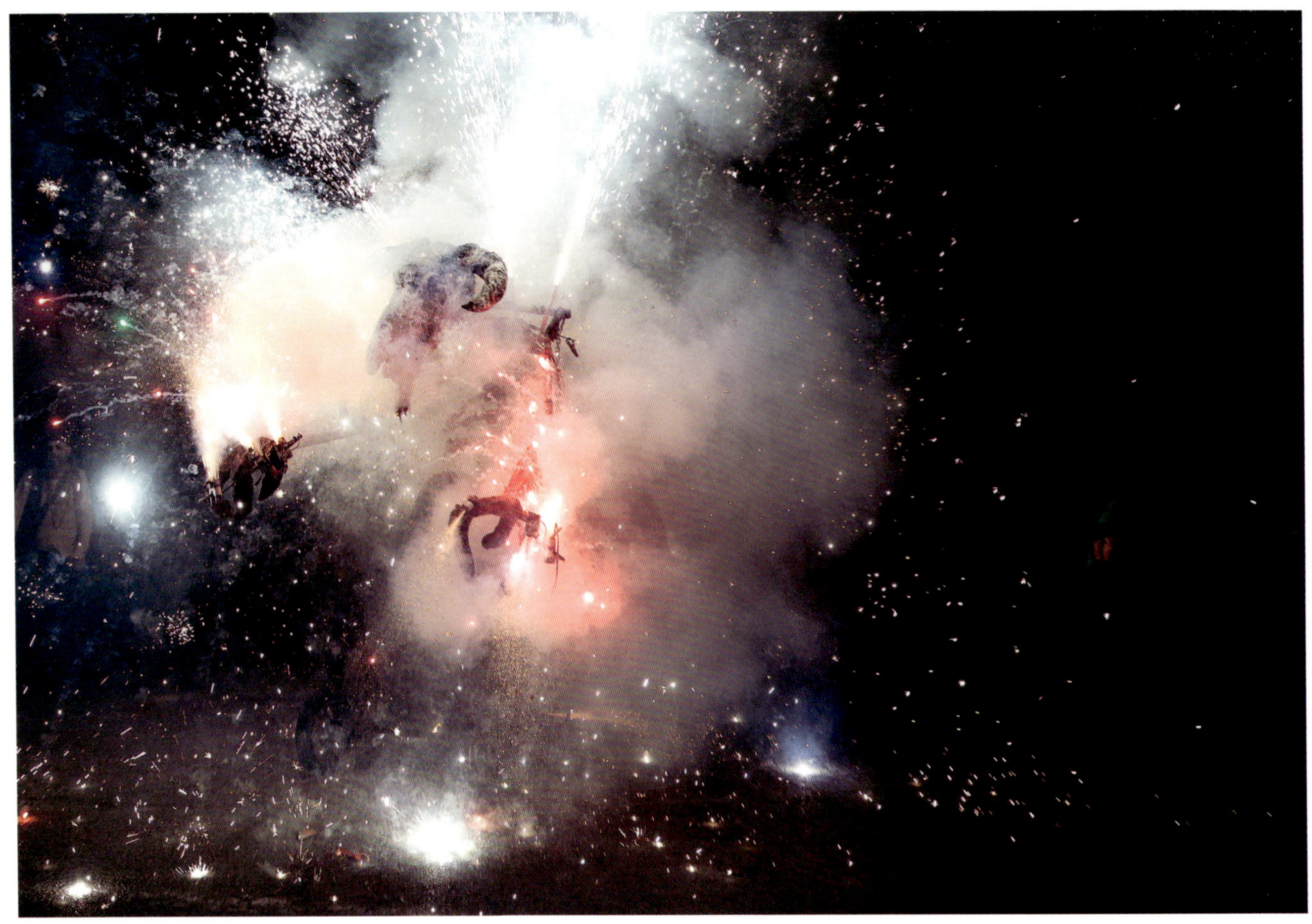

Sineu - 01/2020

Esporles - 06/2019

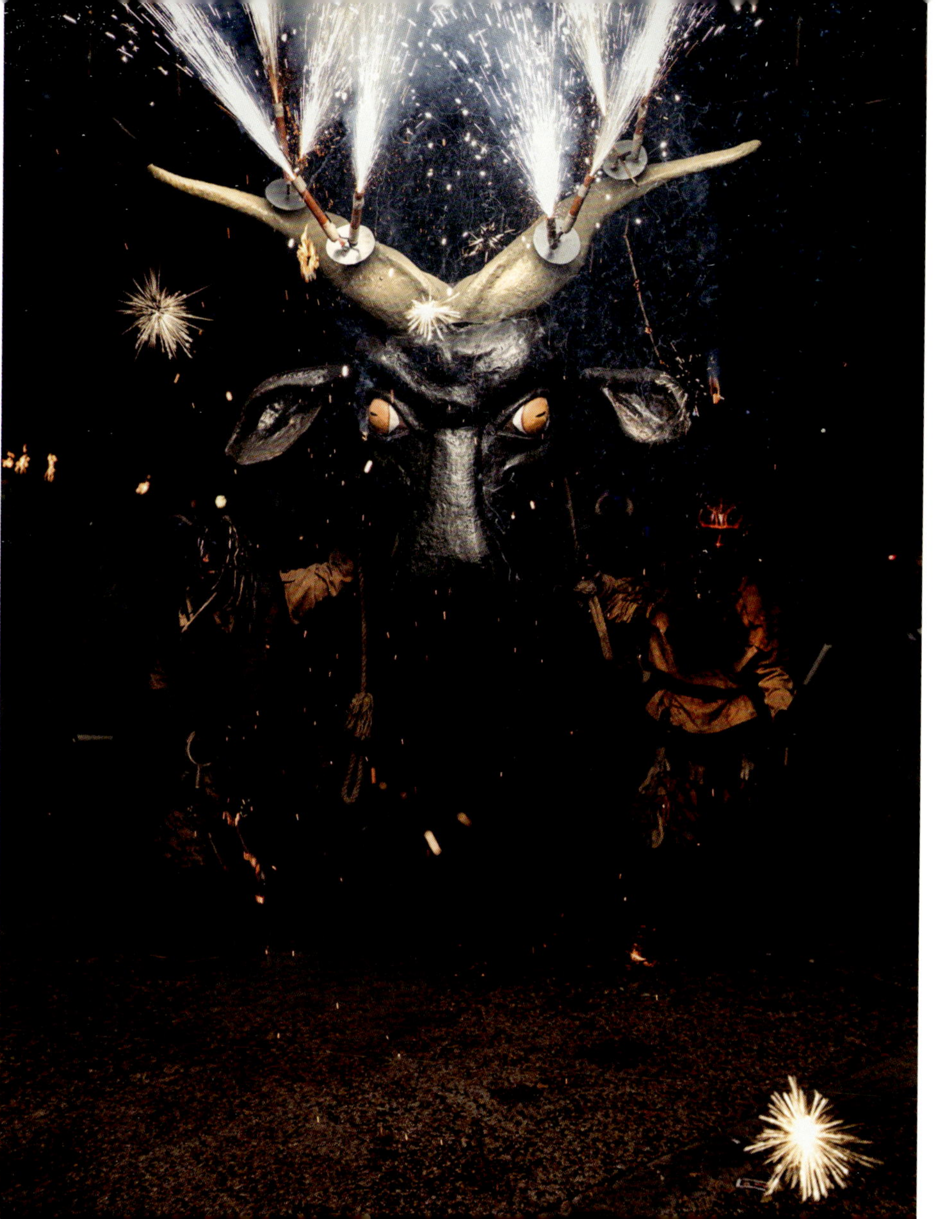

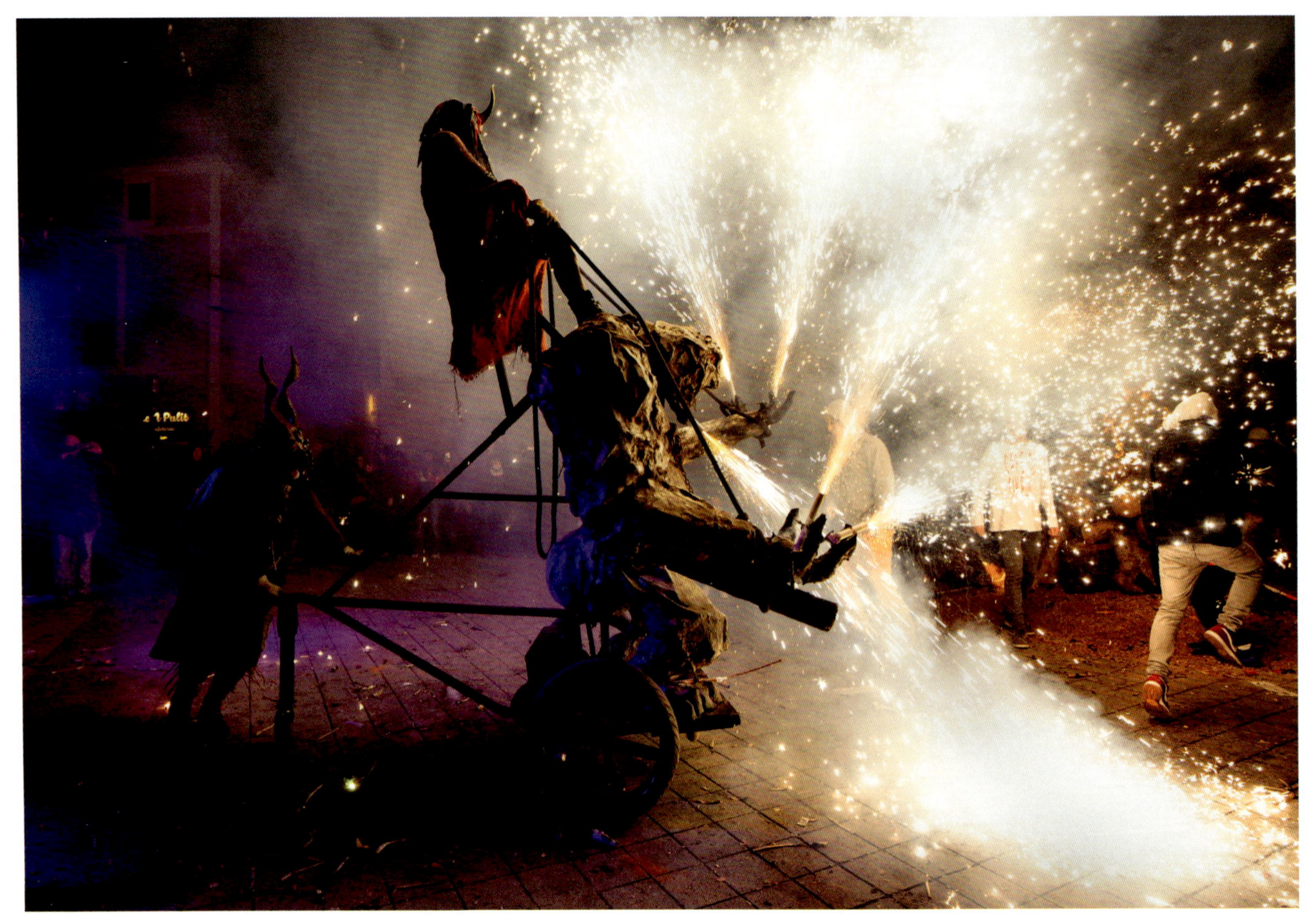

Santa Maria del Camí - 01/2019

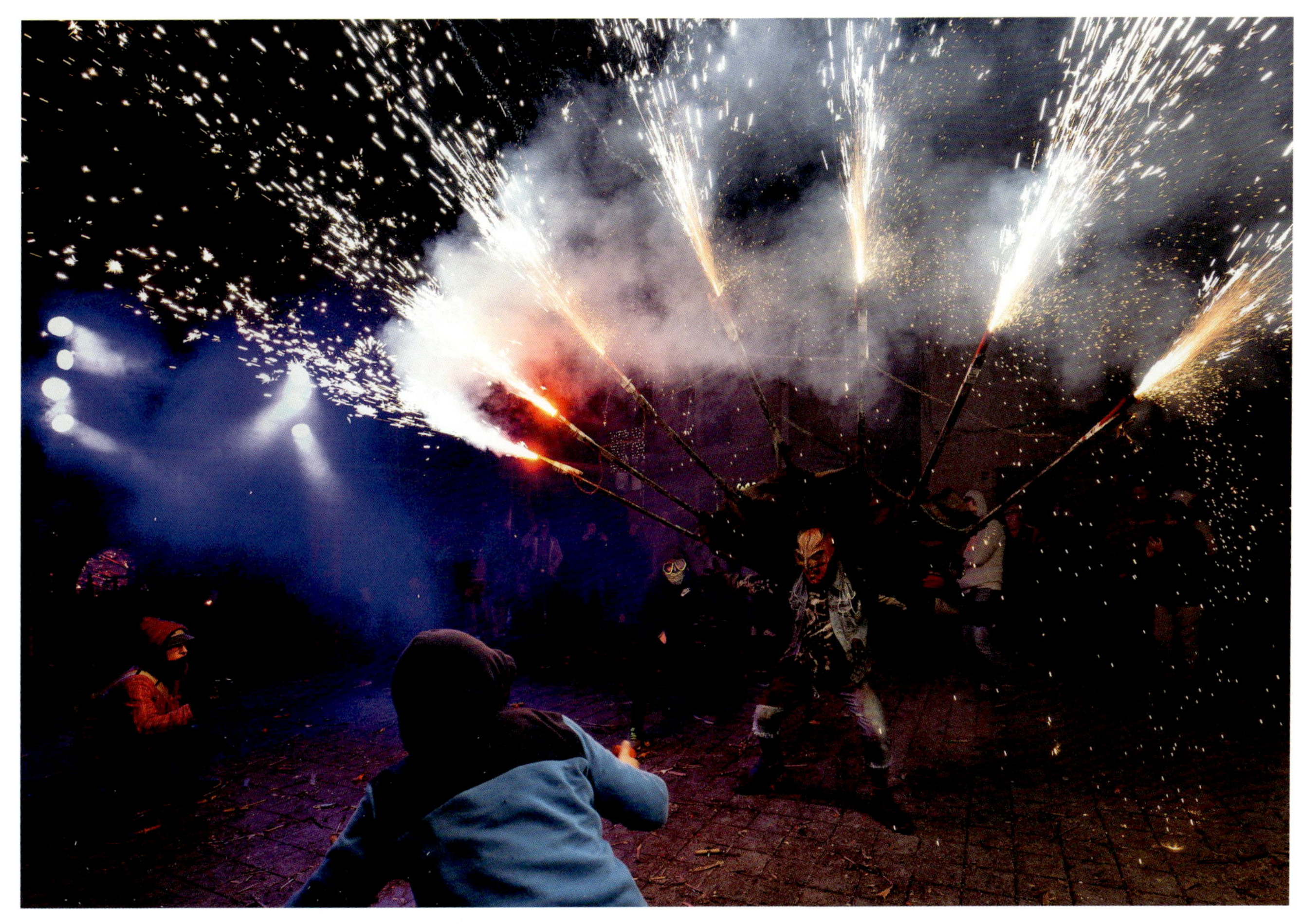

Santa Maria del Camí - 01/2019

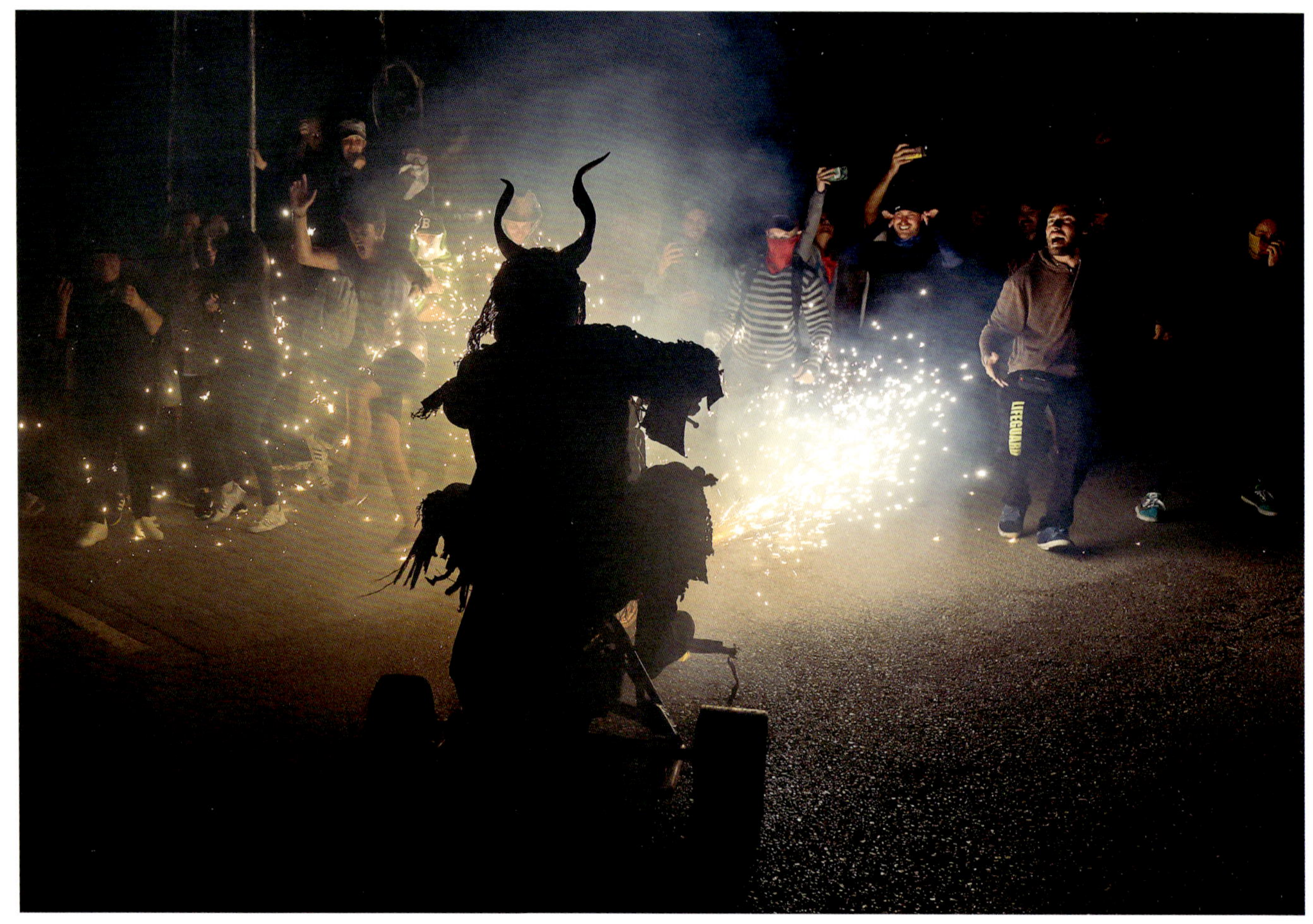

Capdepera - 08/2018

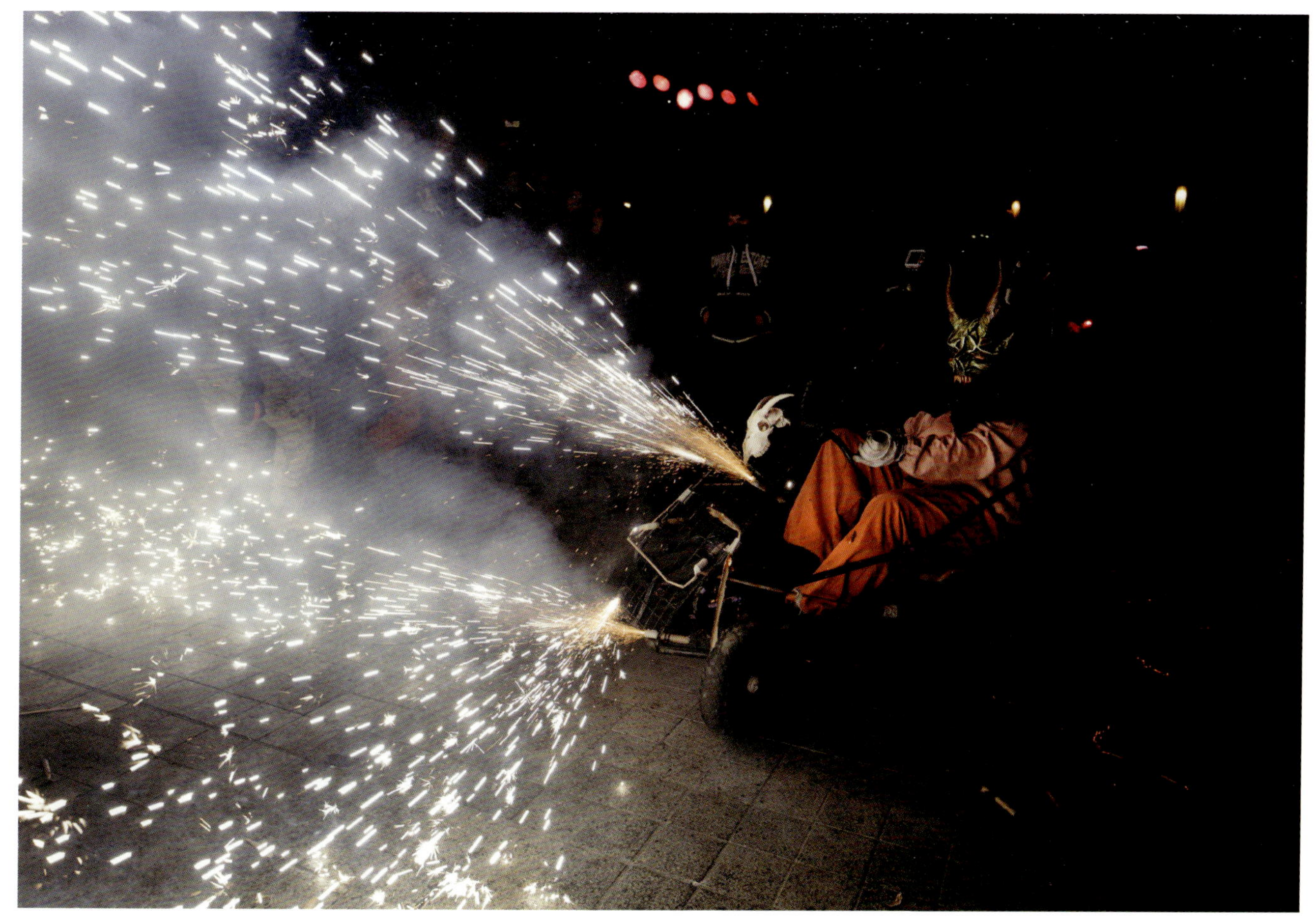

Inca - 11/2018

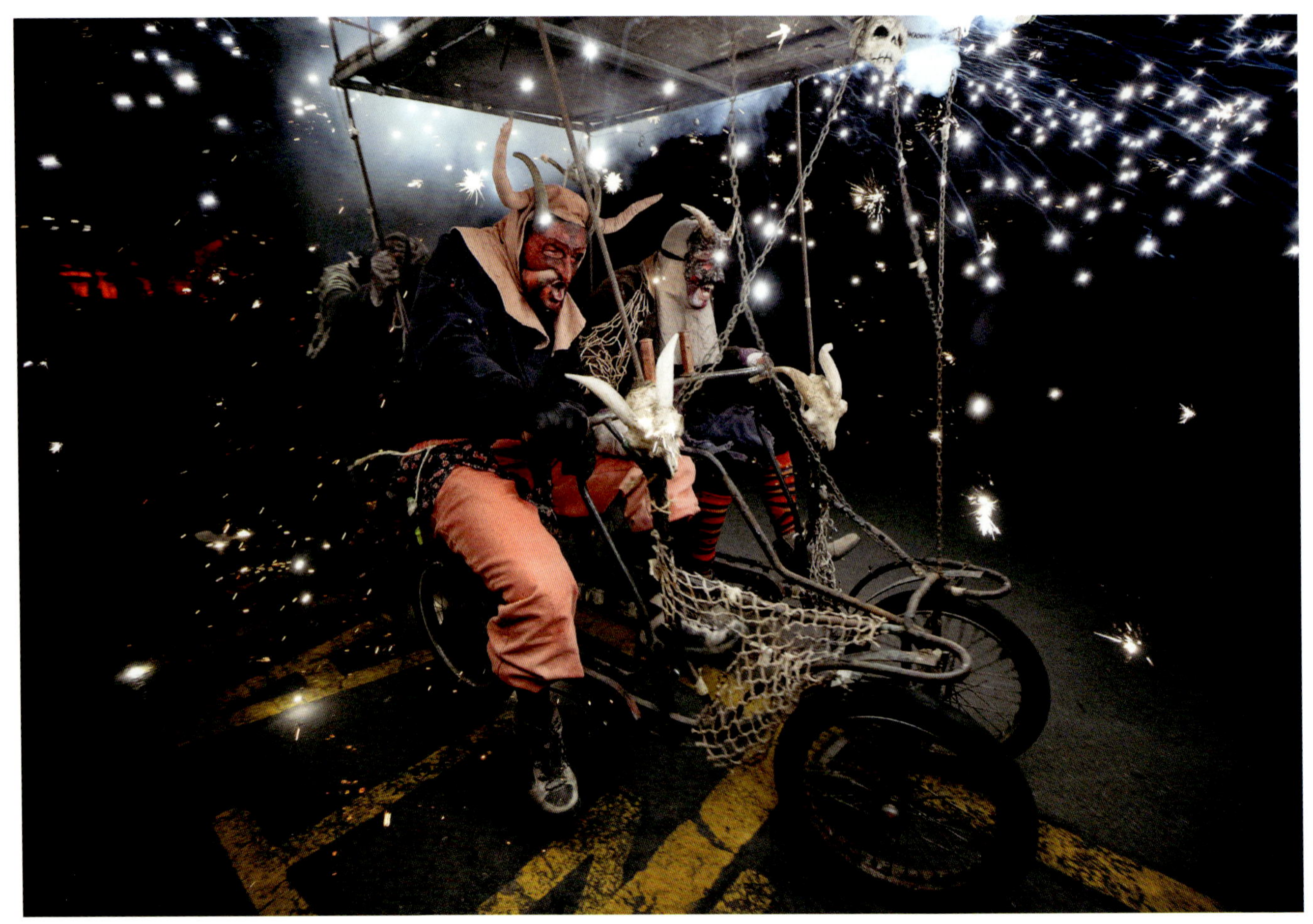

Santa Margalida - 08/2018

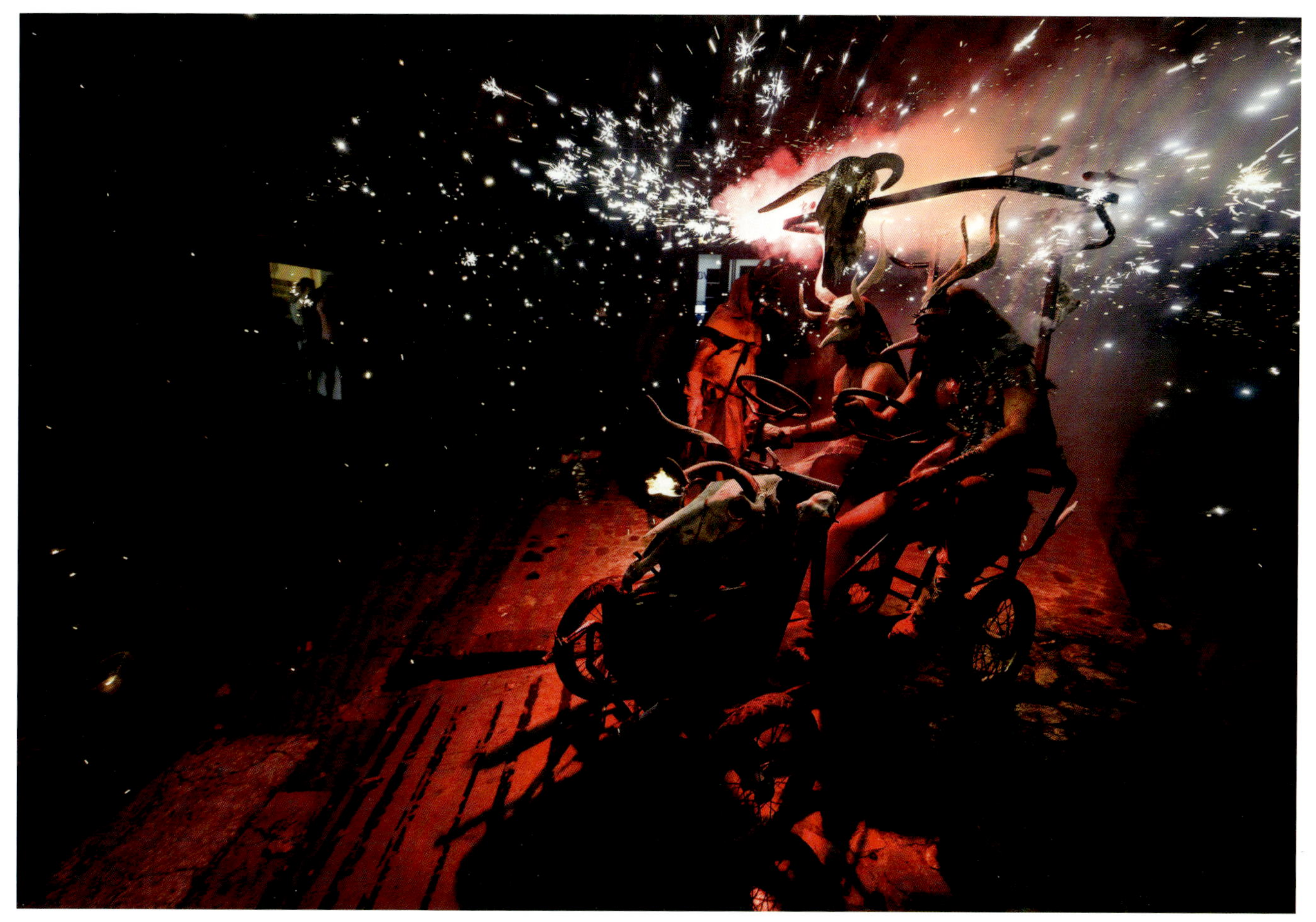

Sóller - 08/2019

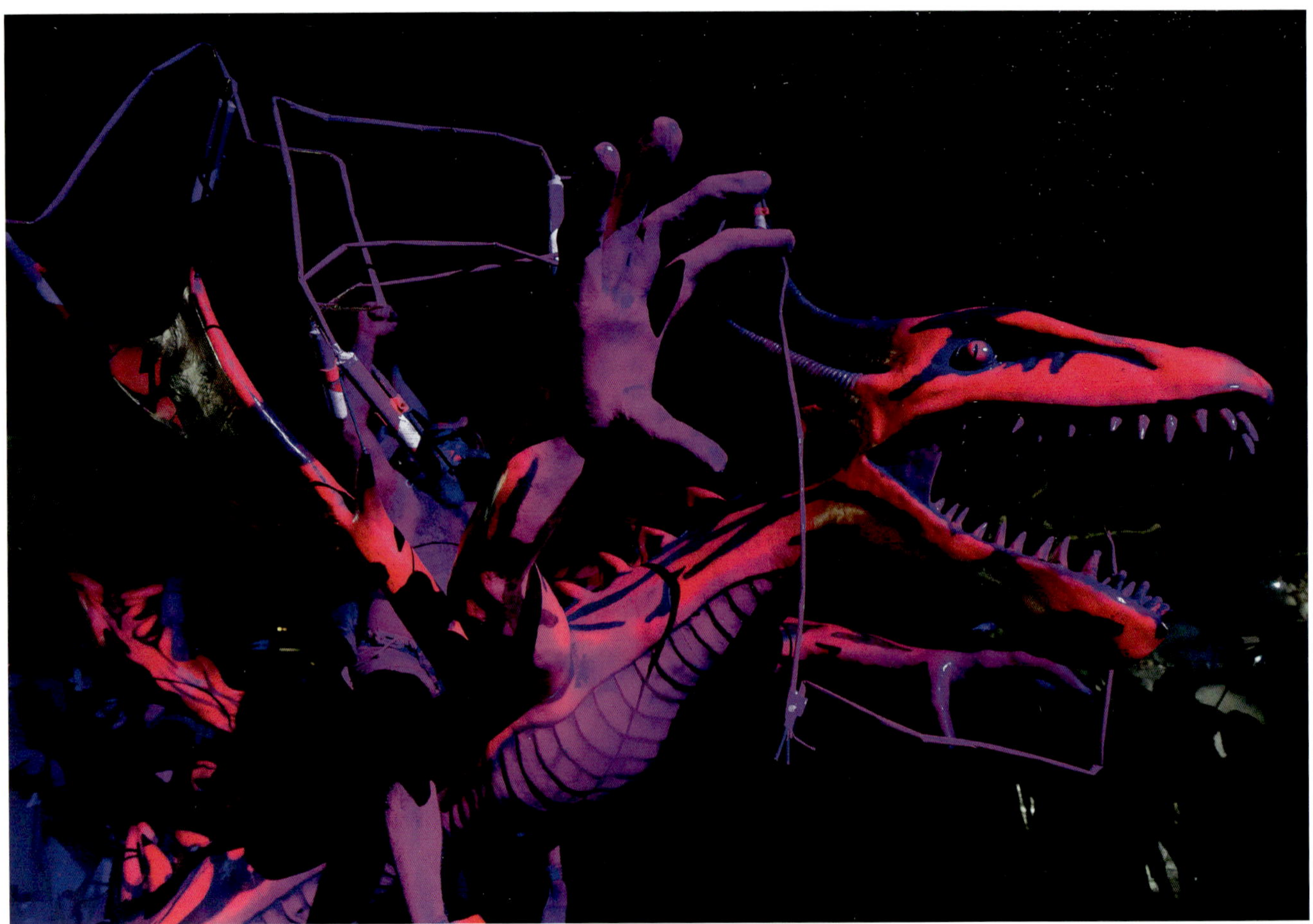

Sóller - 08/2018

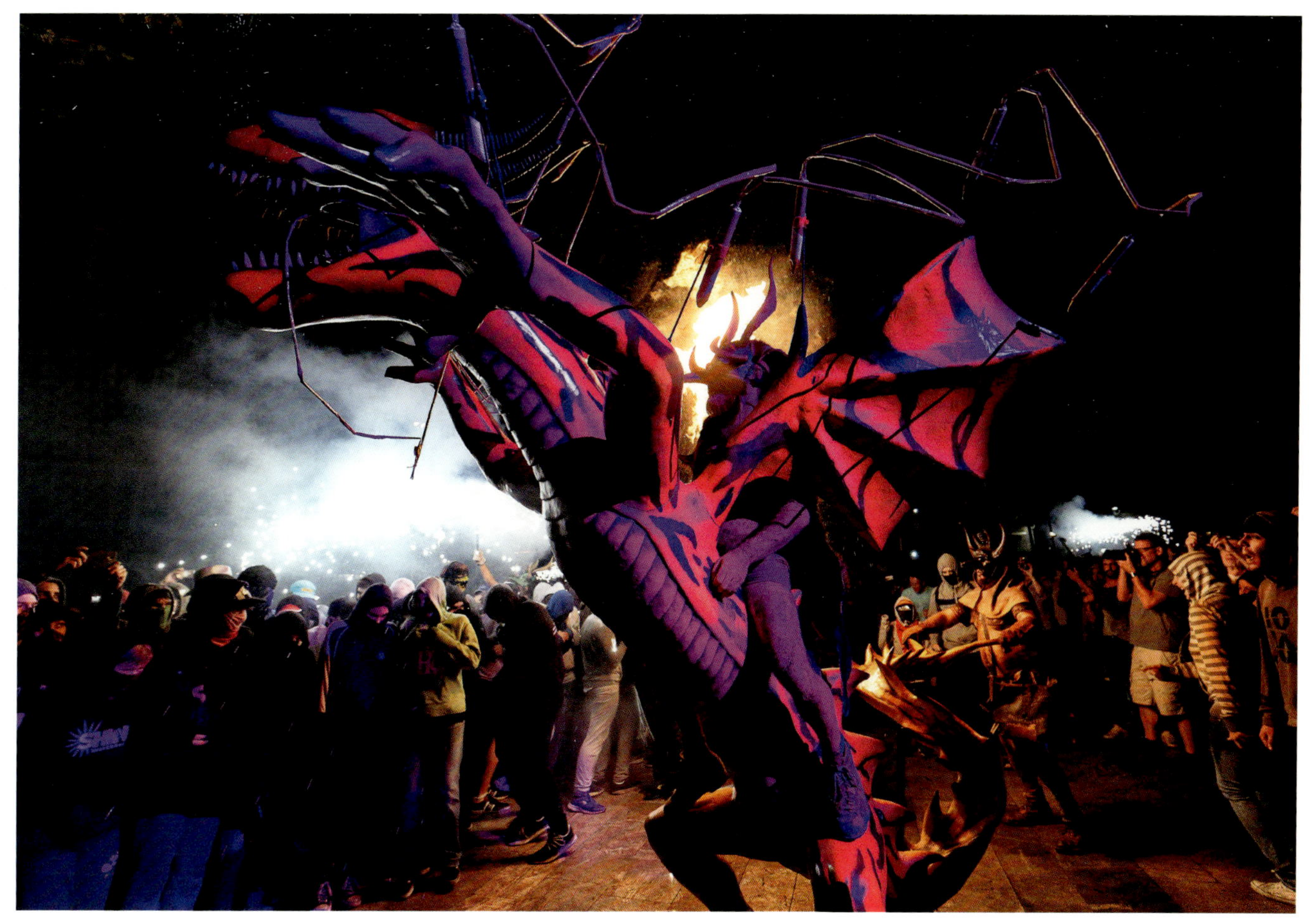

Sóller - 08/2018

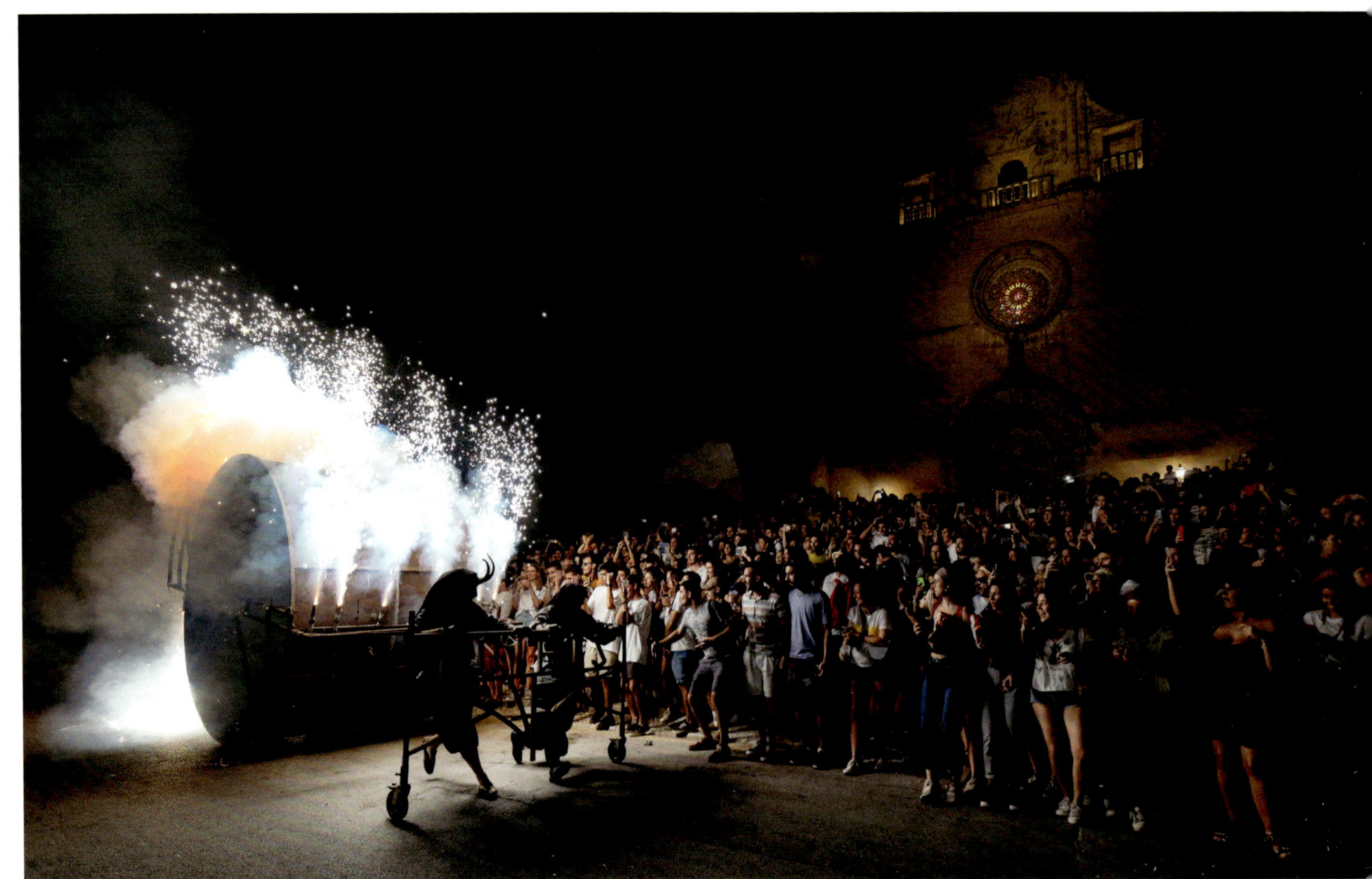

Felanitx - 08/2019

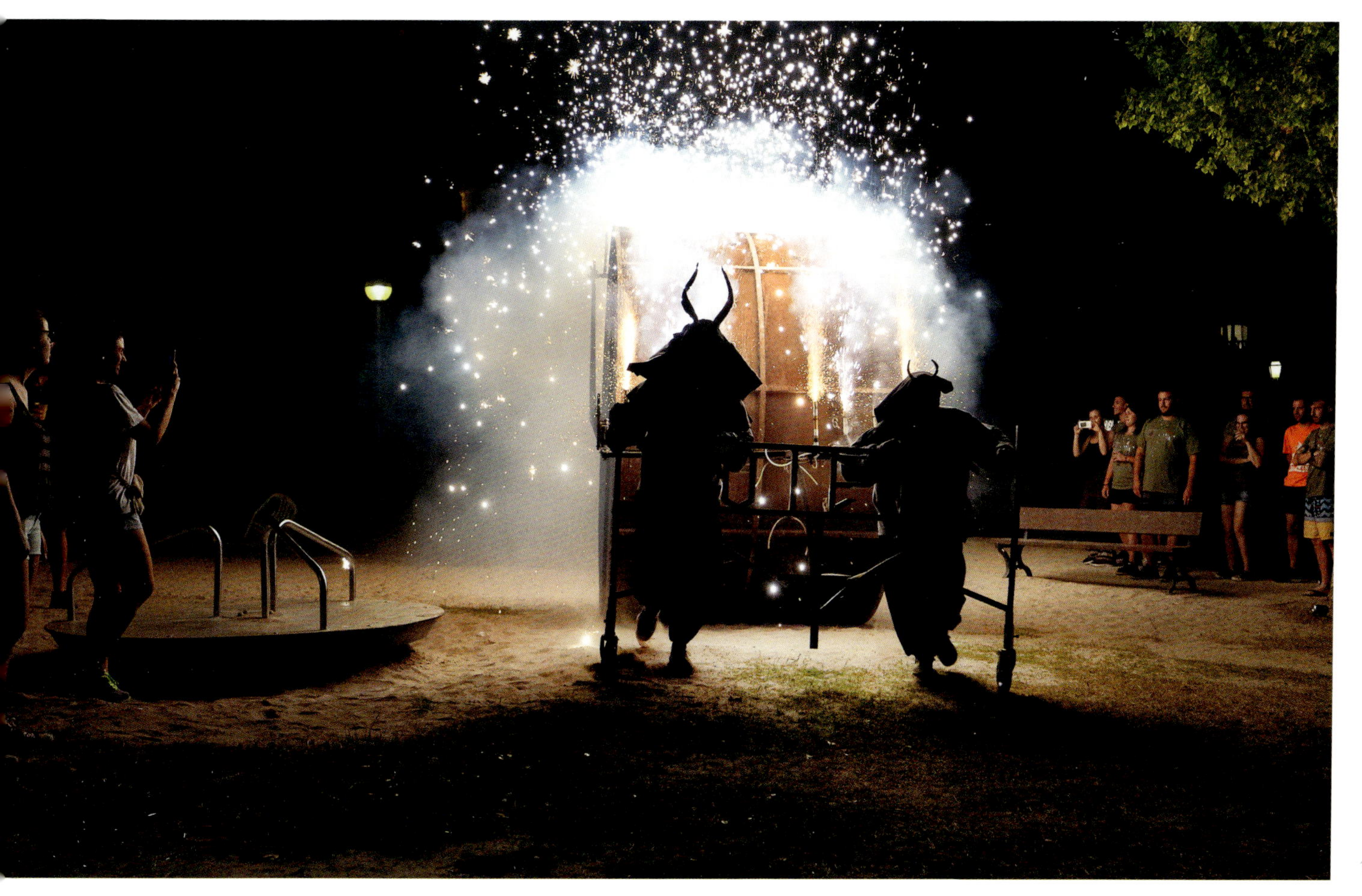

Vilafranca de Bonany - 07/2018

Manacor - 07/2019

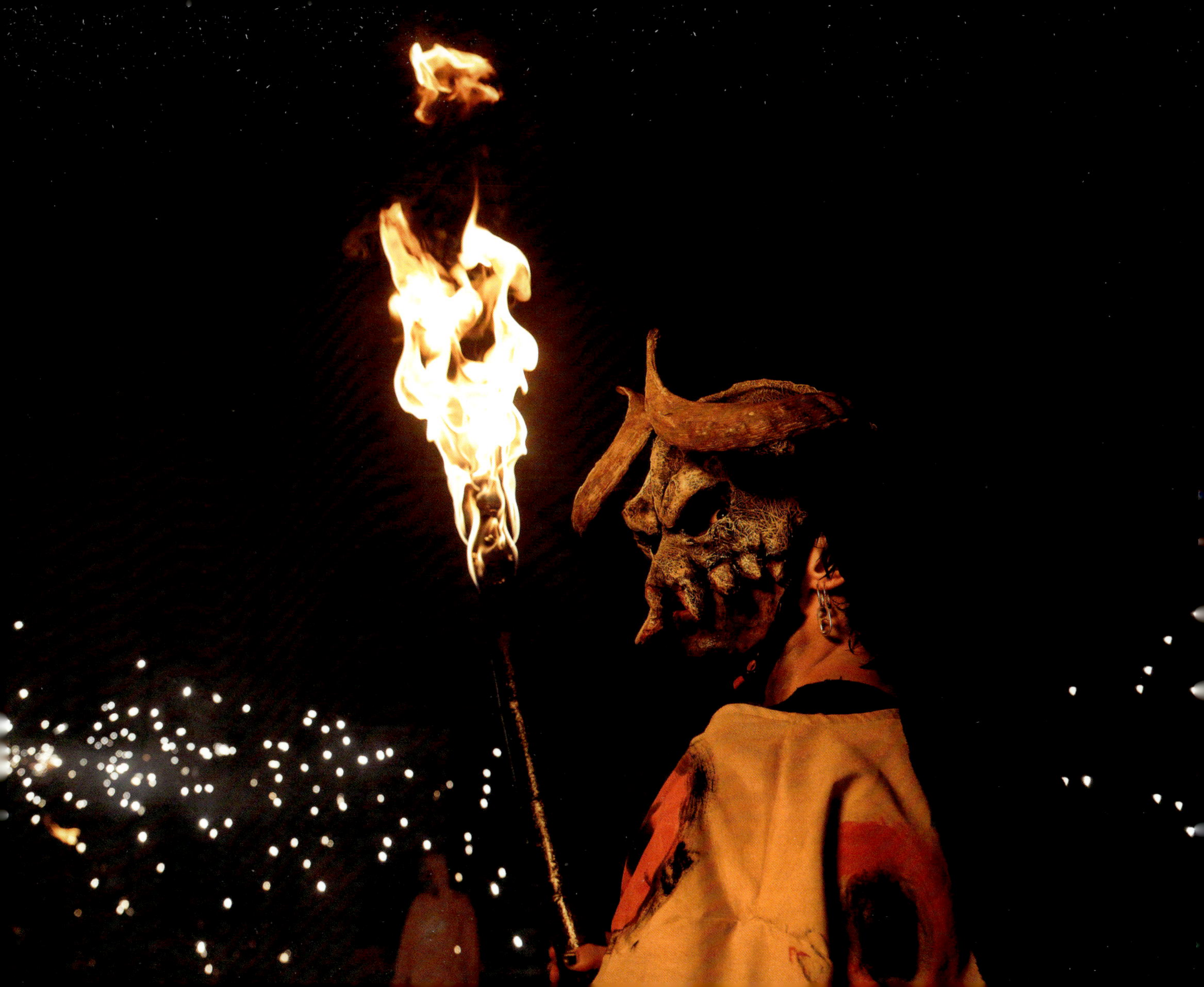

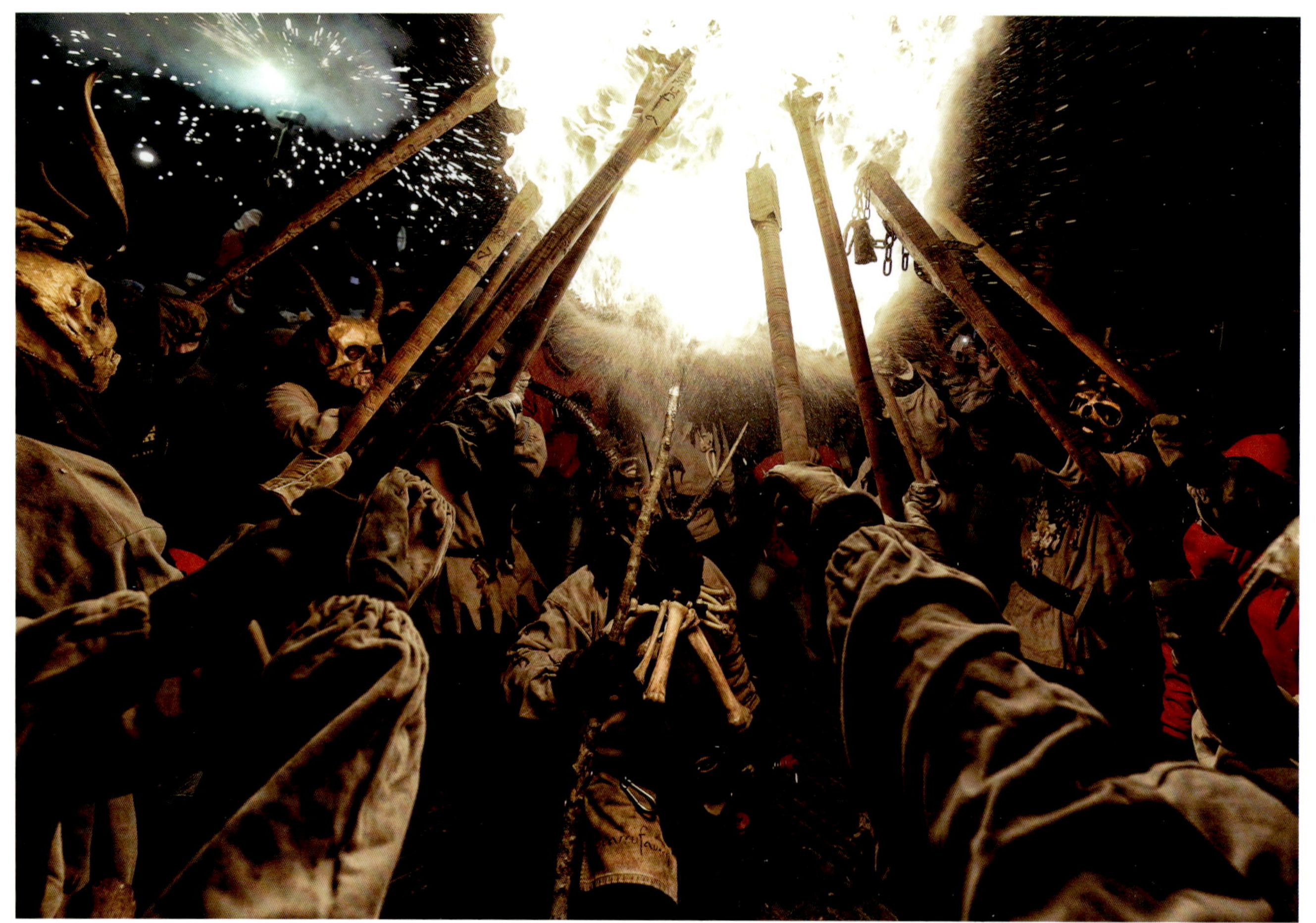

Sa Pobla - 01/2019

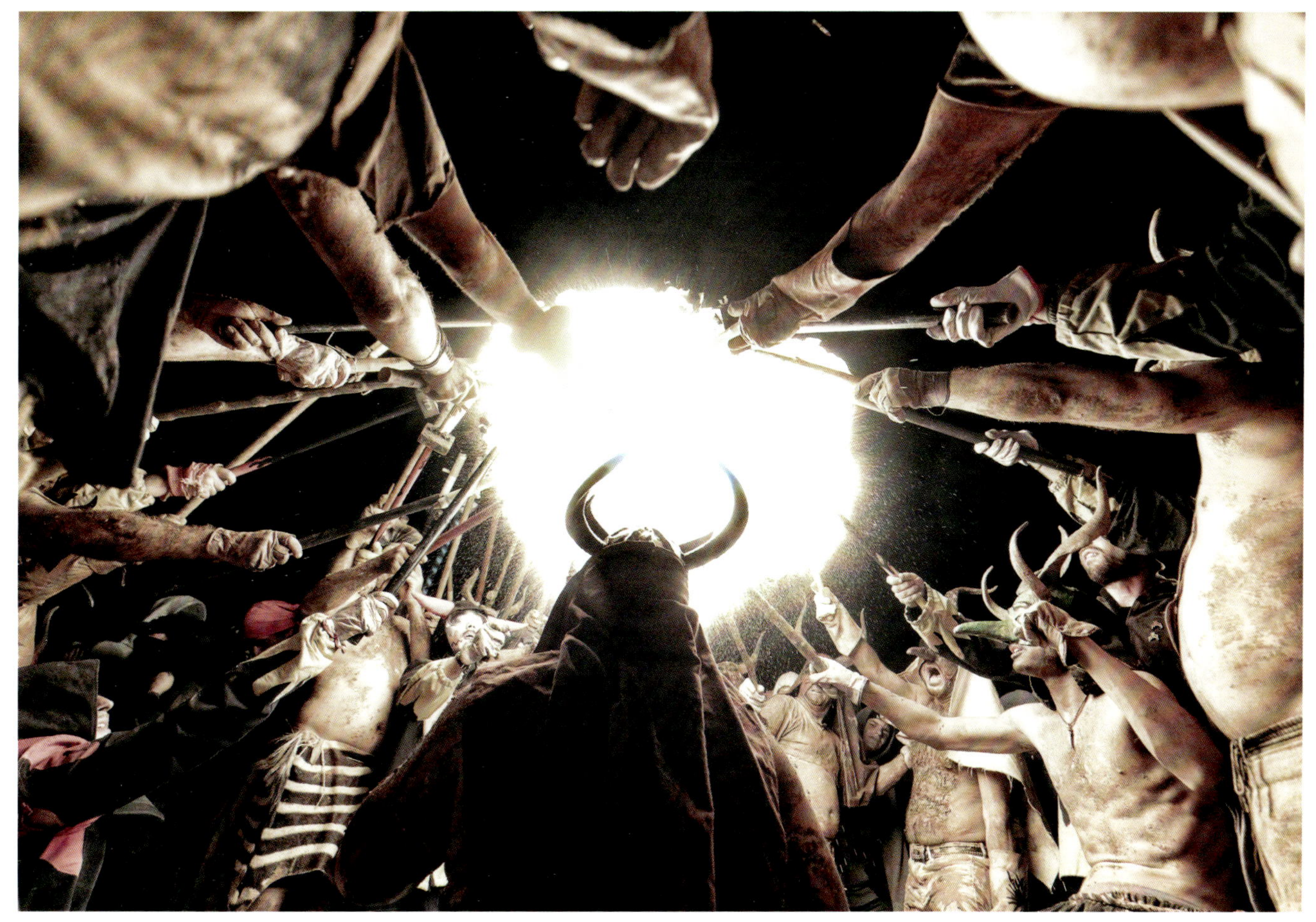

Sóller - 08/2019

Vilafranca de Bonany - 07/2018

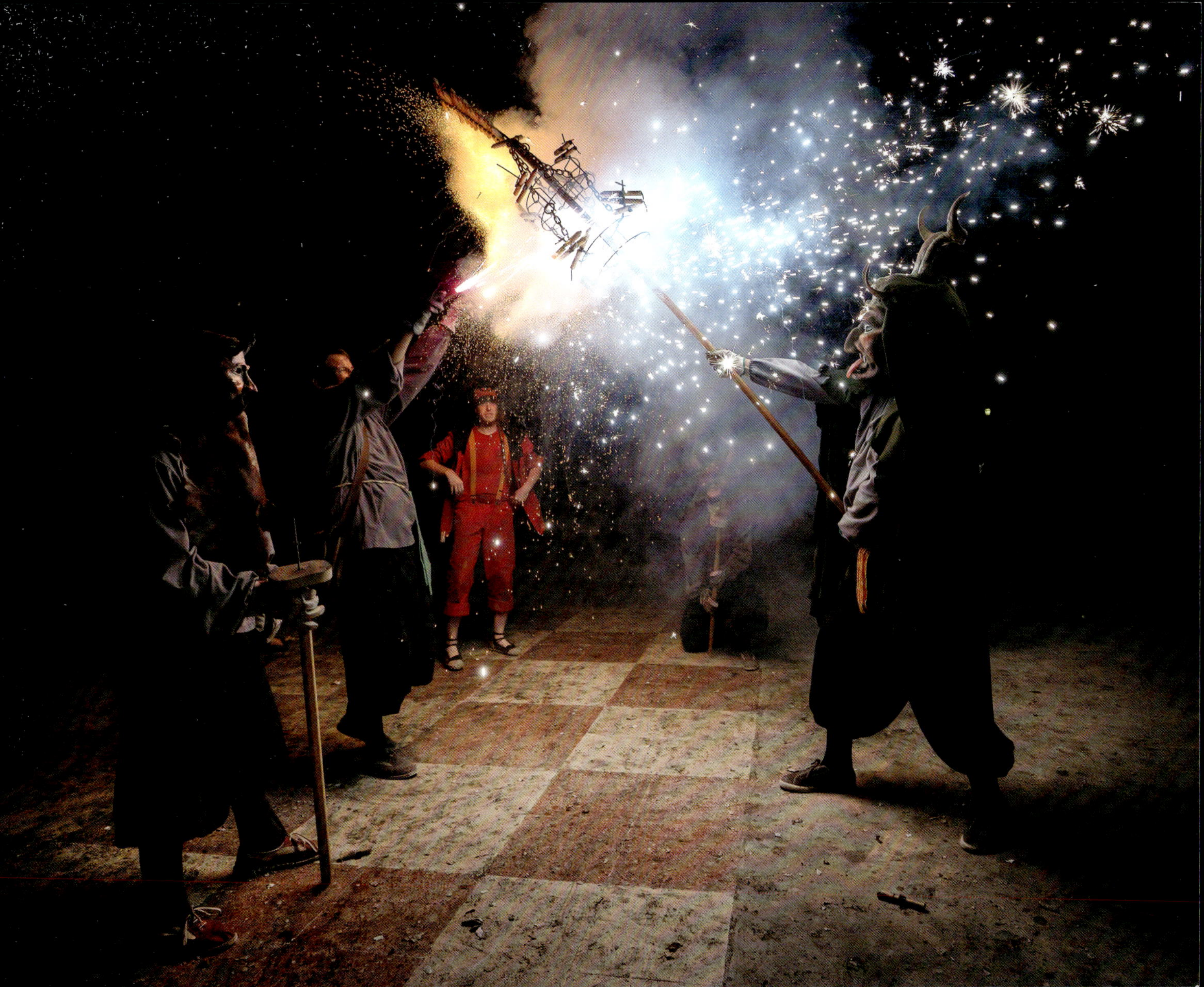

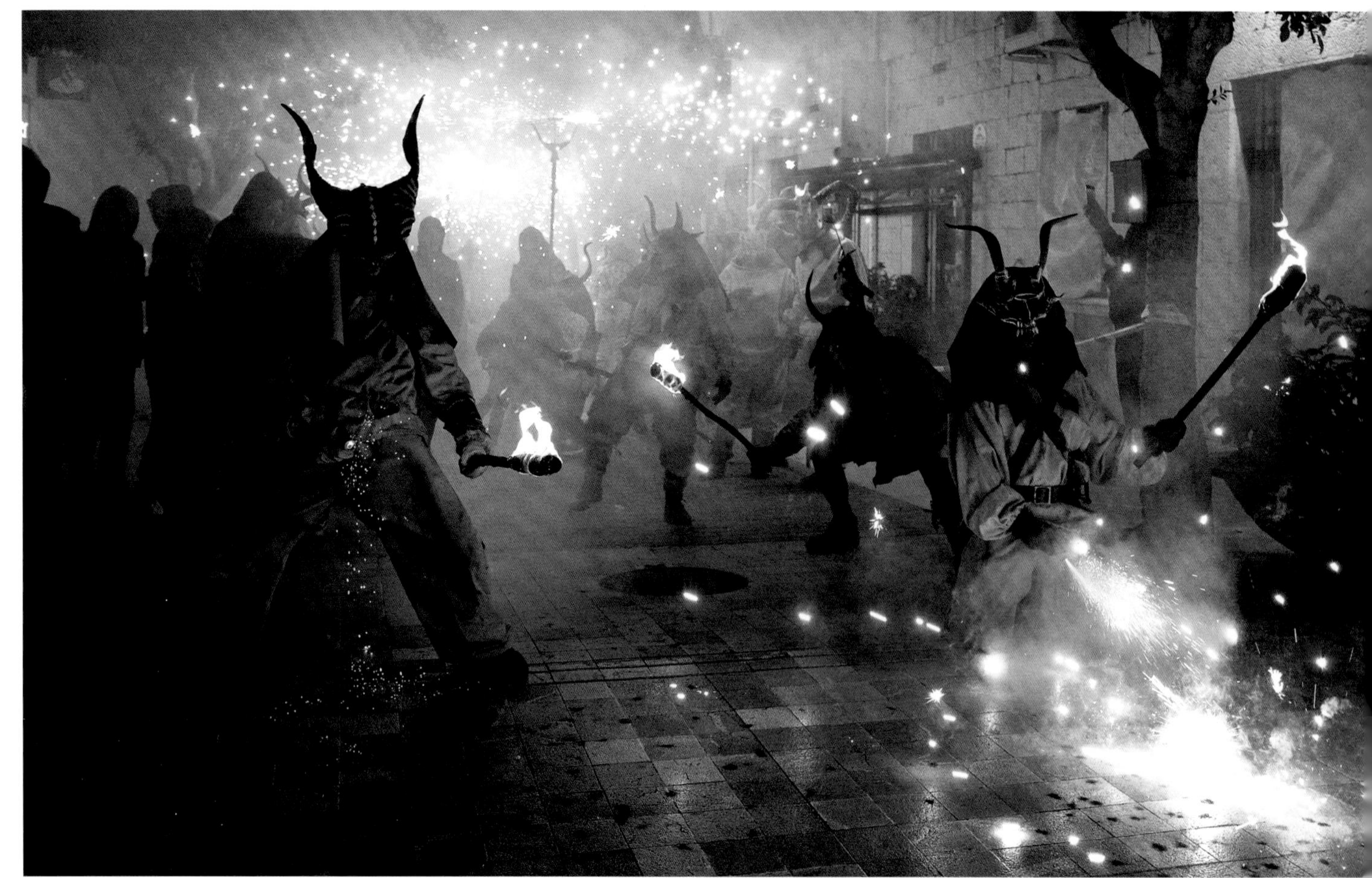

Inca - 11/2018

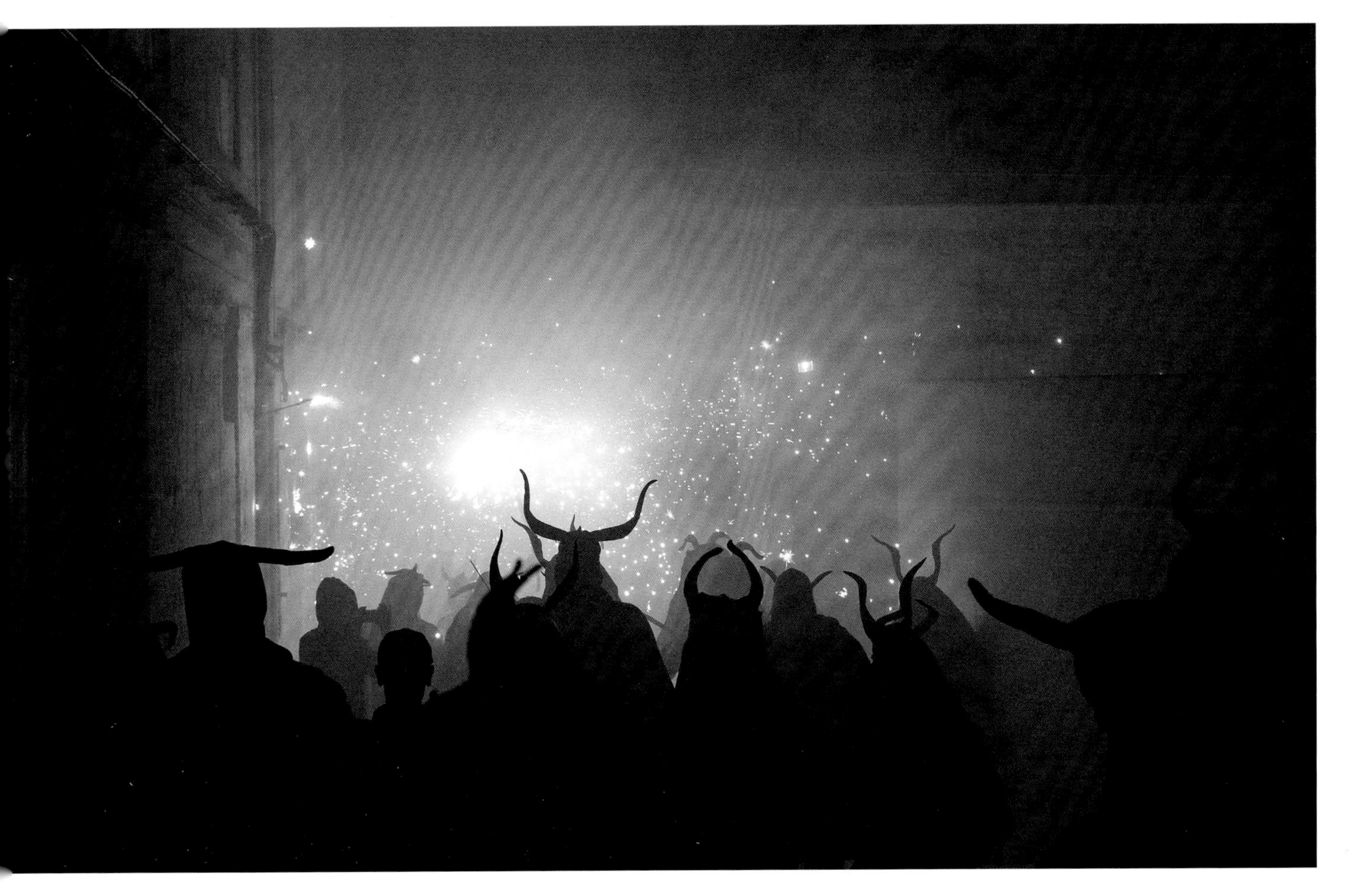

Santa Margalida - 08/2018

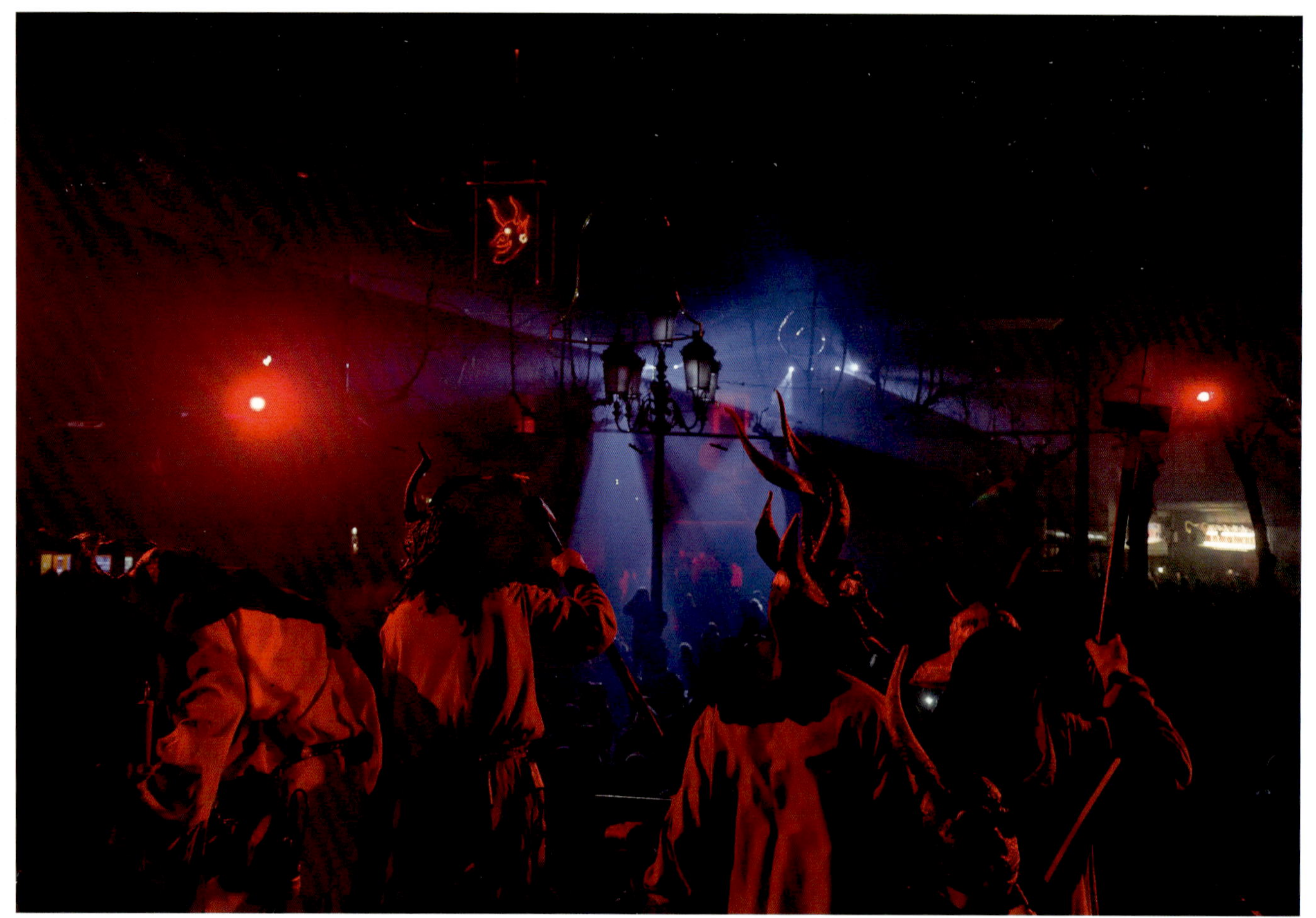

Sa Pobla - 01/2018

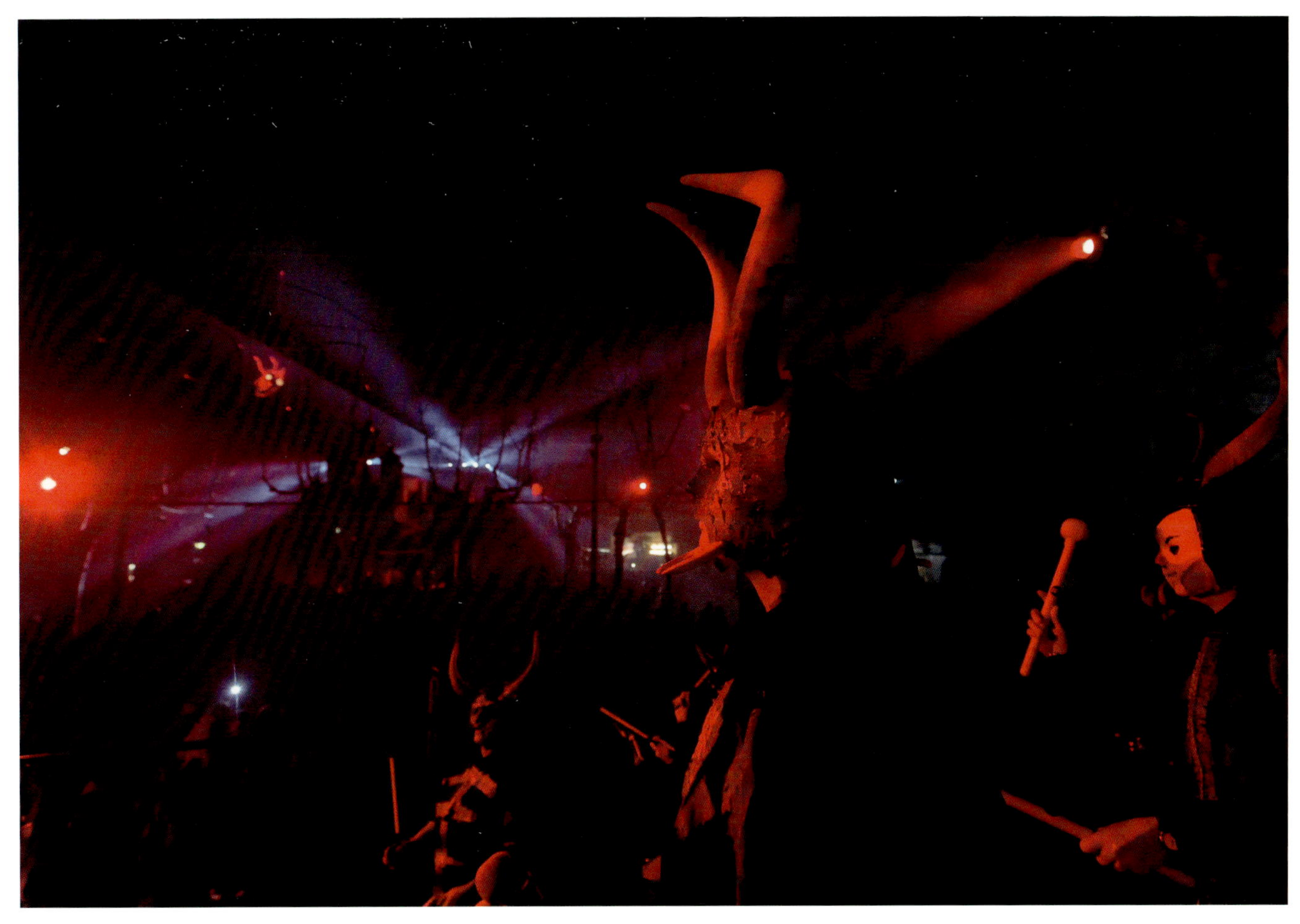

Sa Pobla - 01/2018

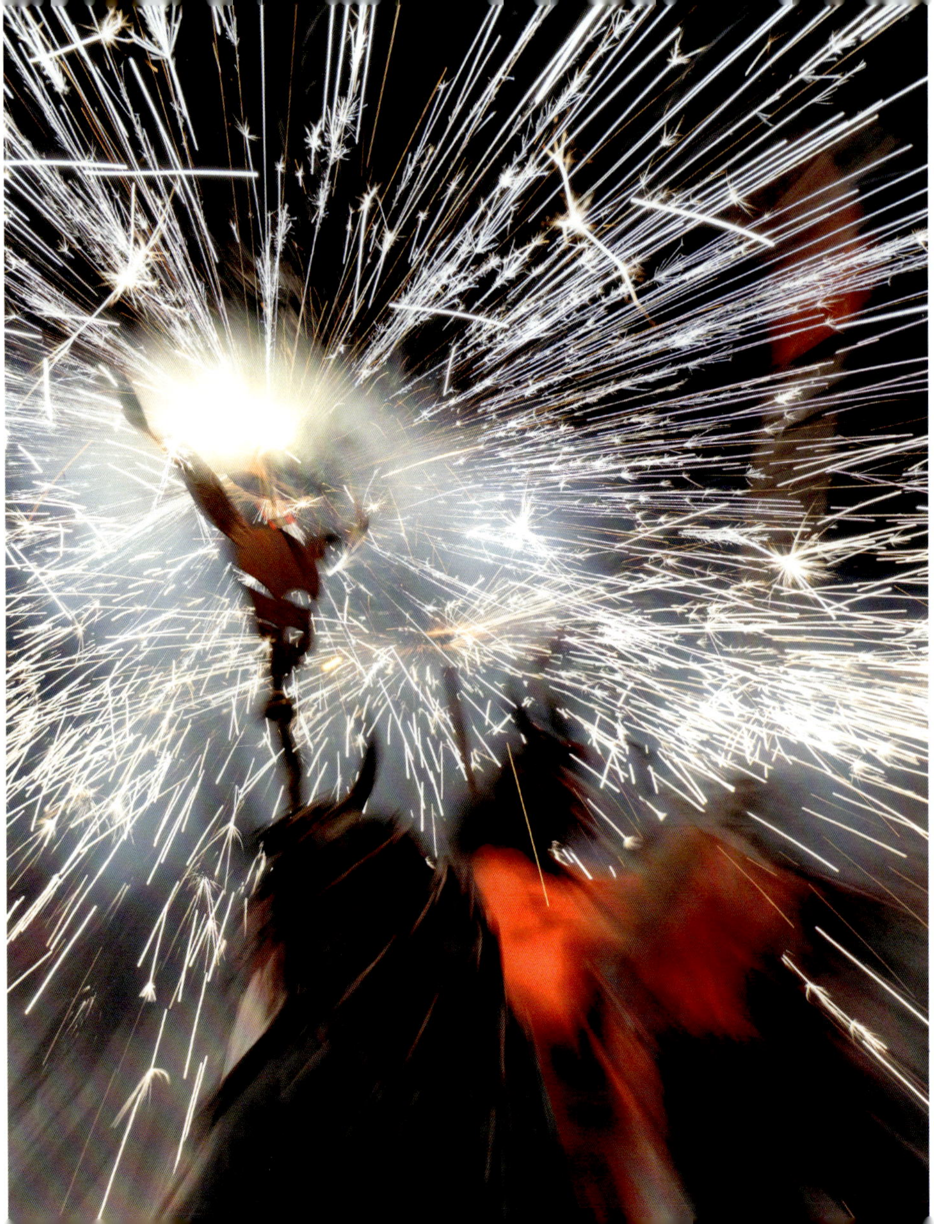

Santa Ponça - 09/2019

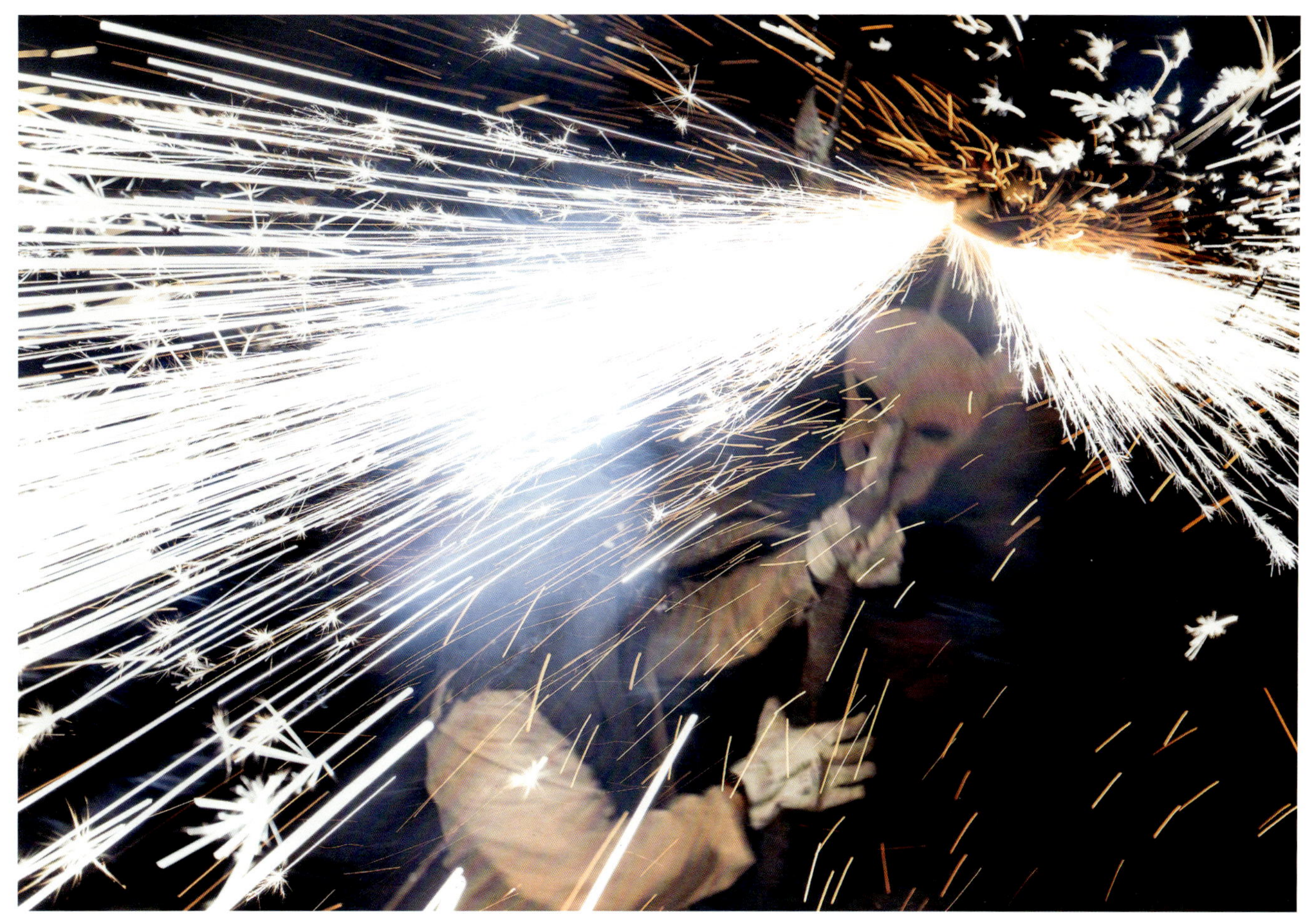

Santa Ponça - 09/2019

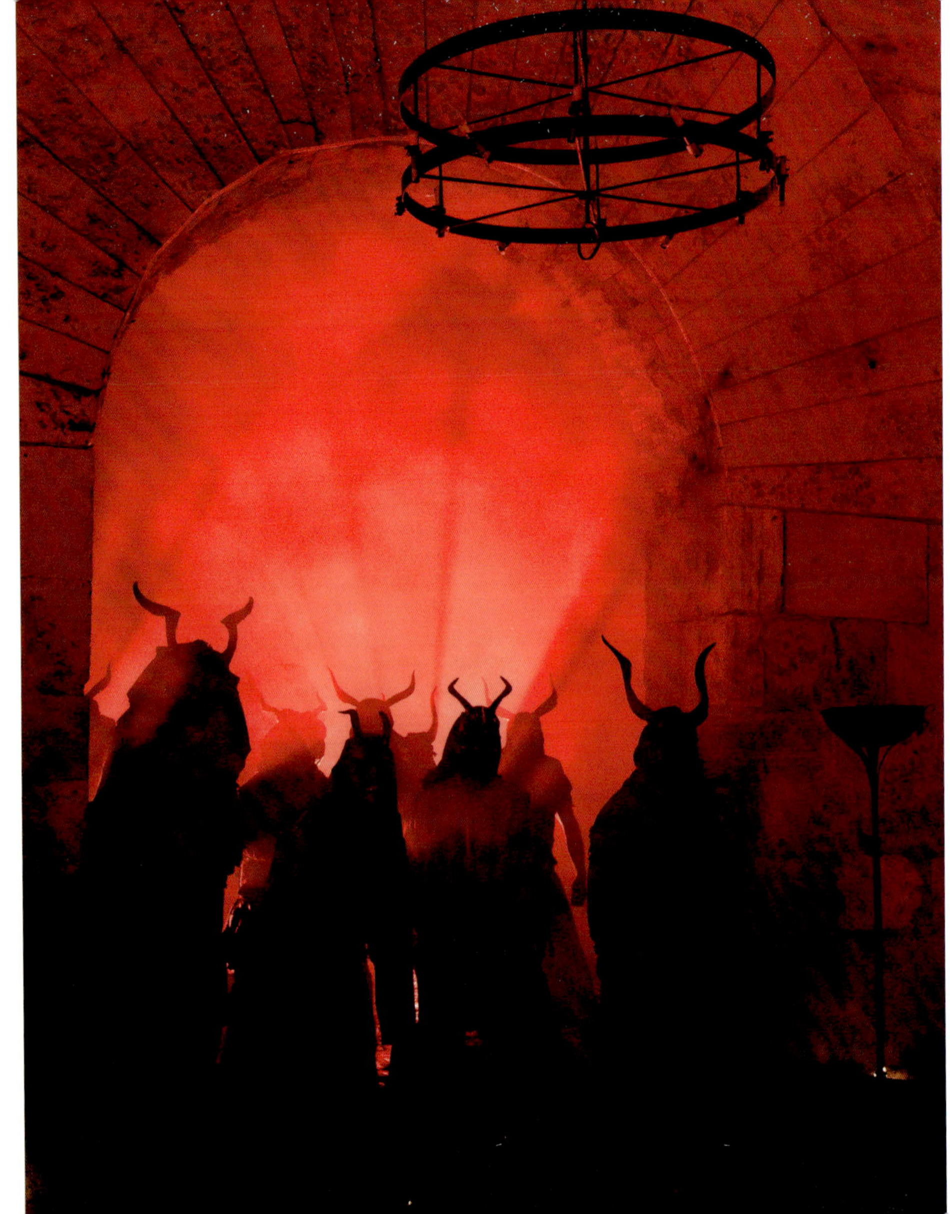

Alcúdia - 01/2020

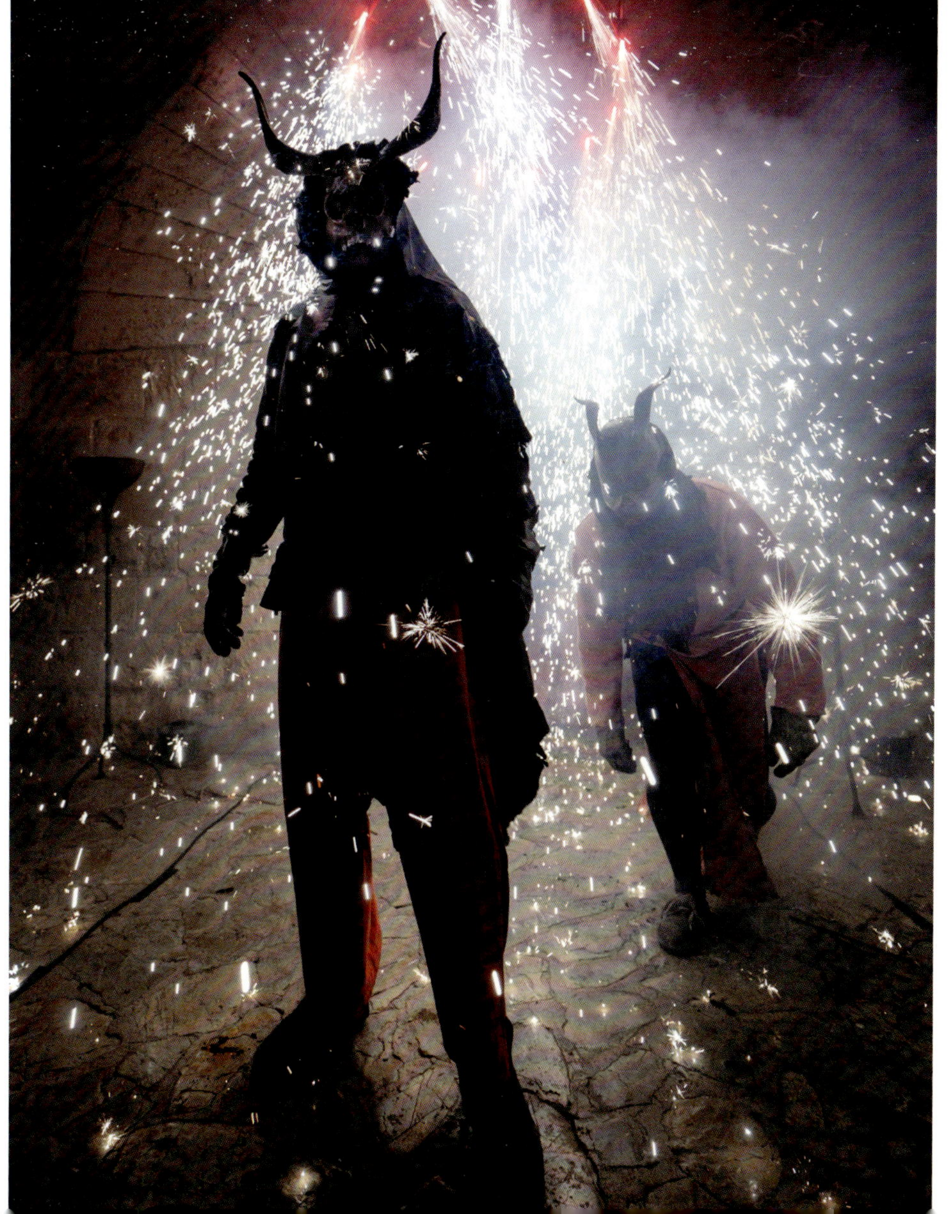

Alcúdia - 01/2020

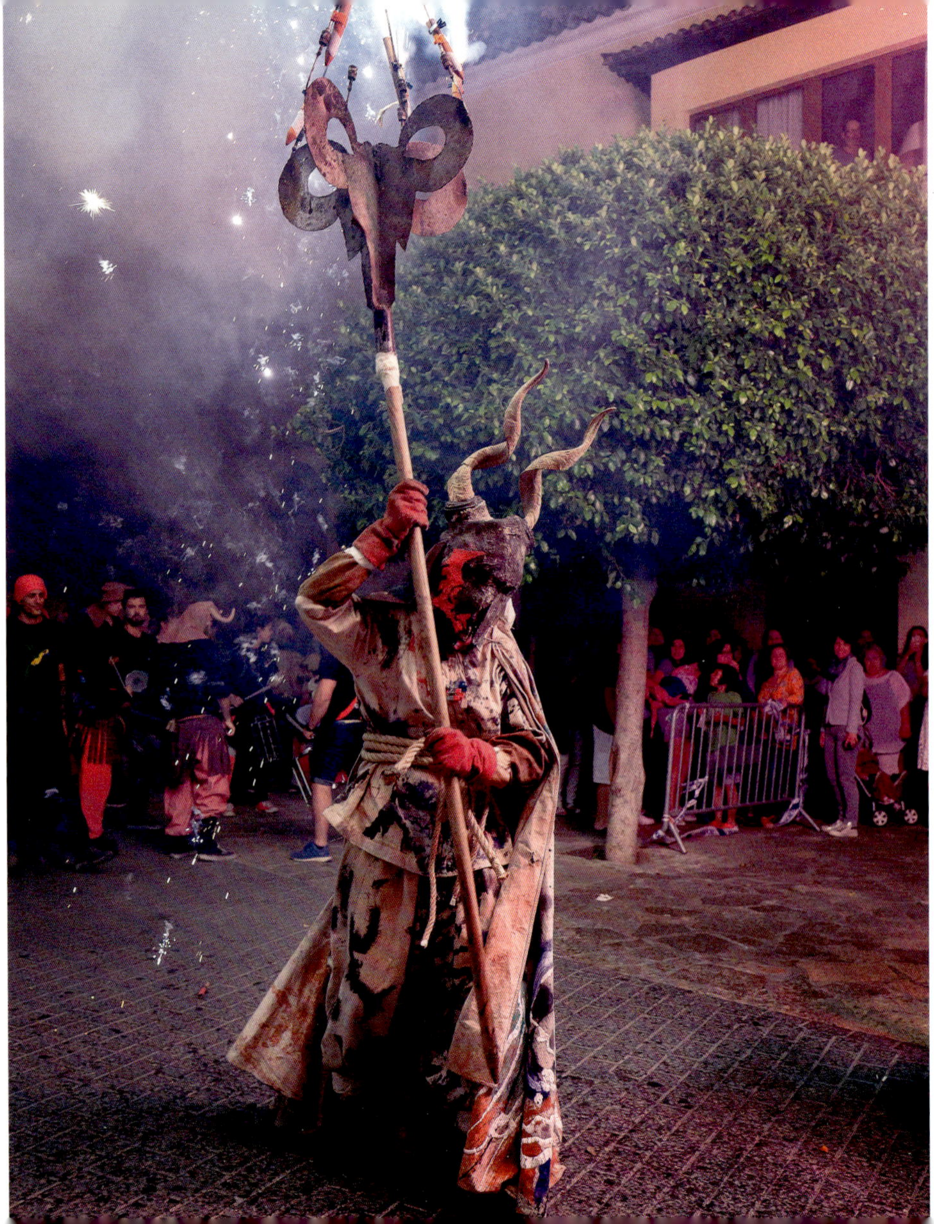

Muro - 06/2019

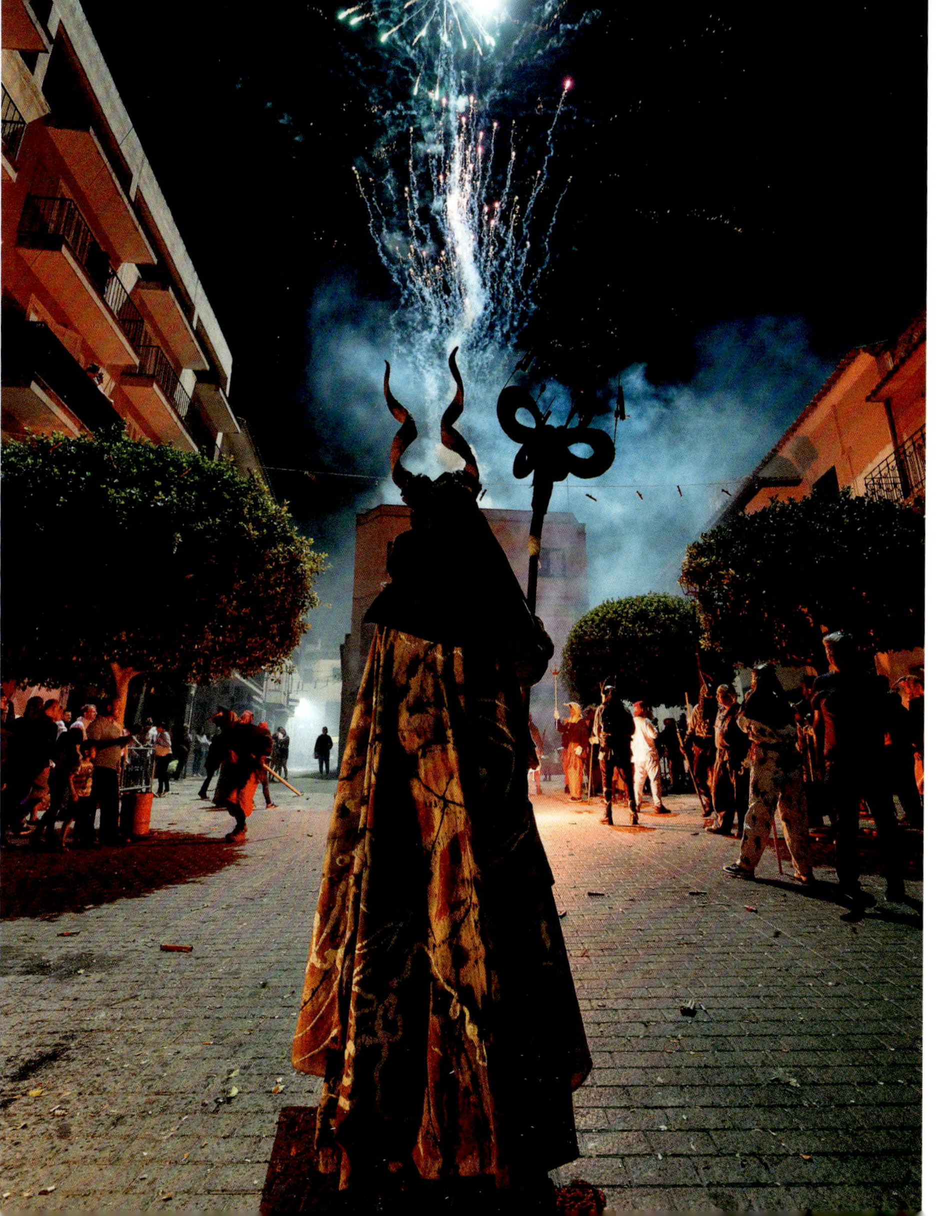

Muro - 06/2019

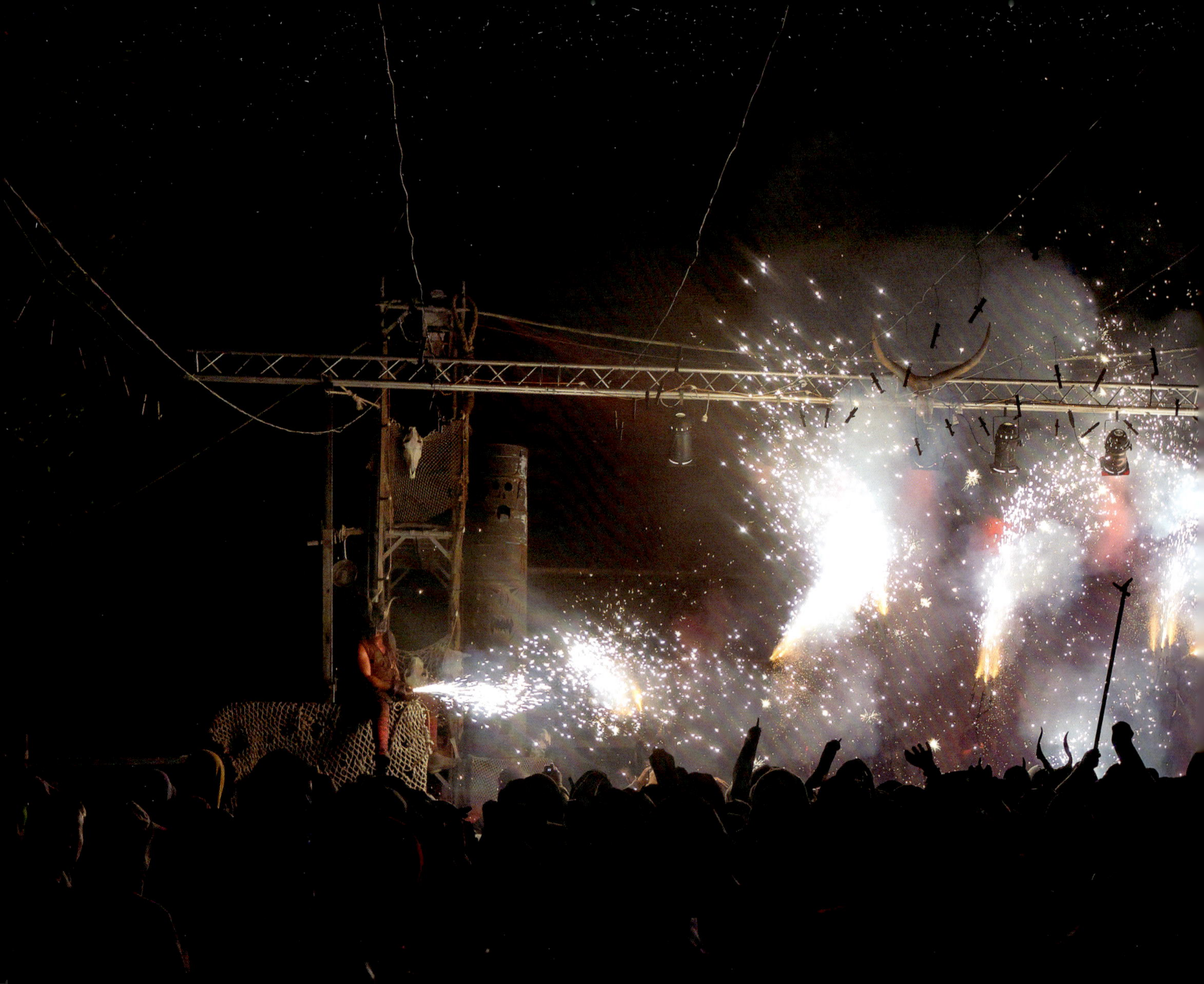

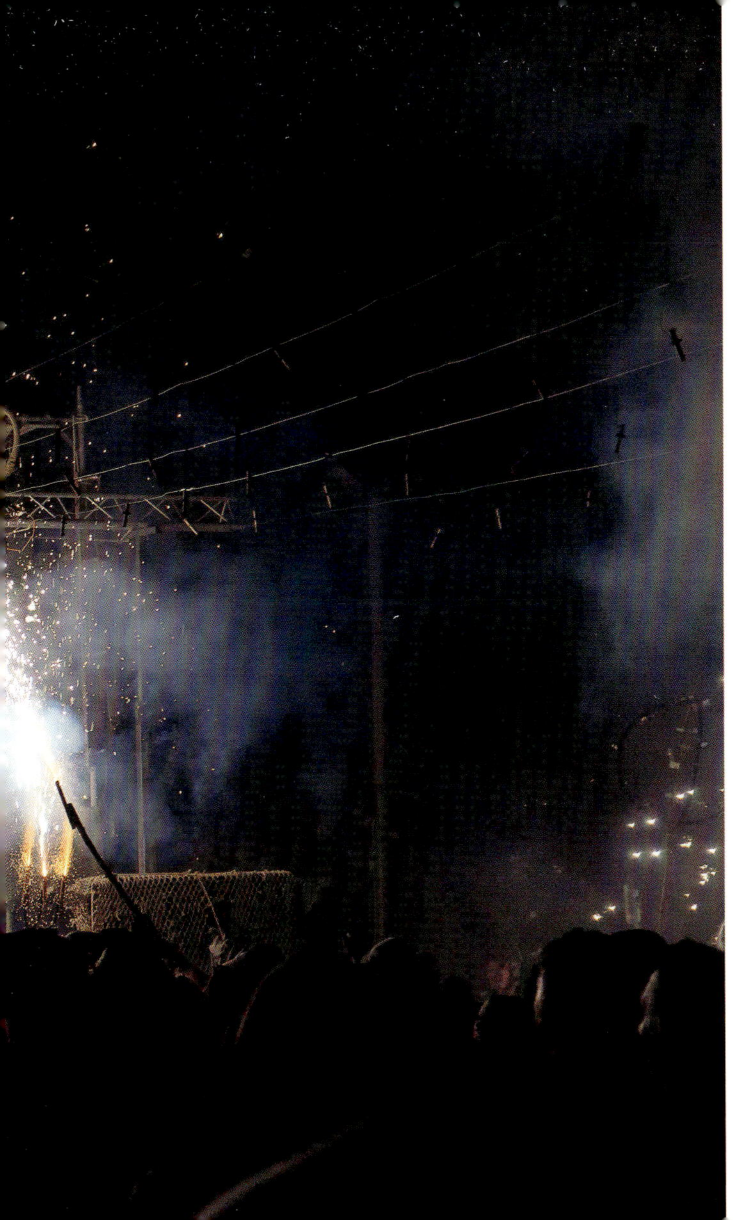

Capdepera - 08/2019

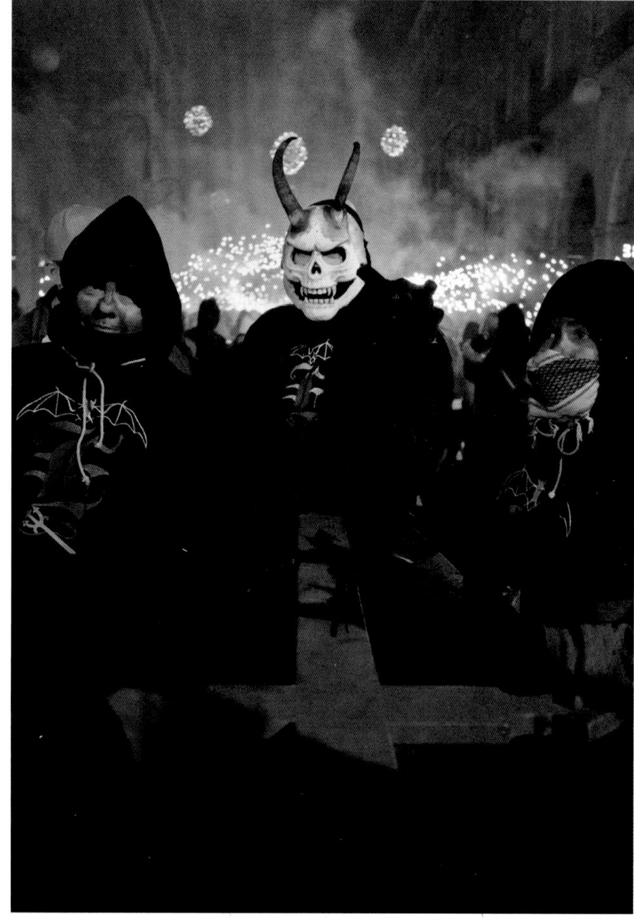

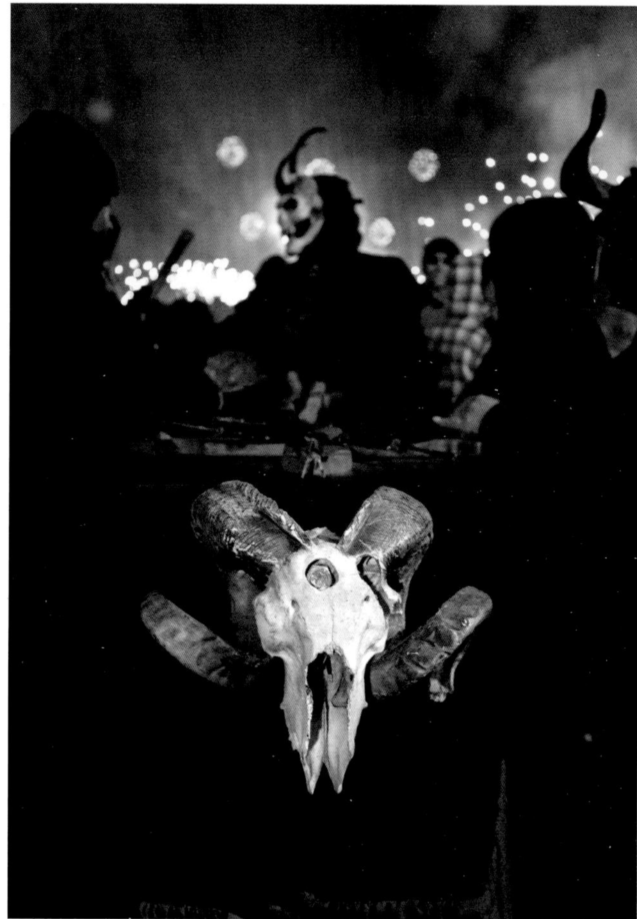

01/2020

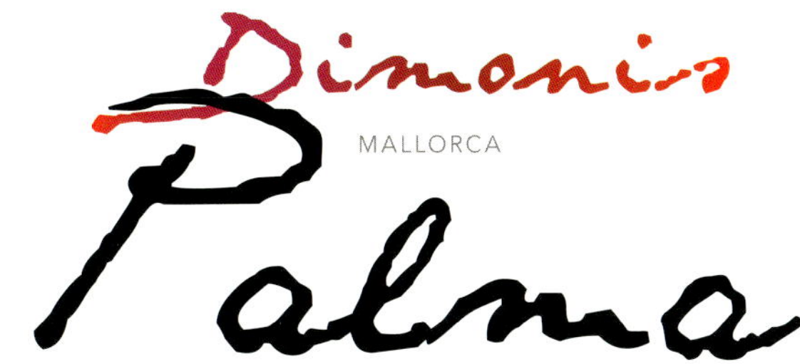

Cada any se celebren dos grans correfocs a la capital de l'illa: al gener, com a part de les festes patronals per Sant Sebastià, i al juny, durant l'animada nit de Sant Joan.

Cada año se celebran dos grandes "correfocs" en la capital de la isla: en enero, como parte de los festejos patronales por Sant Sebastià, y en junio, durante la animada noche de Sant Joan.

Jedes Jahr finden in der Inselhauptstadt zwei große Correfocs statt, einer im Januar während des Patronatsfestes des Sant Sebastià, und einer im Juni in der Johannisnacht.

Every year two big correfocs are held in the island's capital, in January, as part of the patron saint festivals of Saint Sebastian, and in June, during the lively night of Saint John.

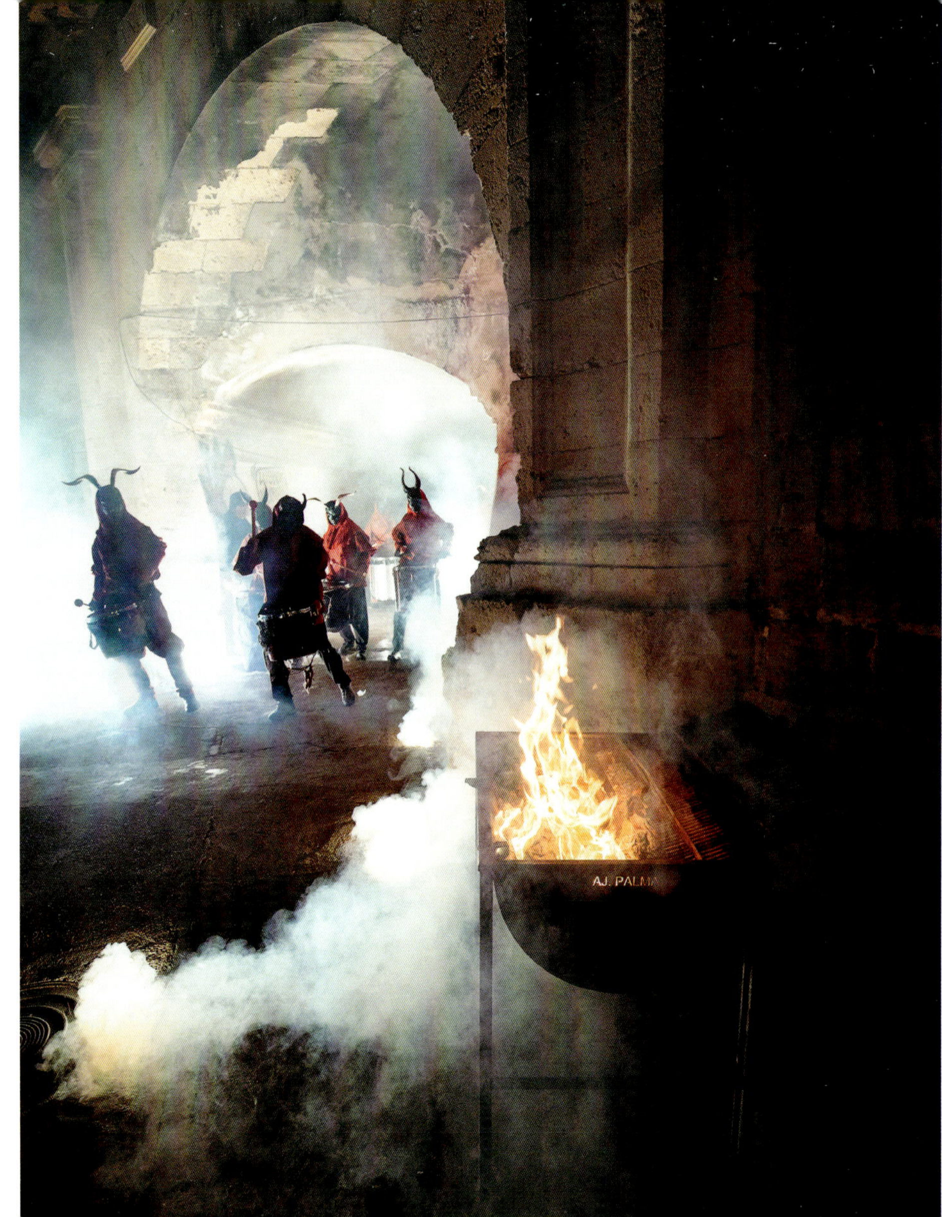

06/2017

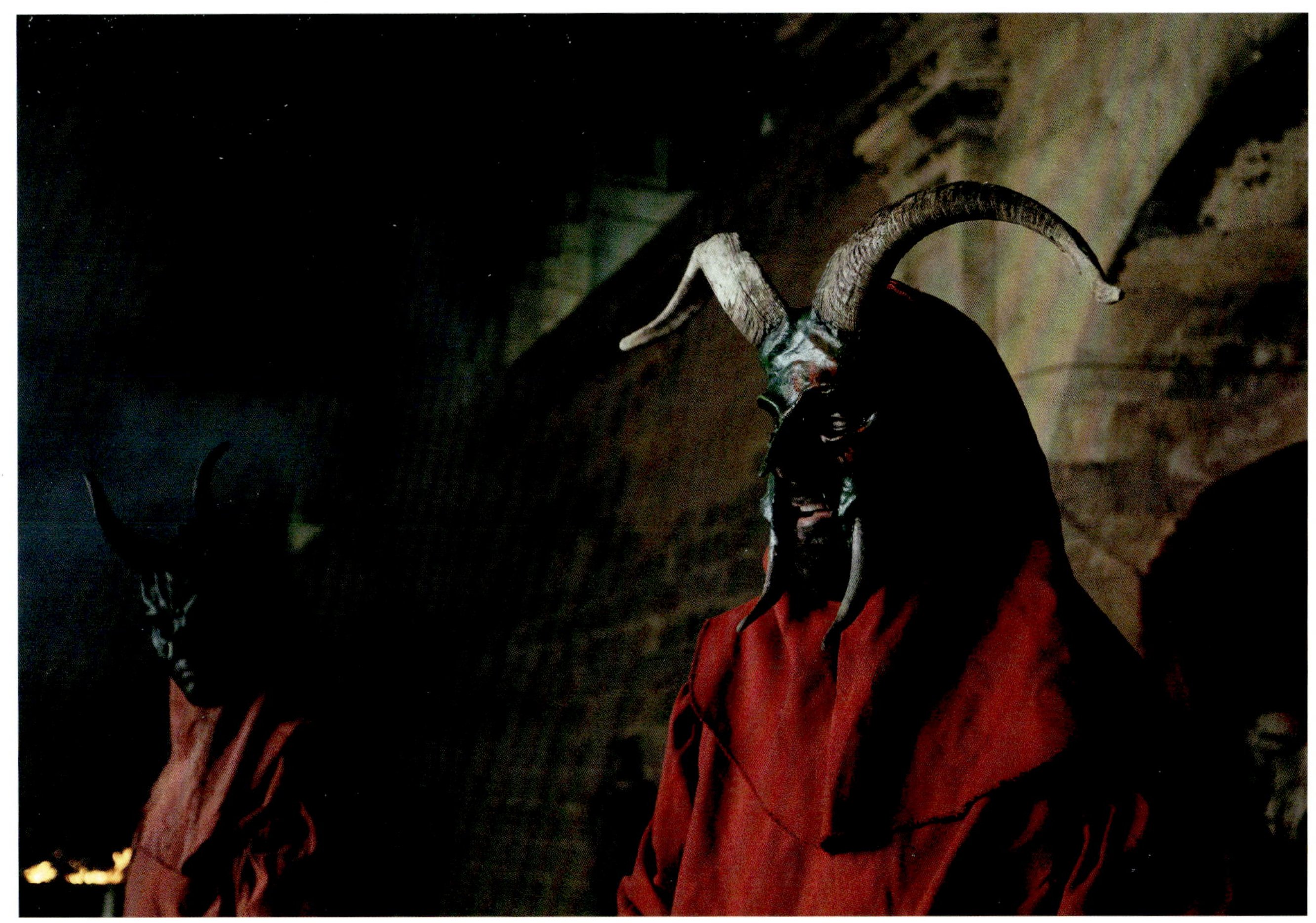

06/2017

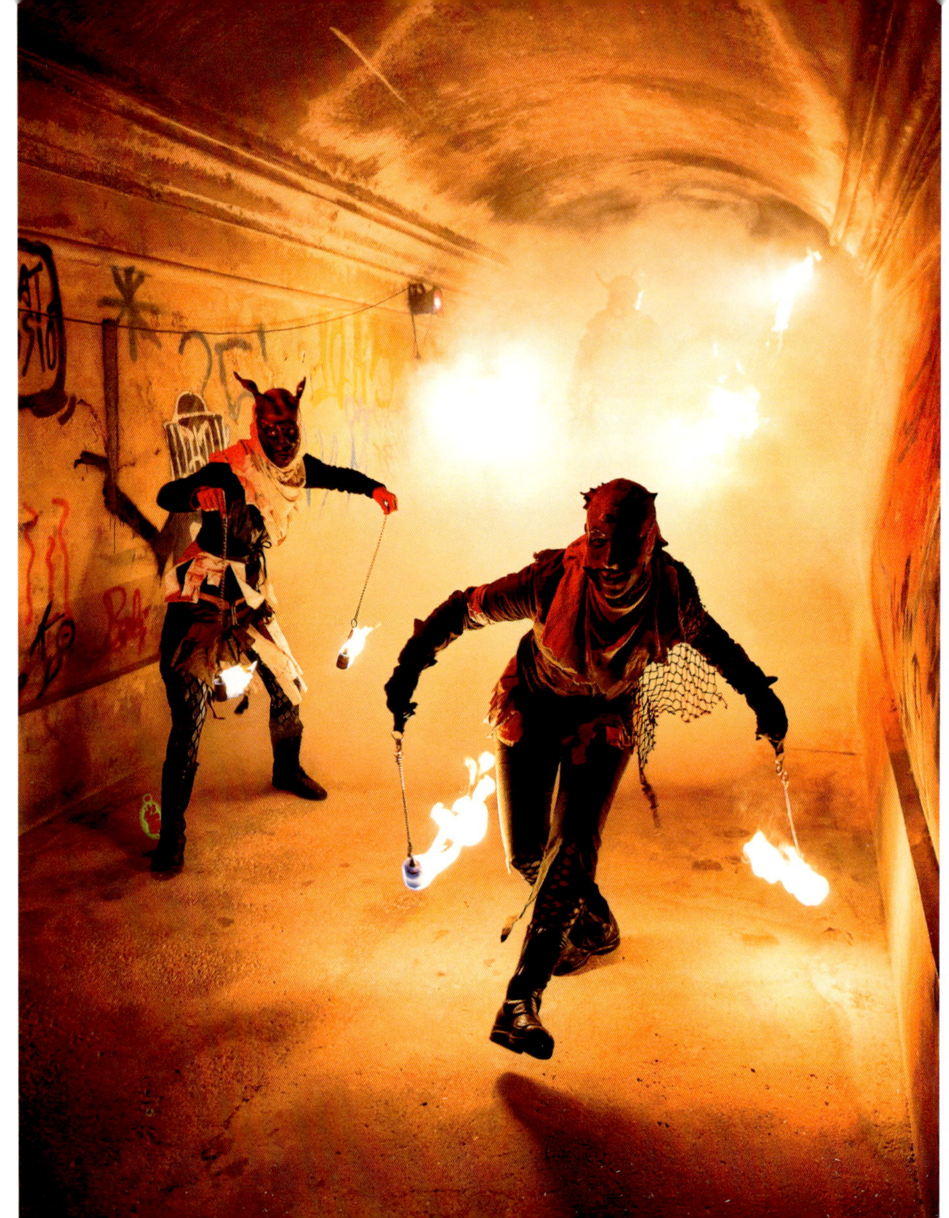

06/2016

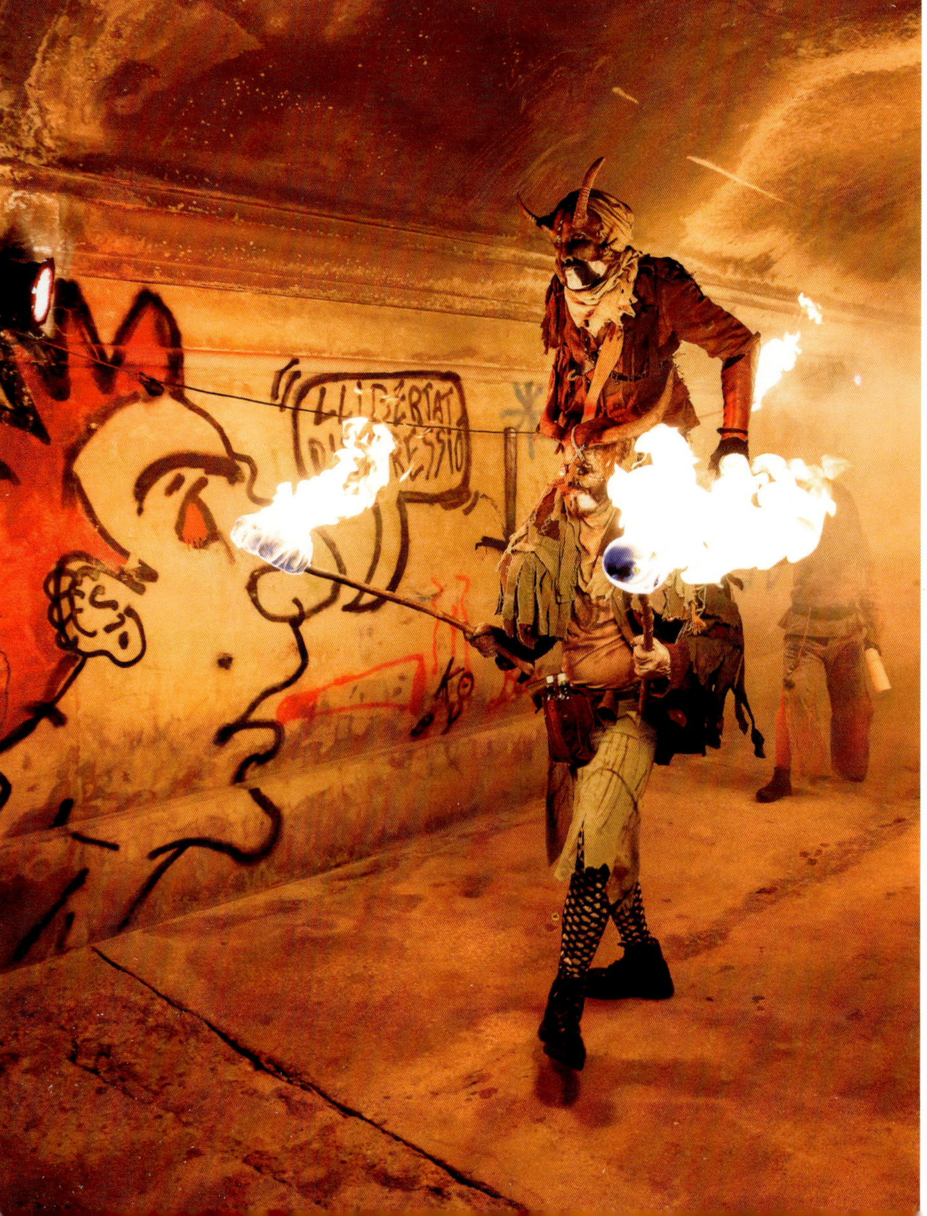

06/2016

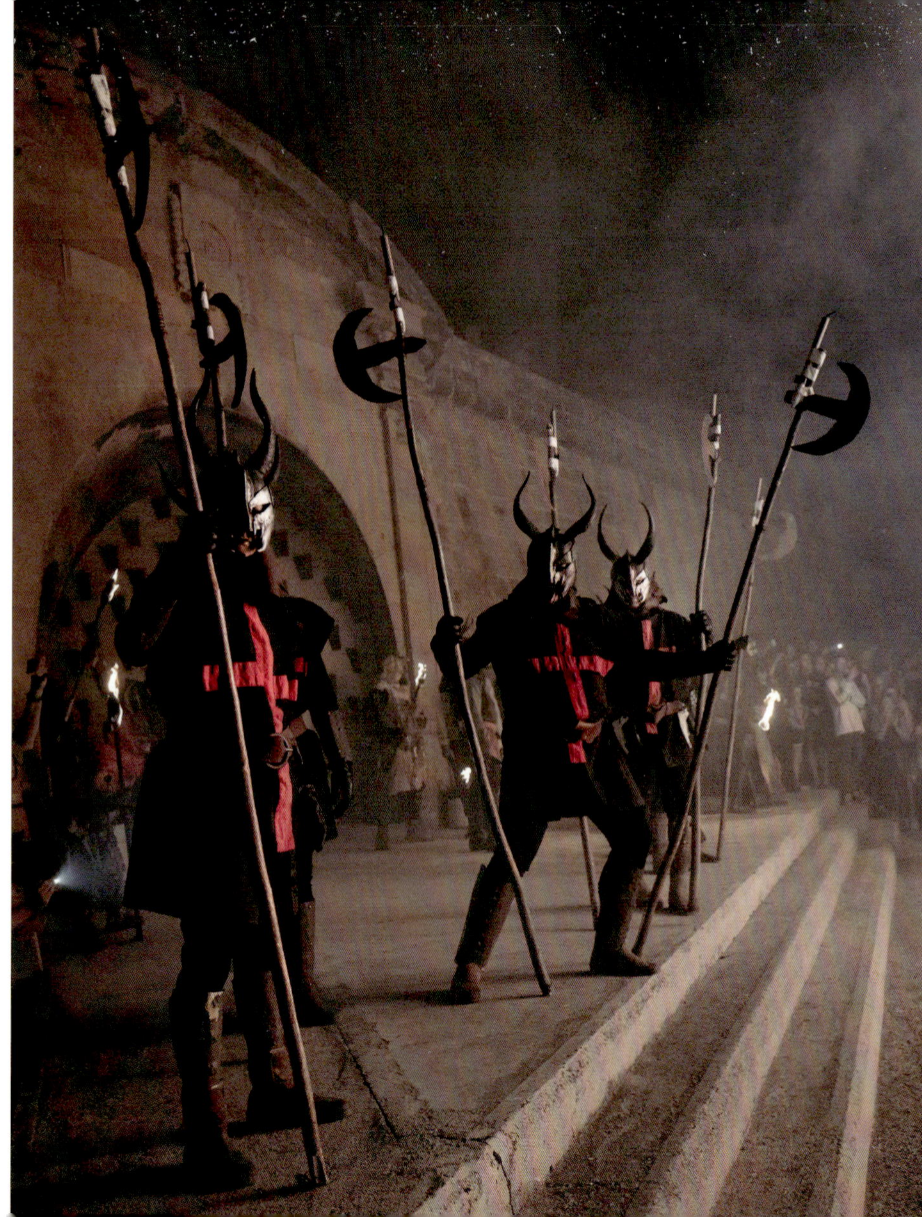

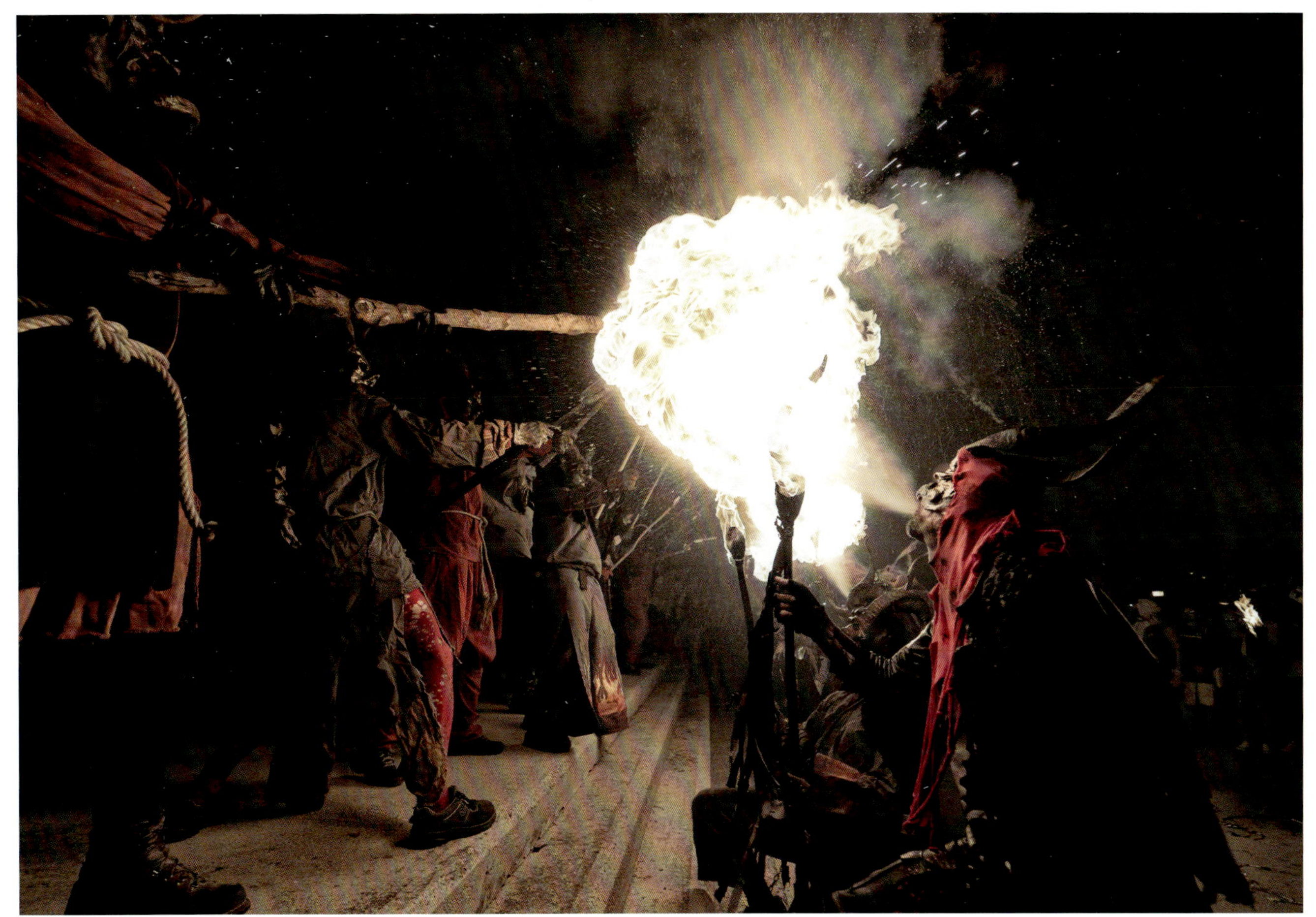

06/2019

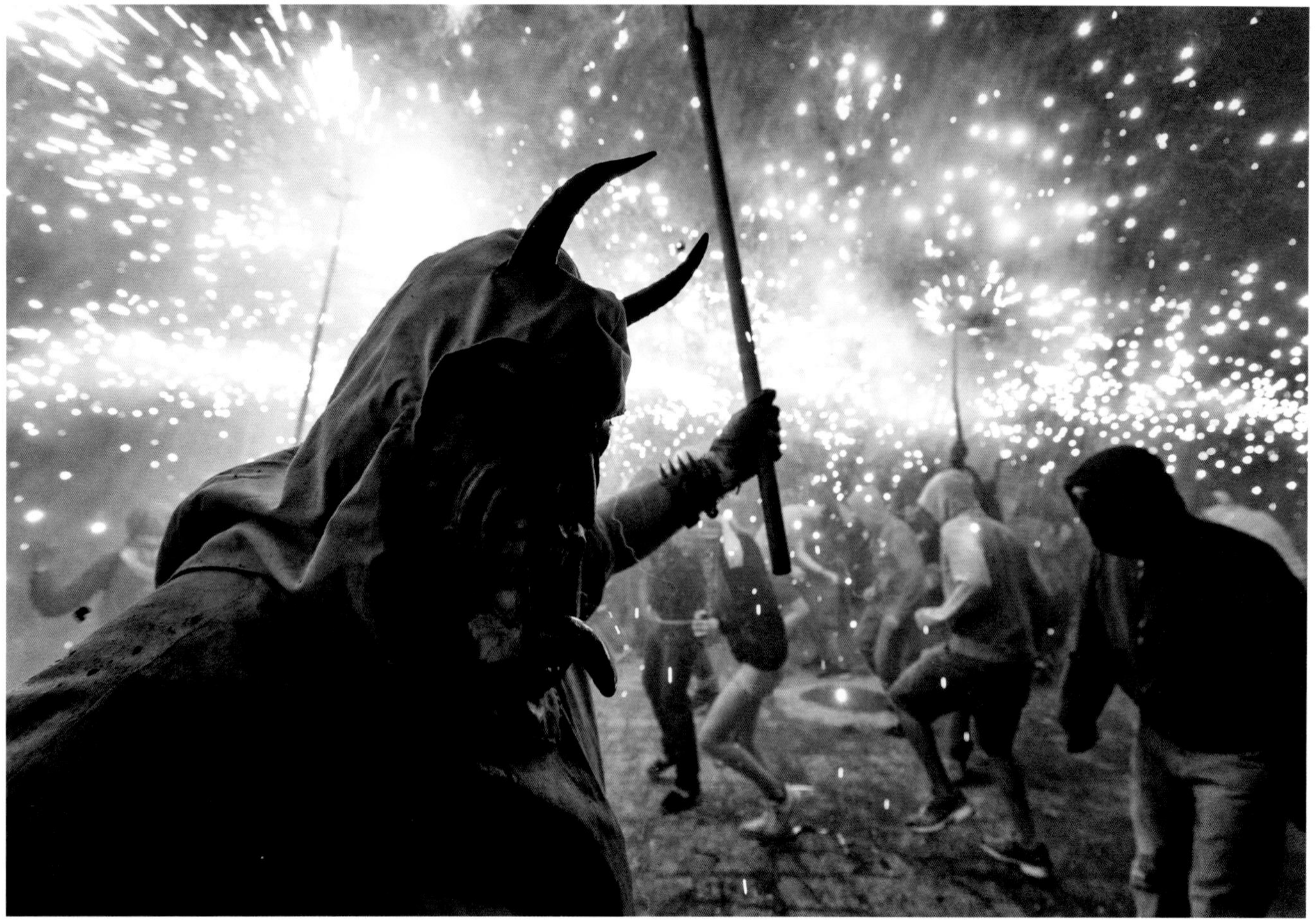

06/2018

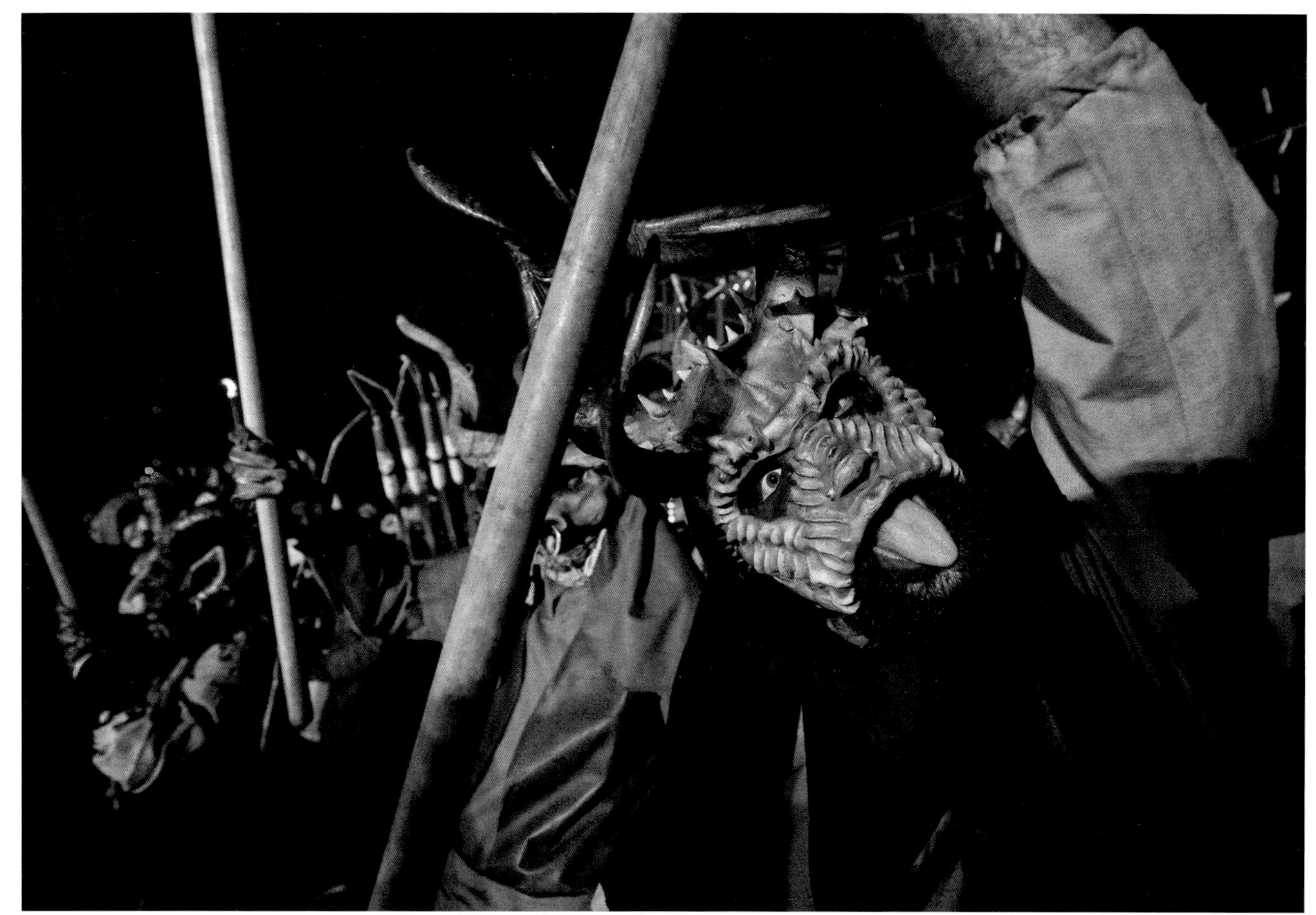

01/2019

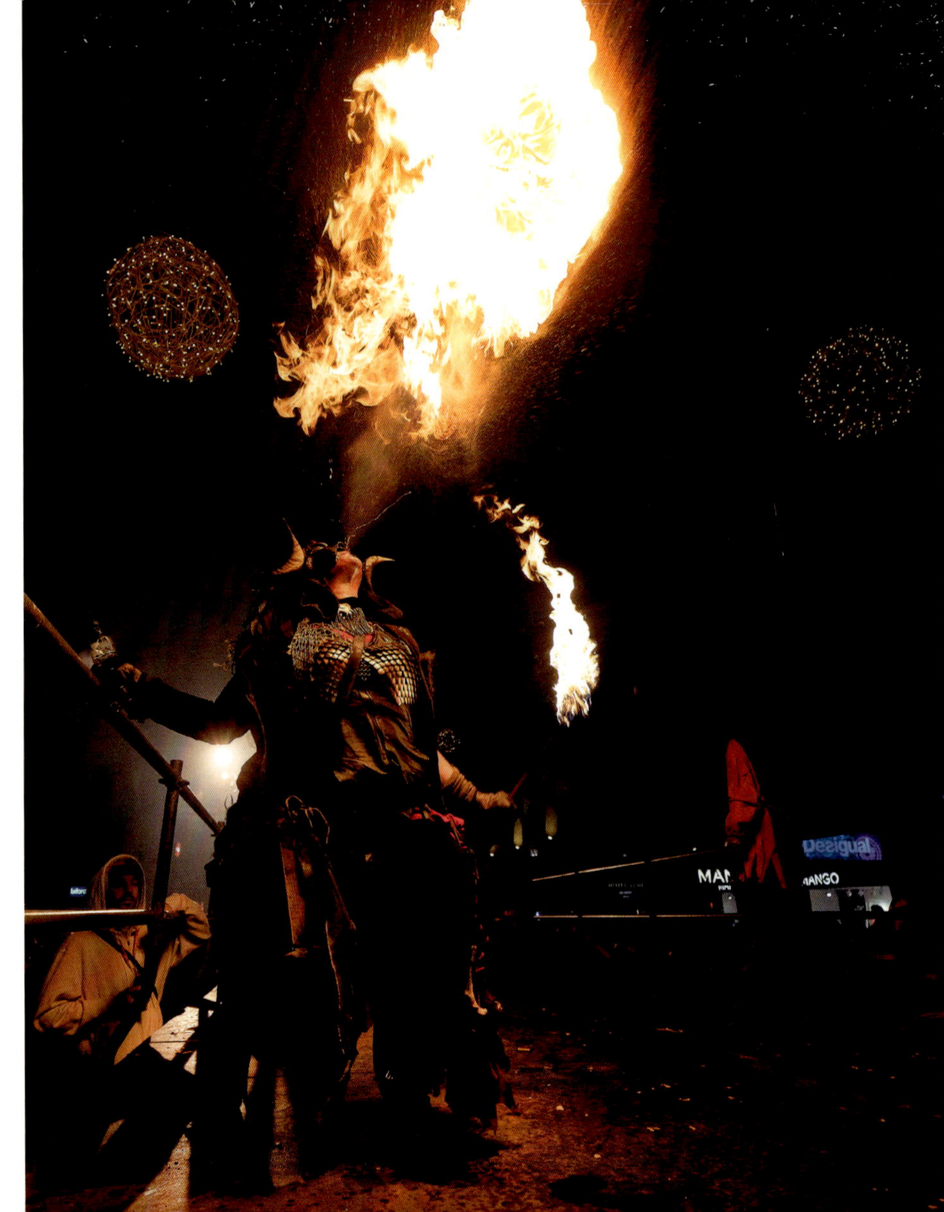

01/2020

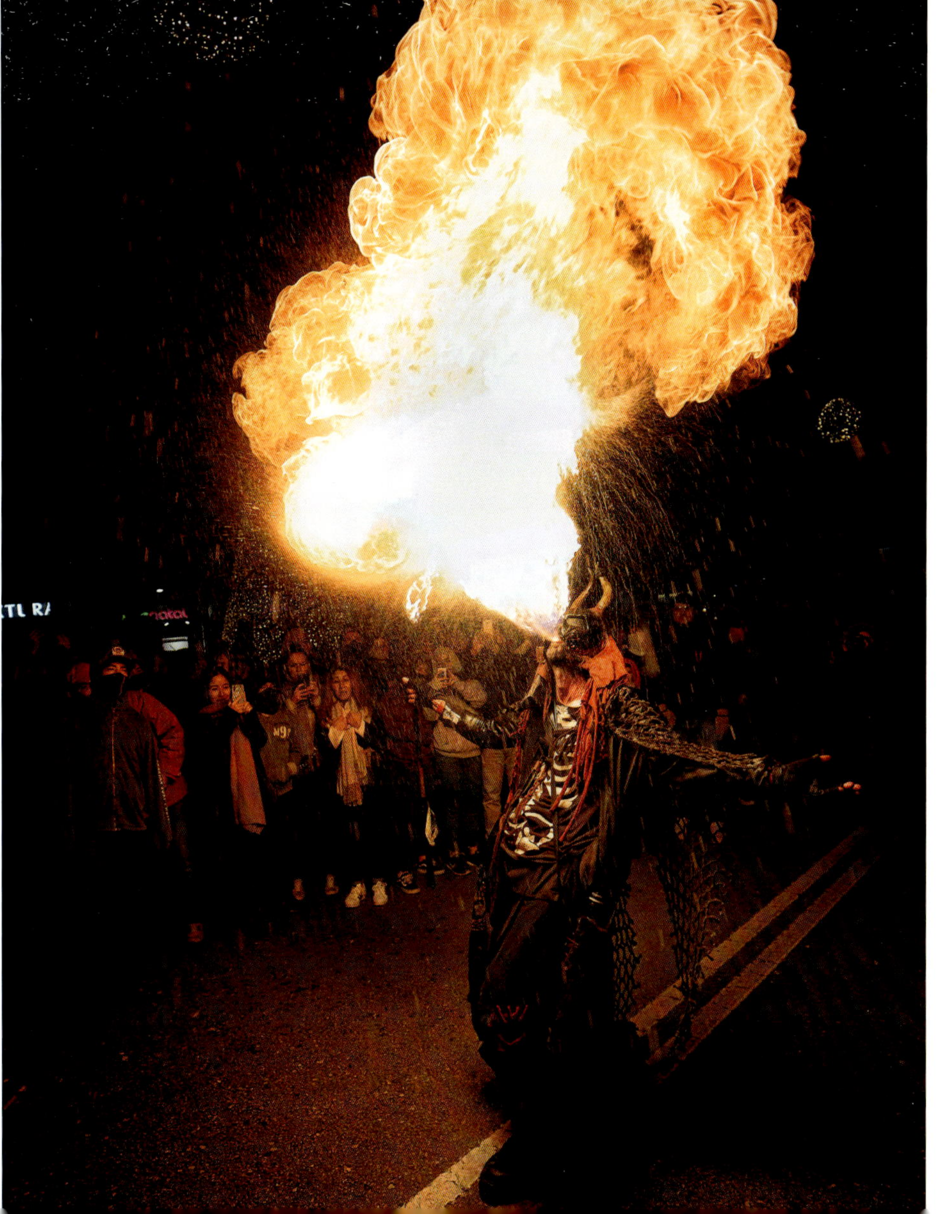

01/2019

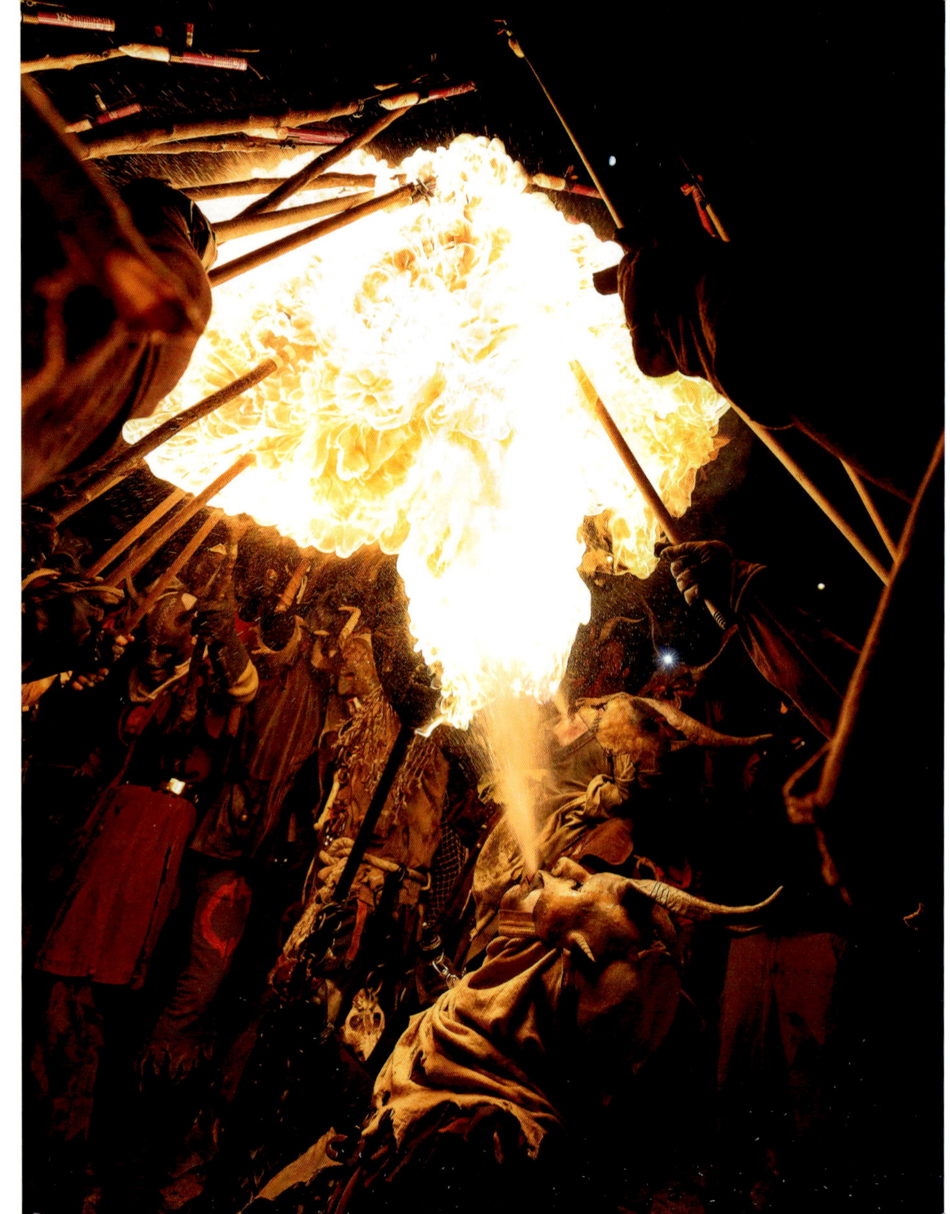

06/2018

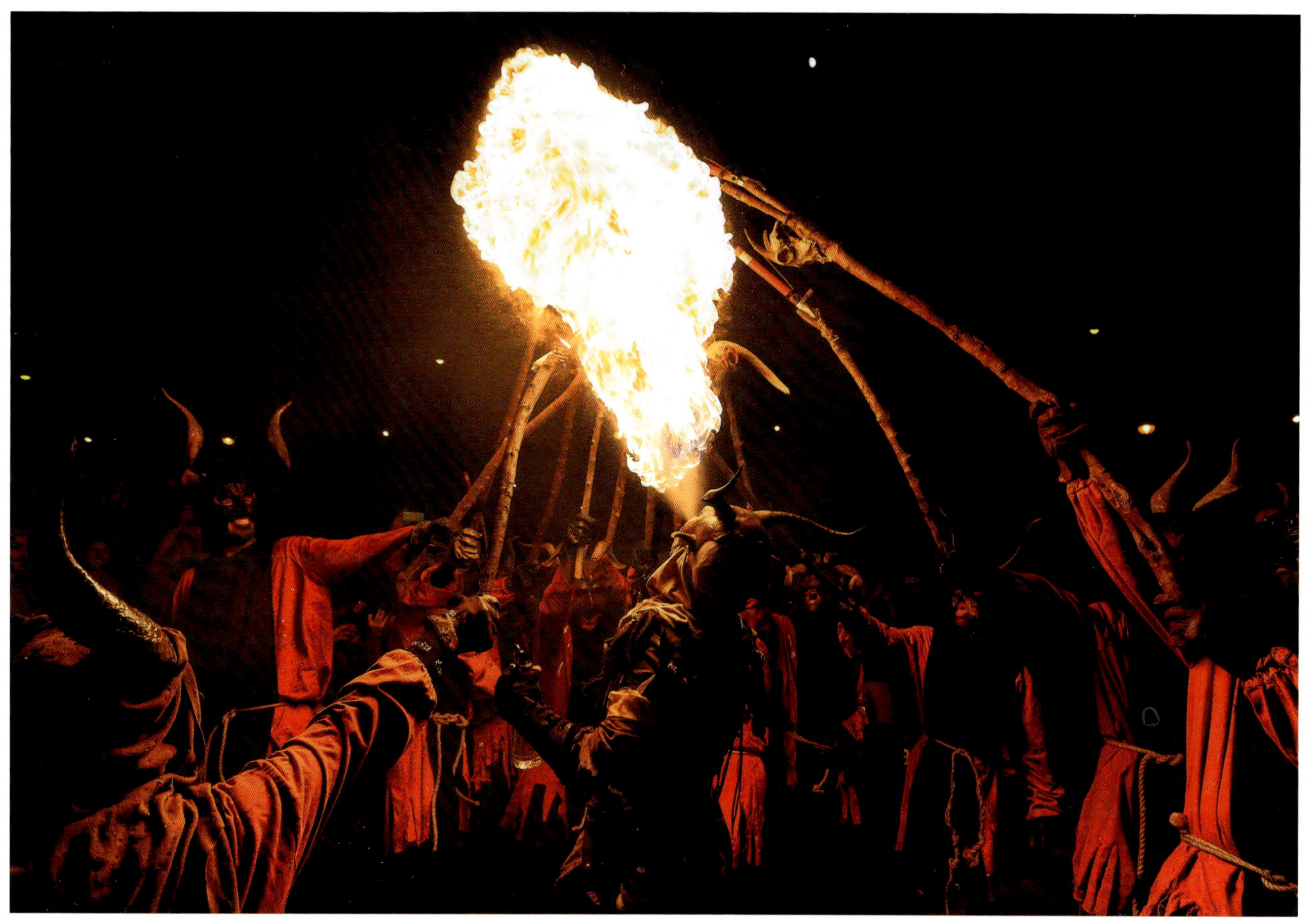

06/2018

06/2018

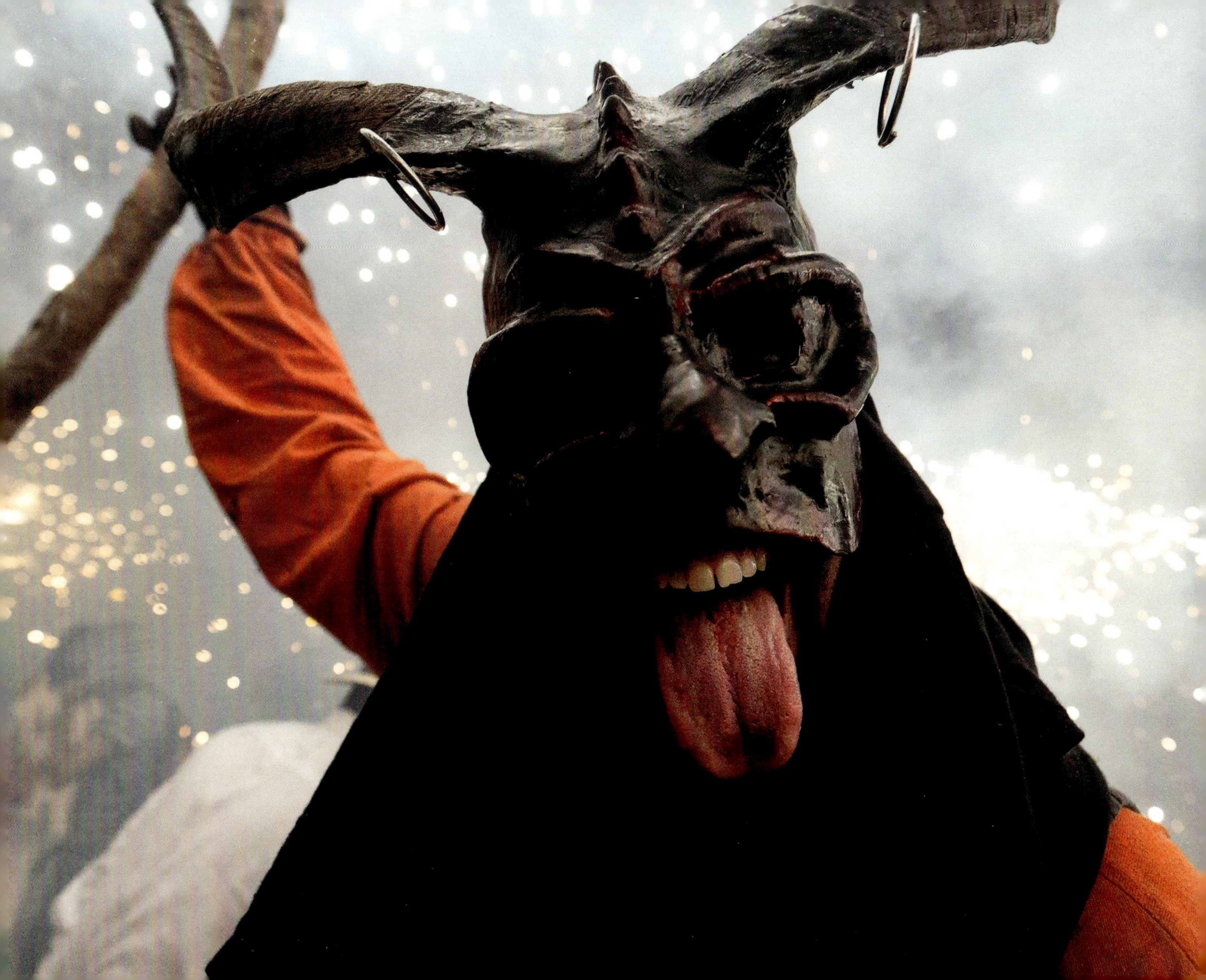

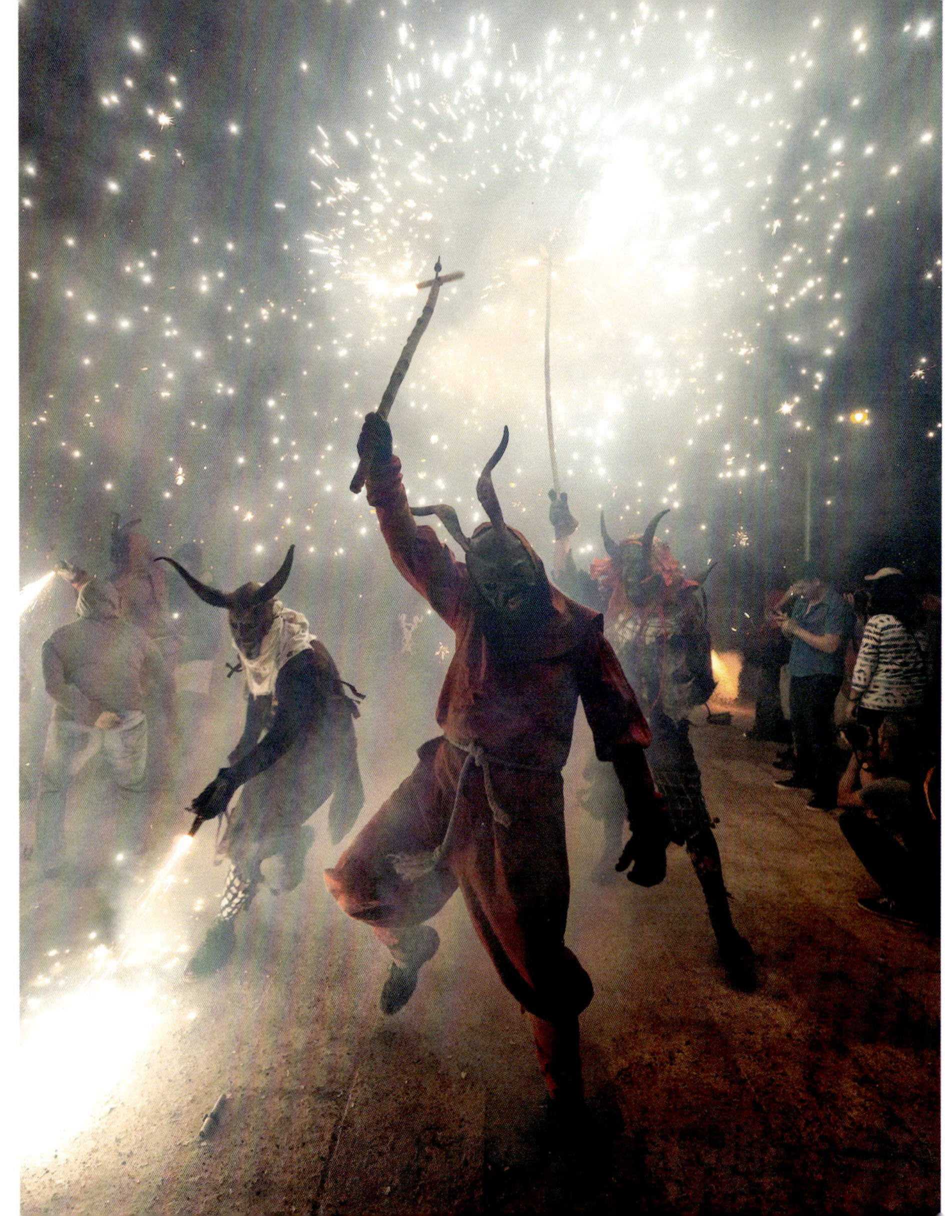

06/2018

06/2016

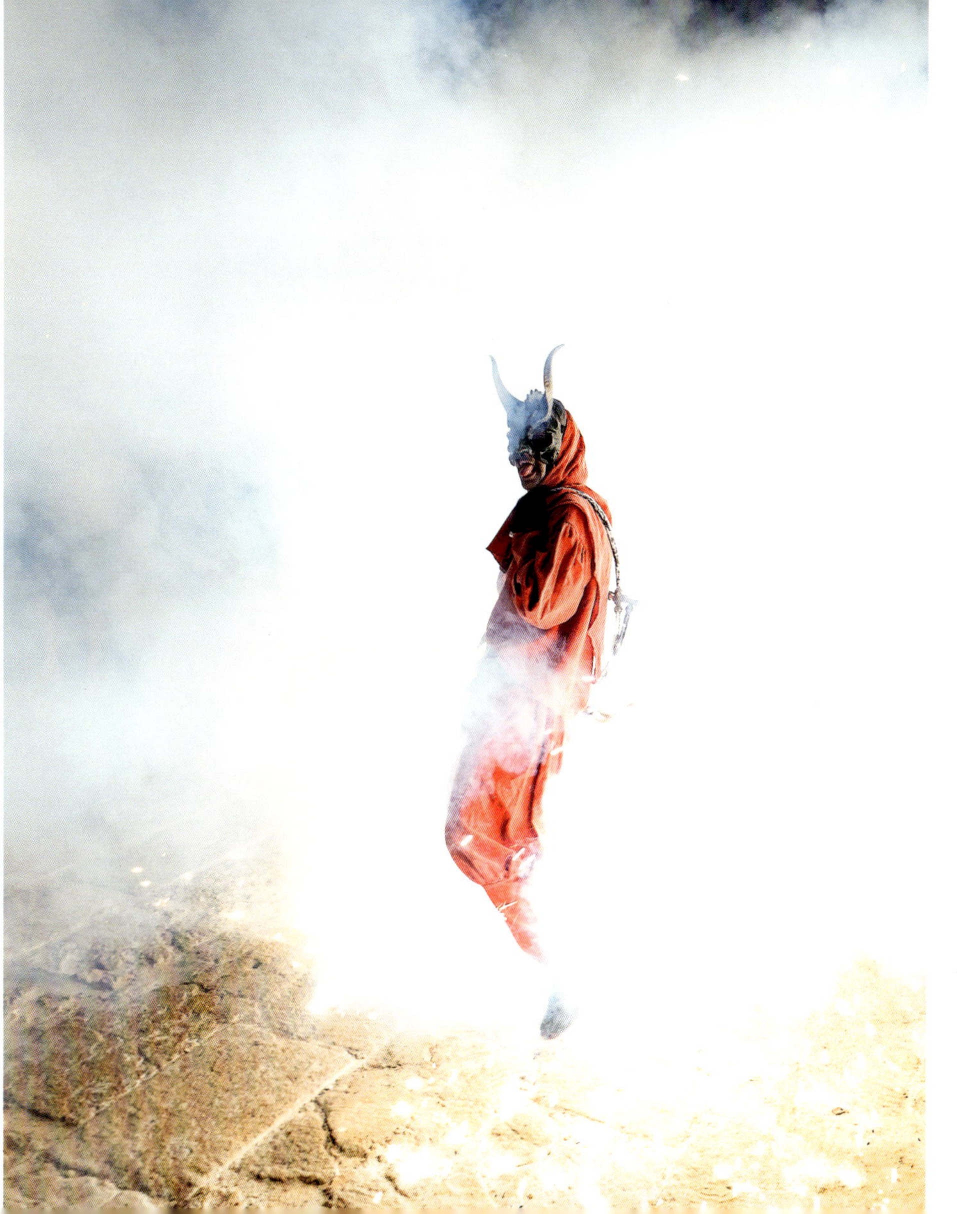

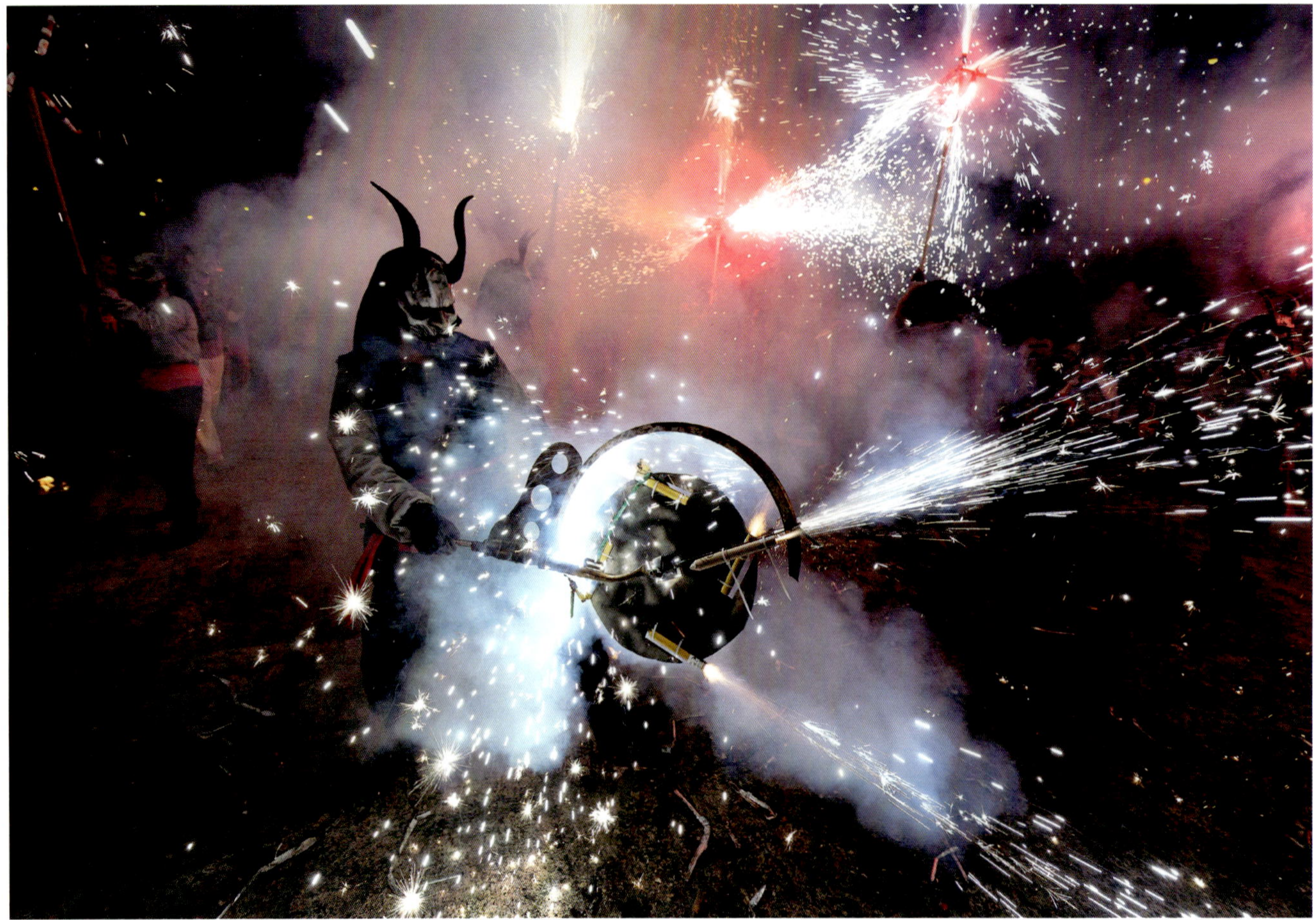

06/2017

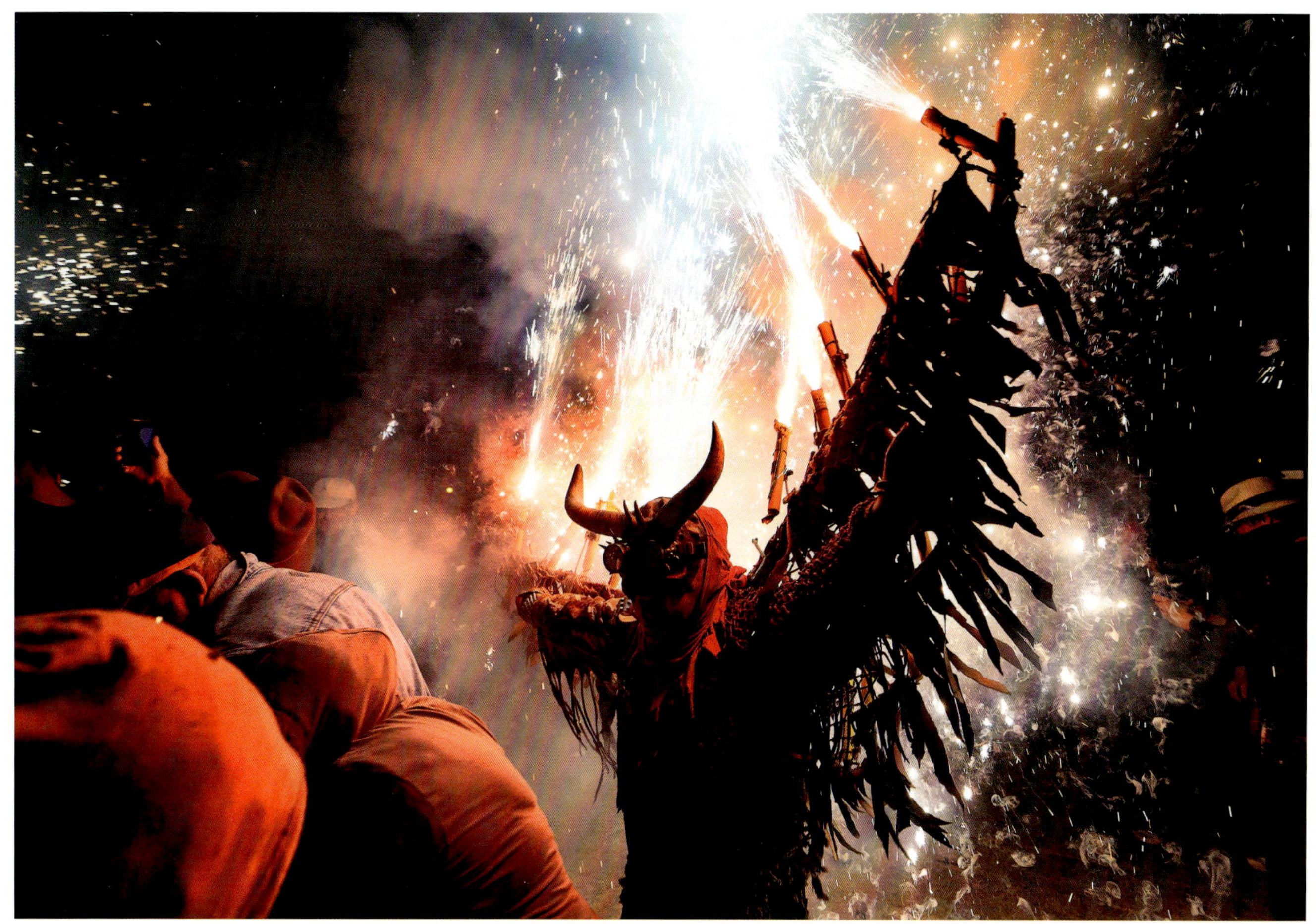

06/2017

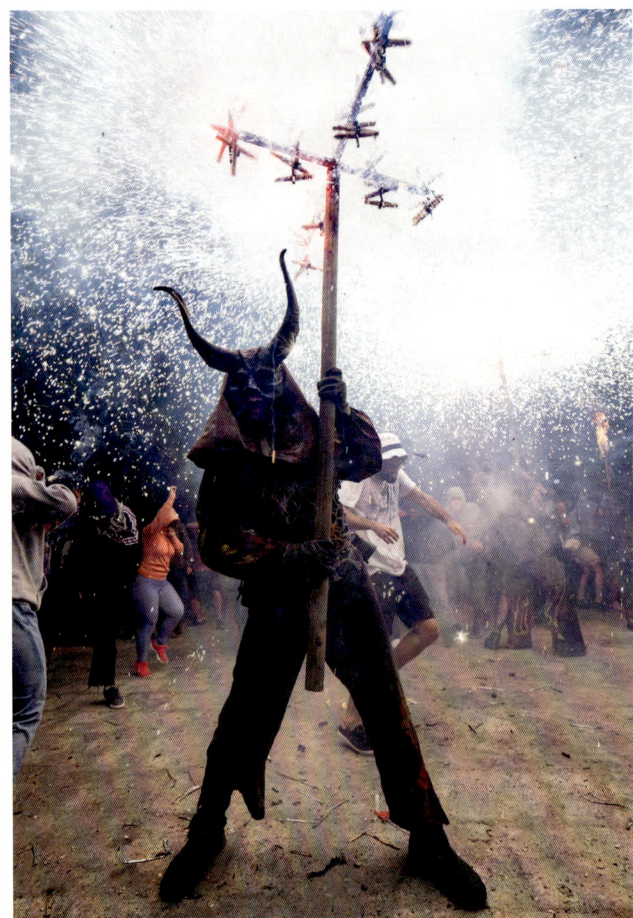

06/2019

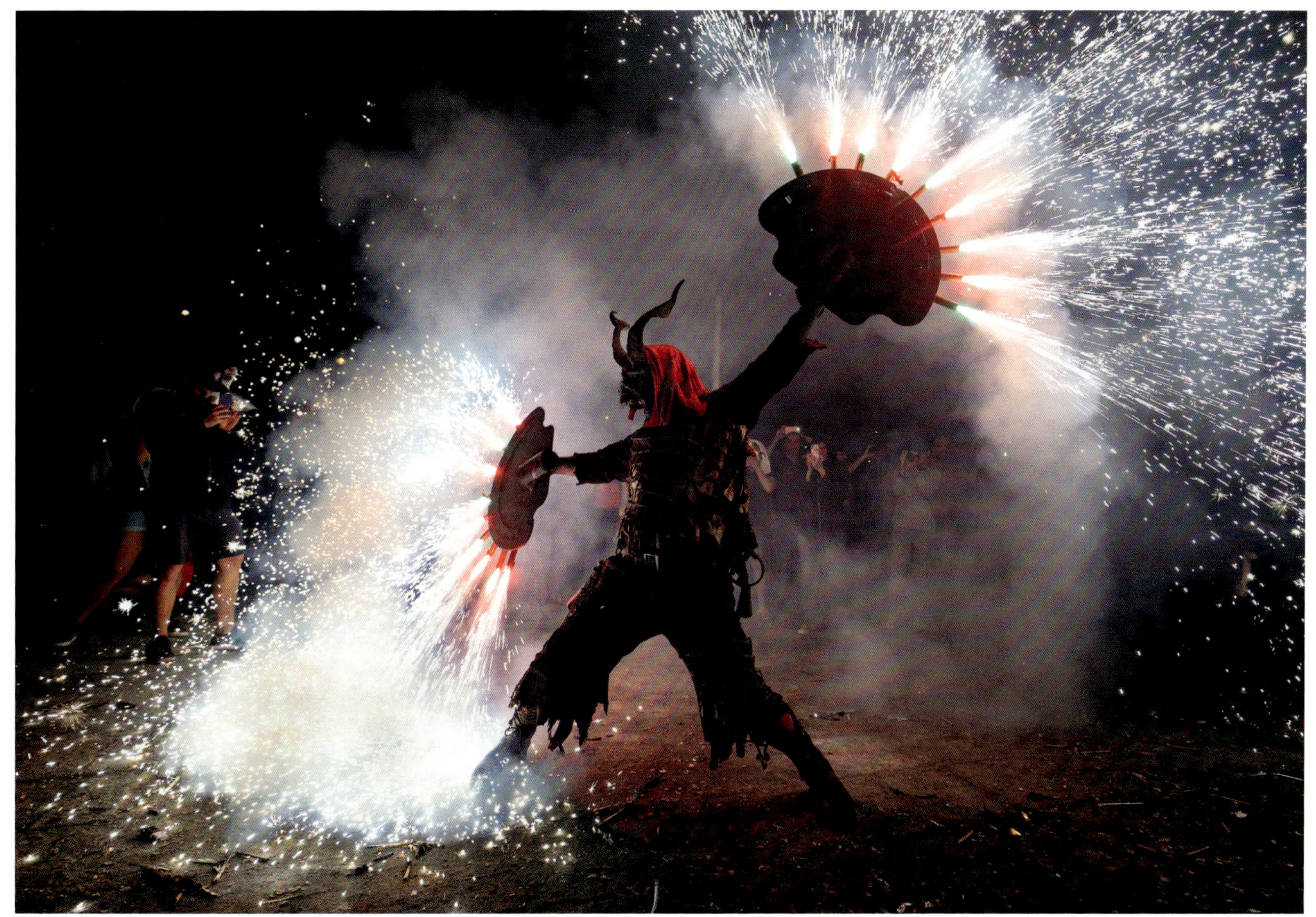

06/2019

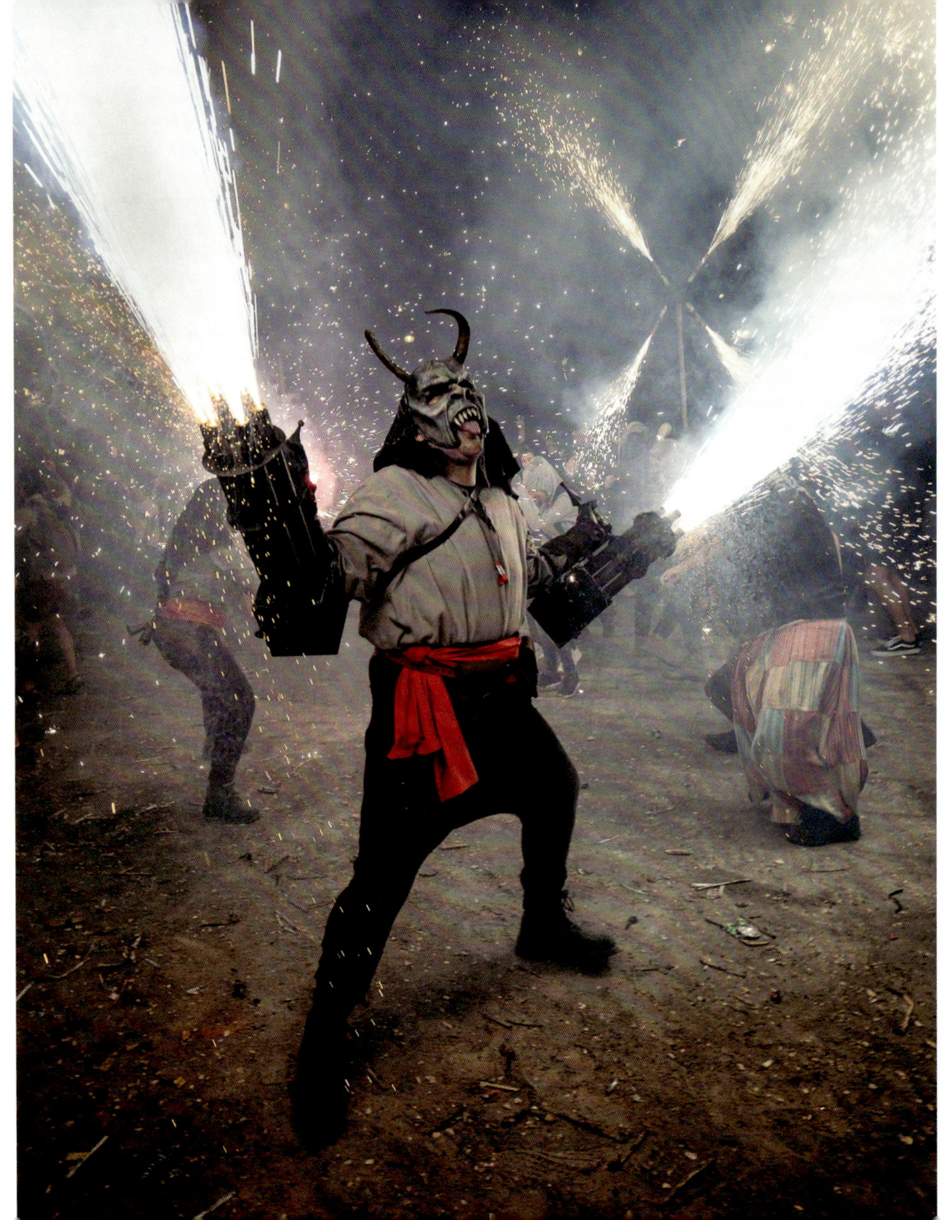

06/2019

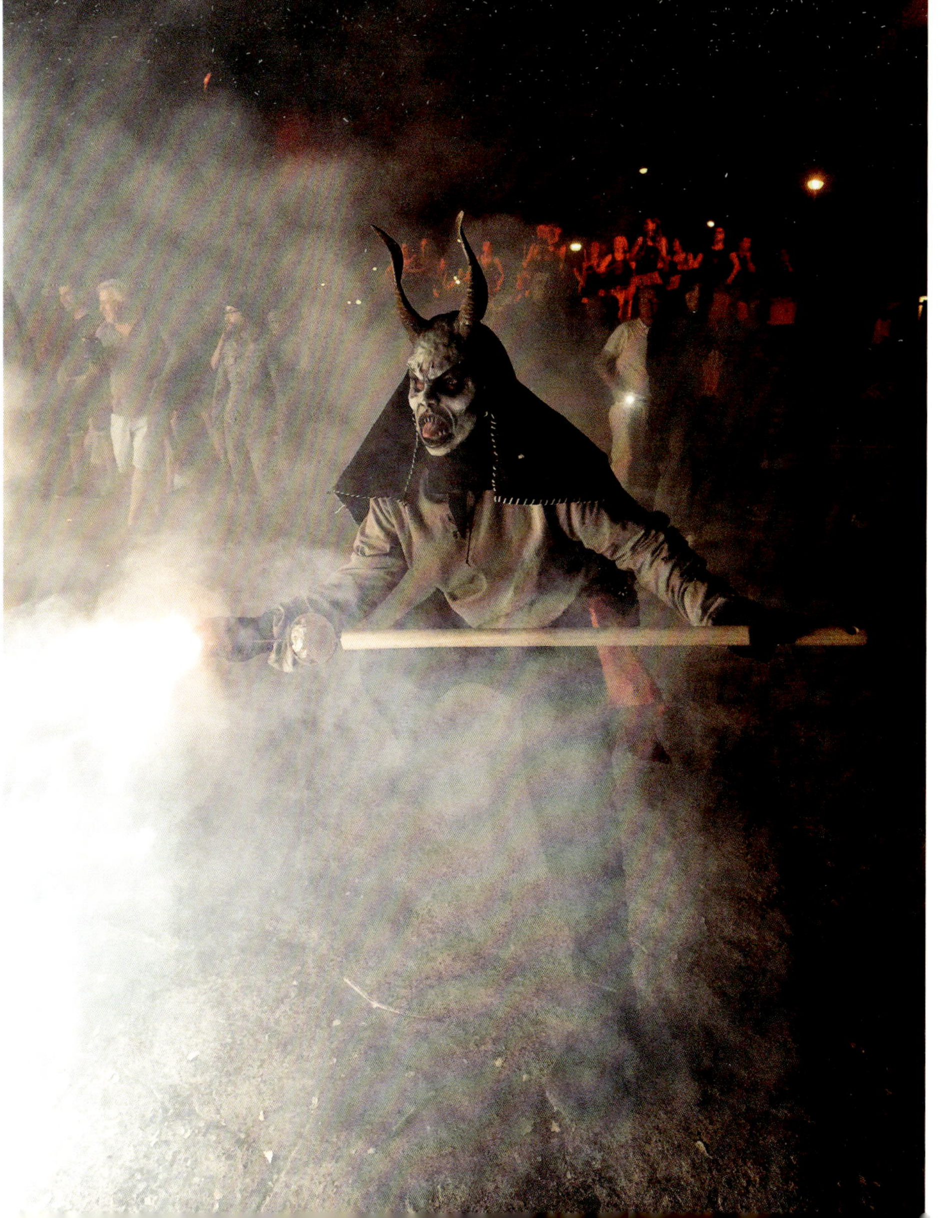

06/2018

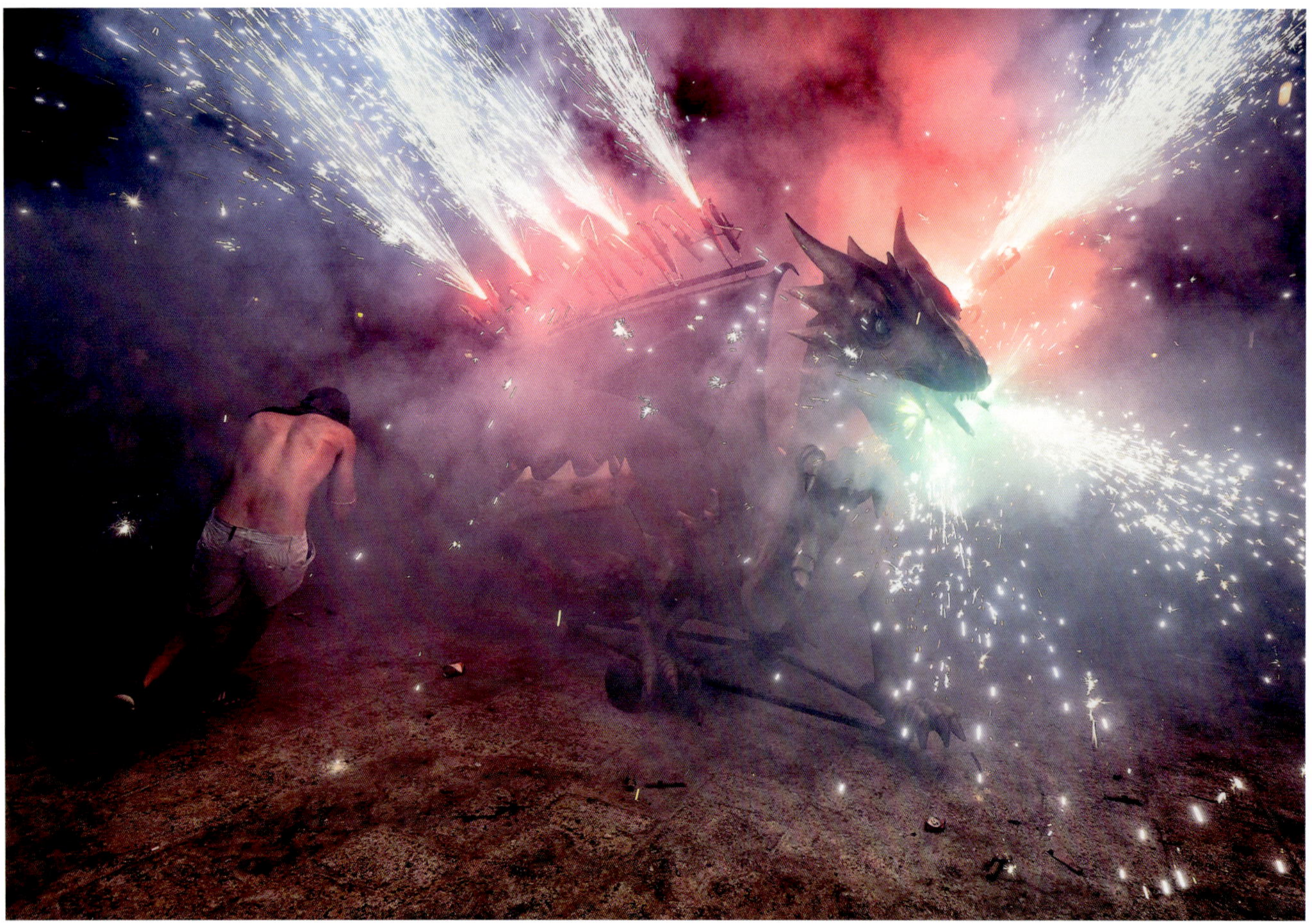

06/2016

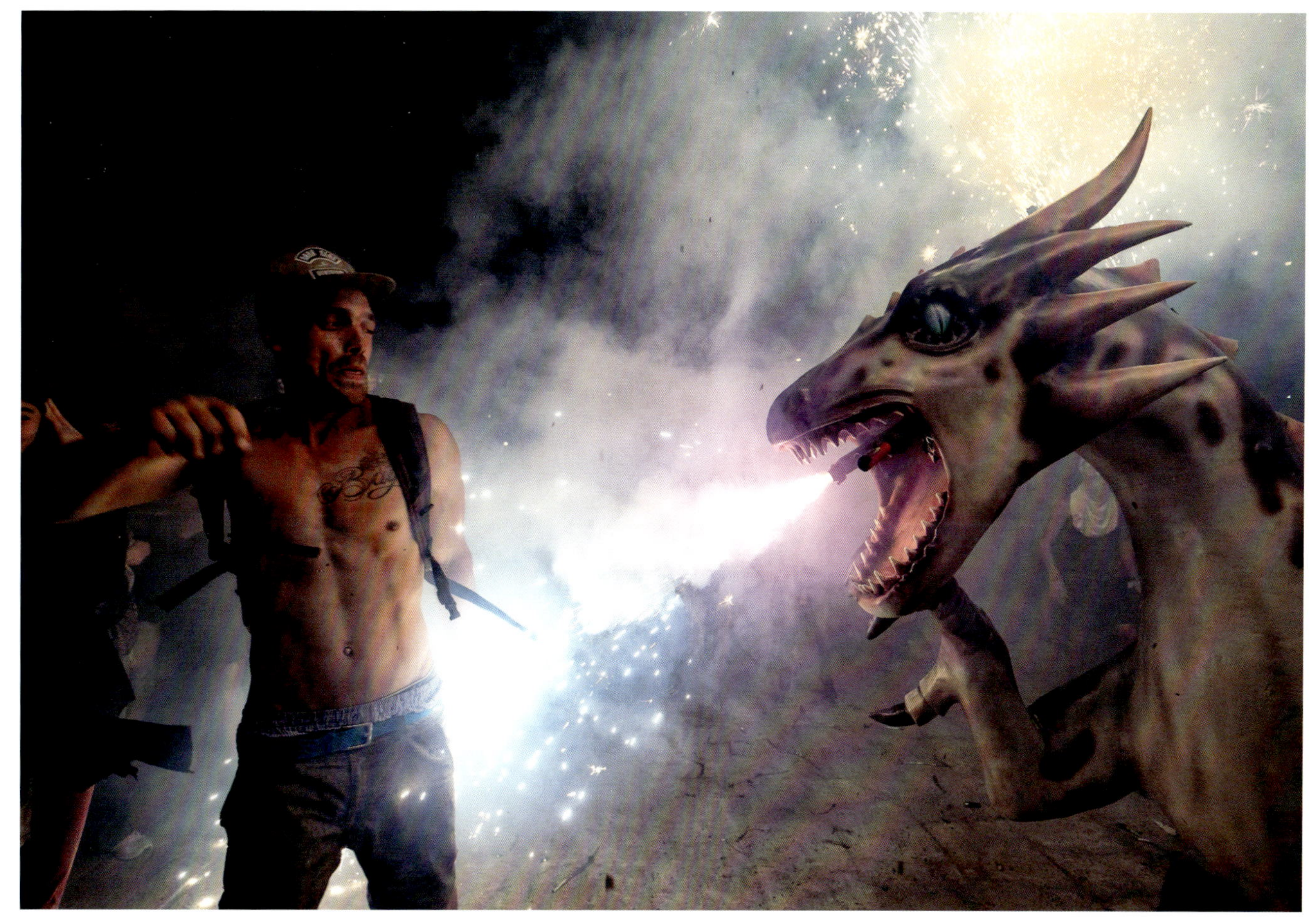

06/2019

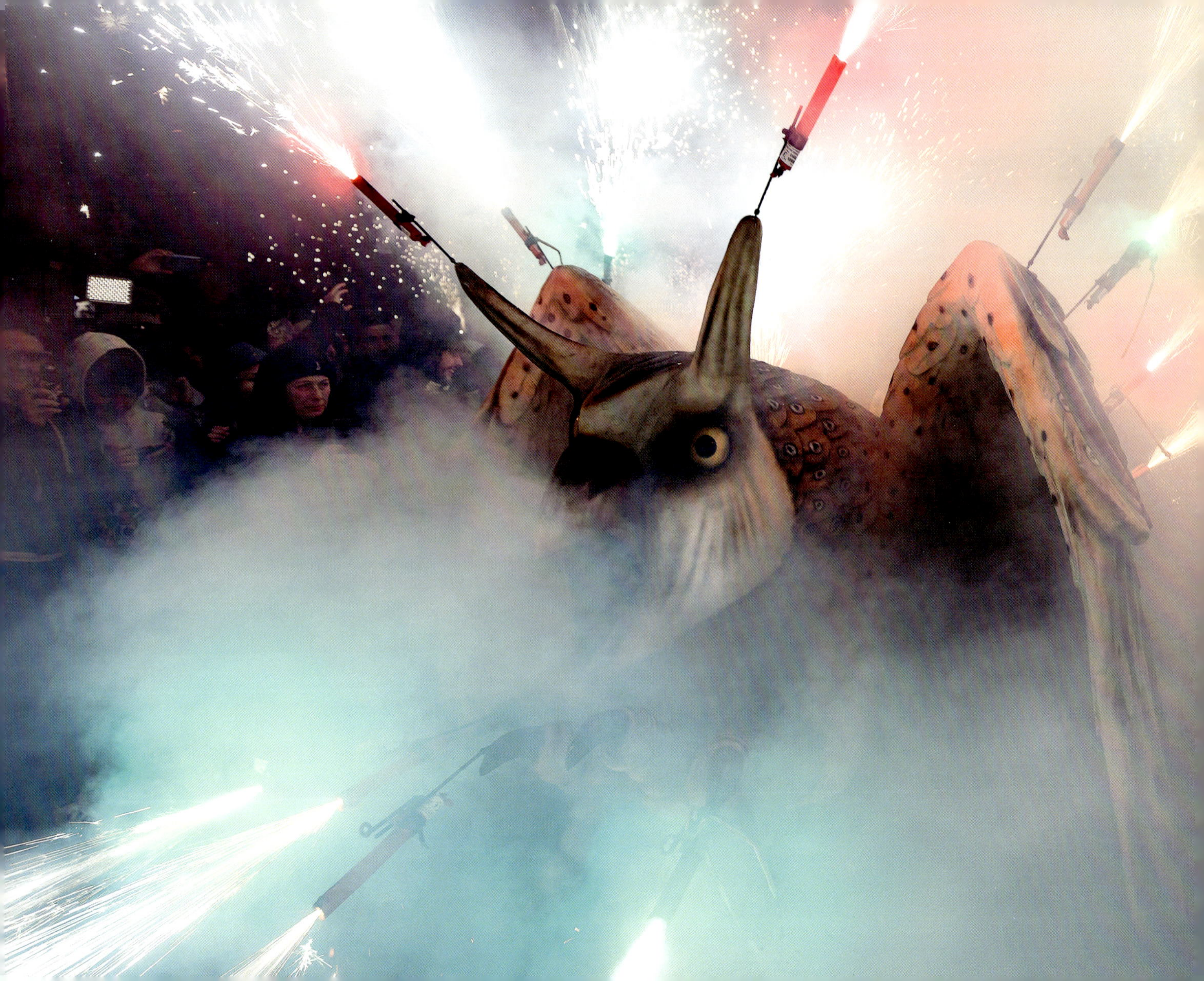

01/2020

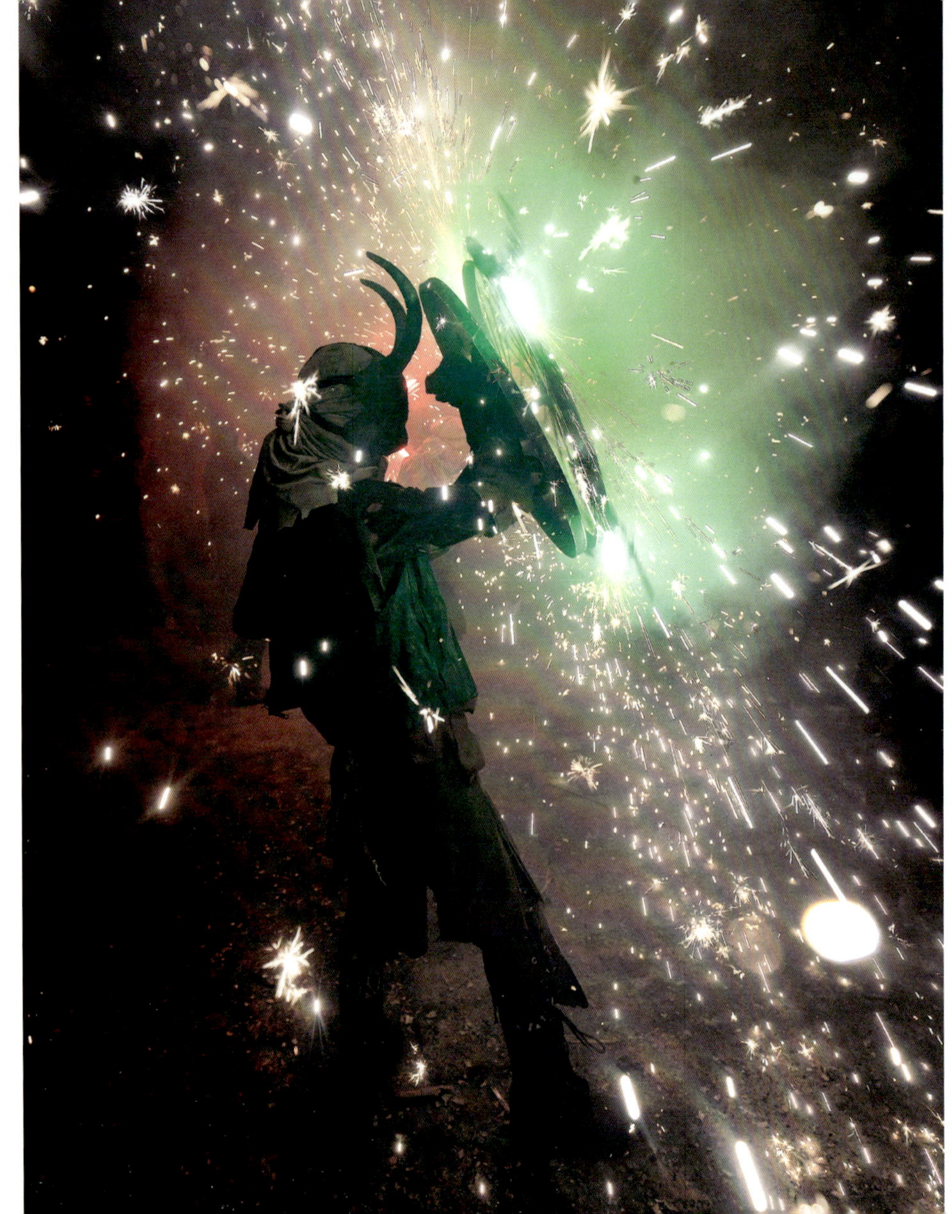

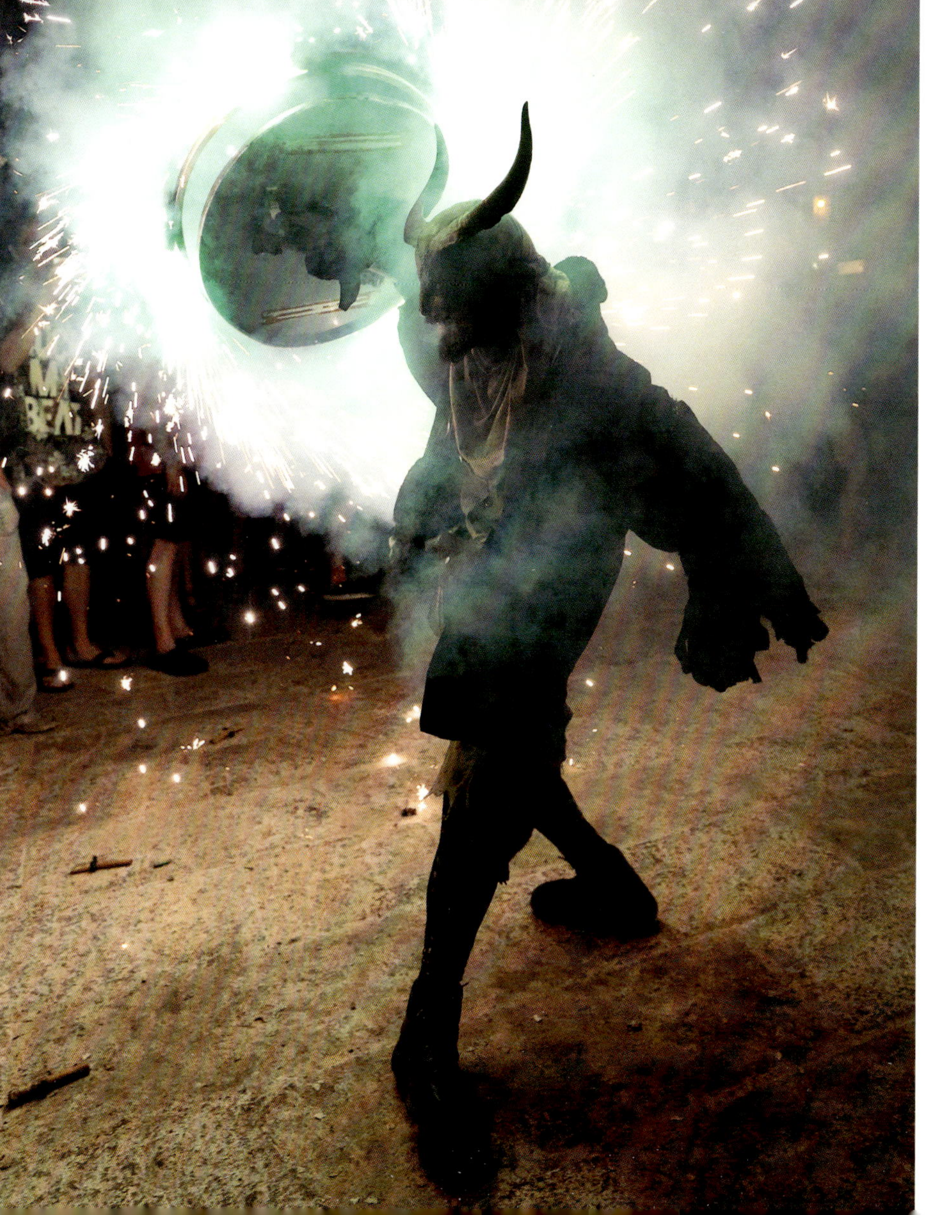

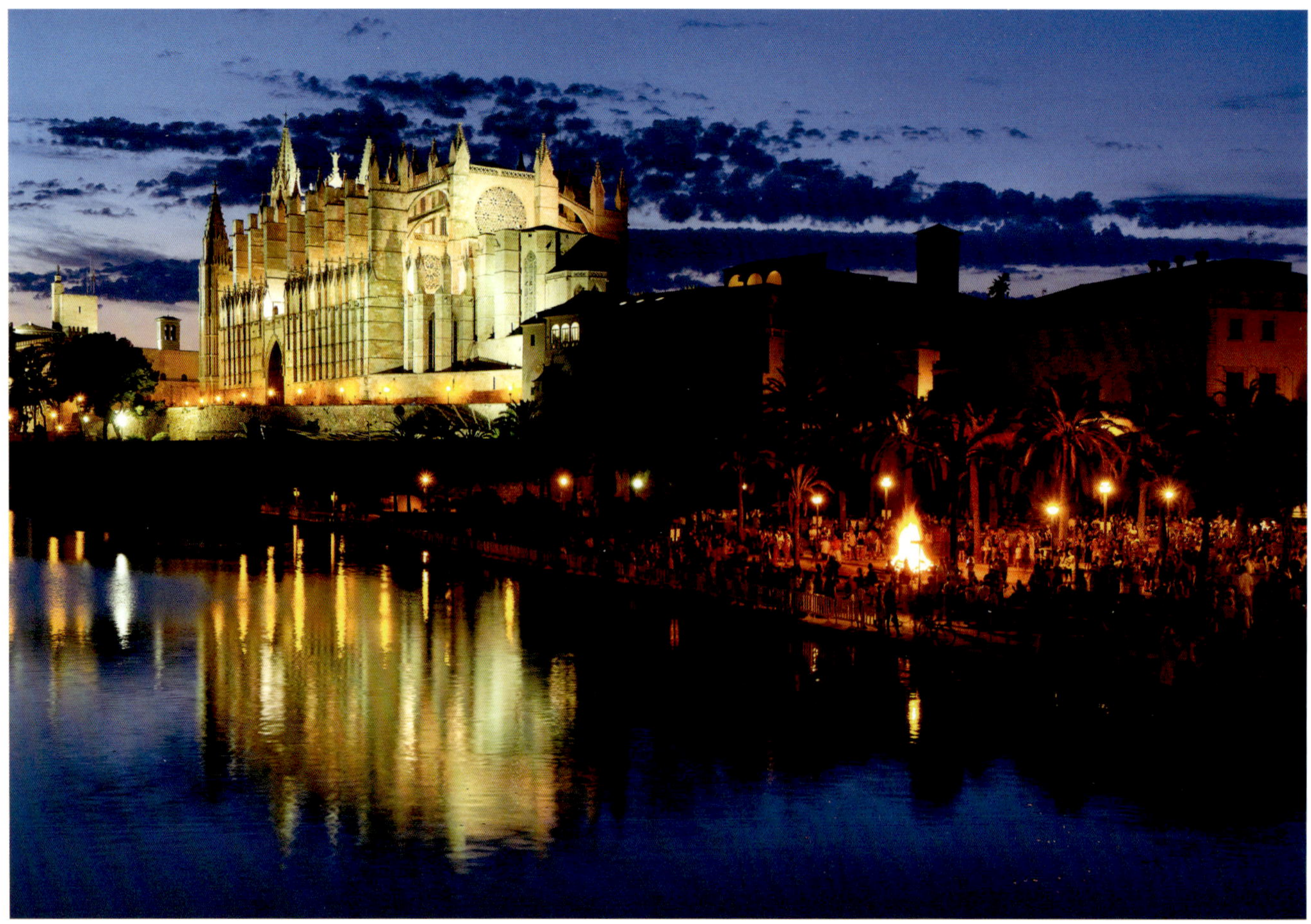

06/2015

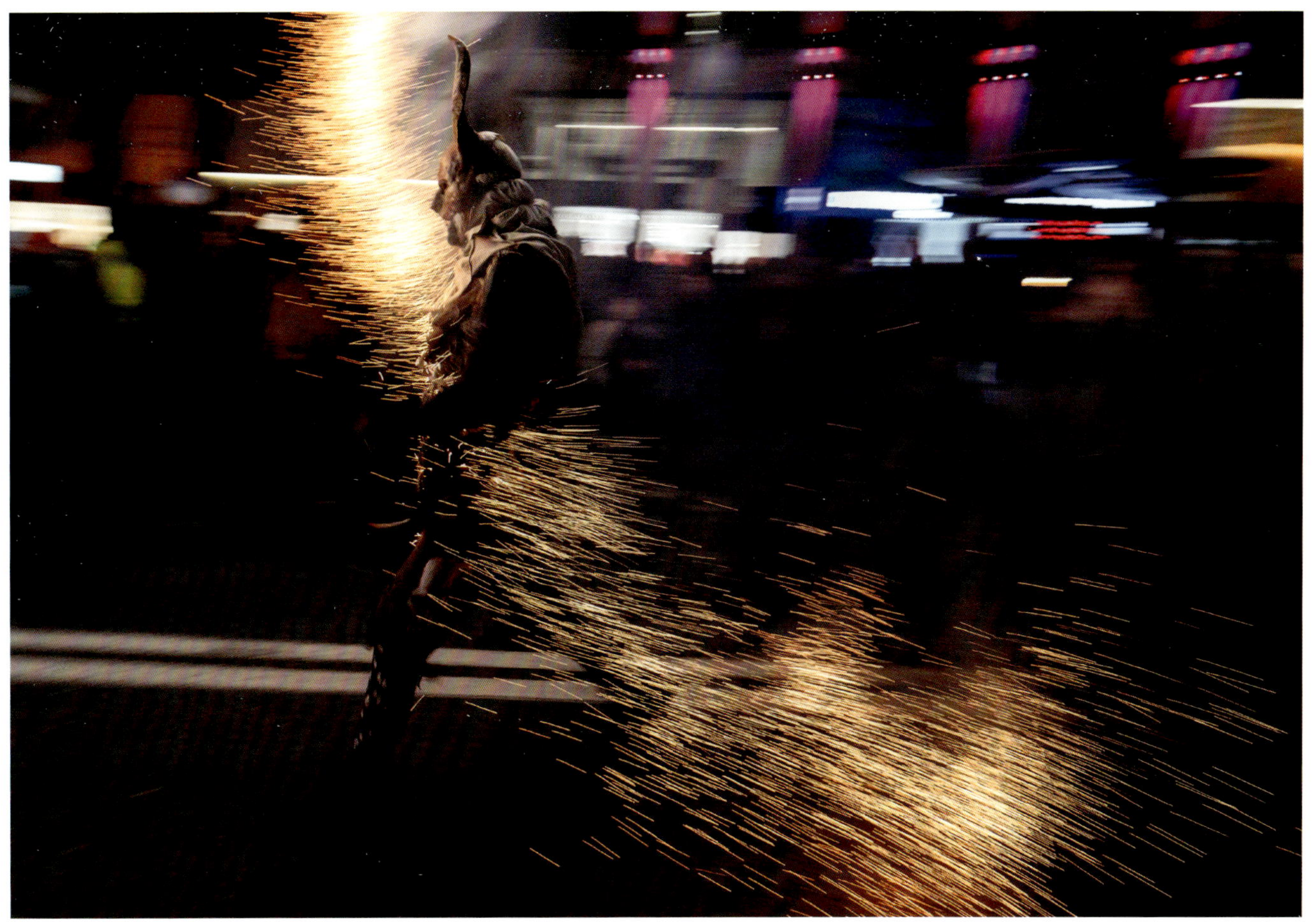

01/2020

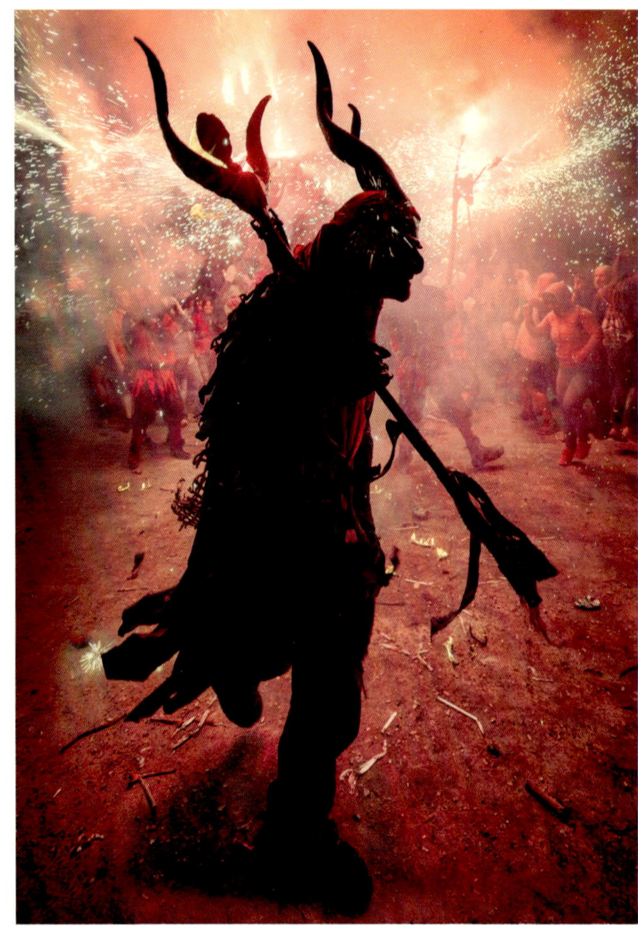

06/2019

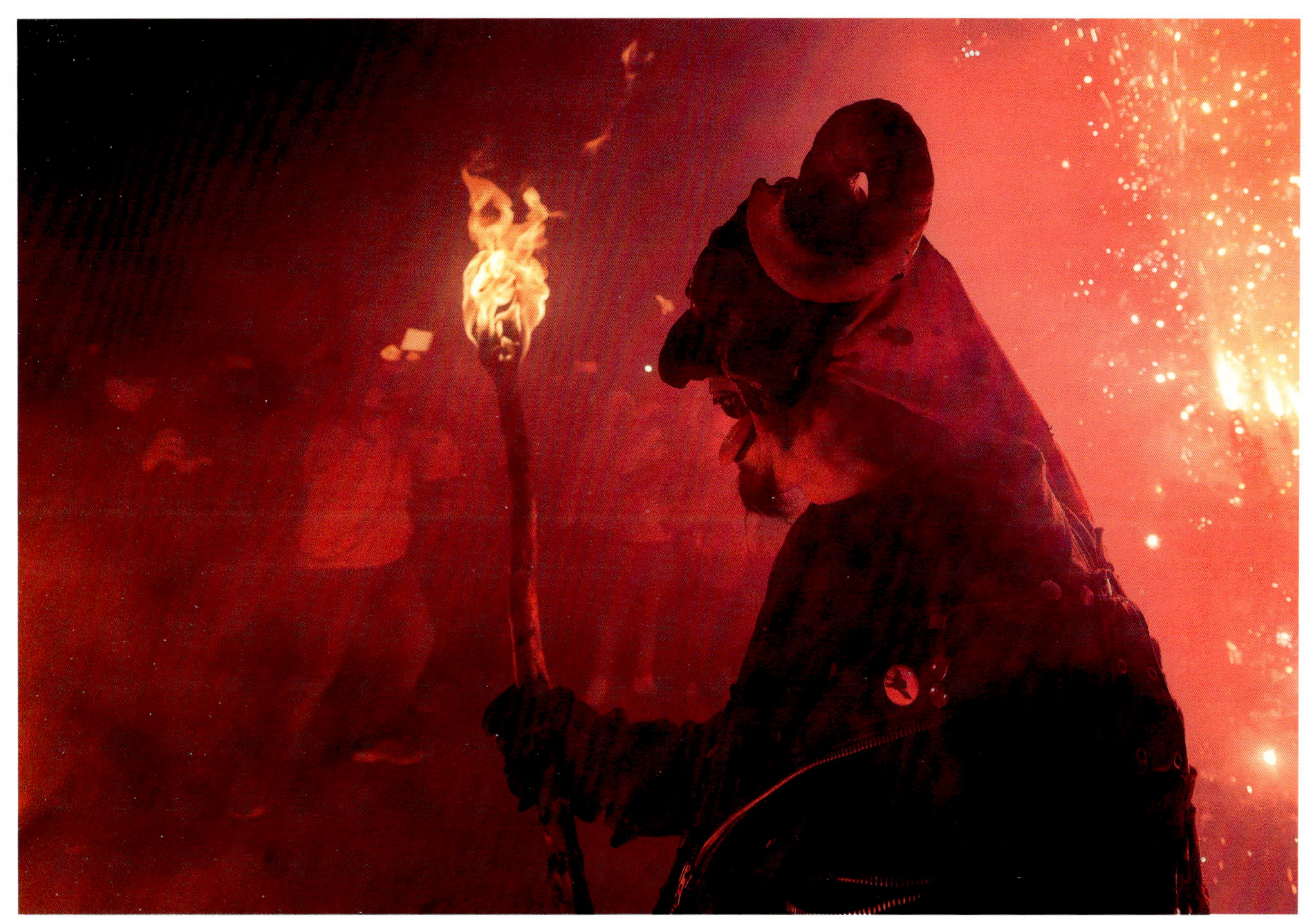

01/2019

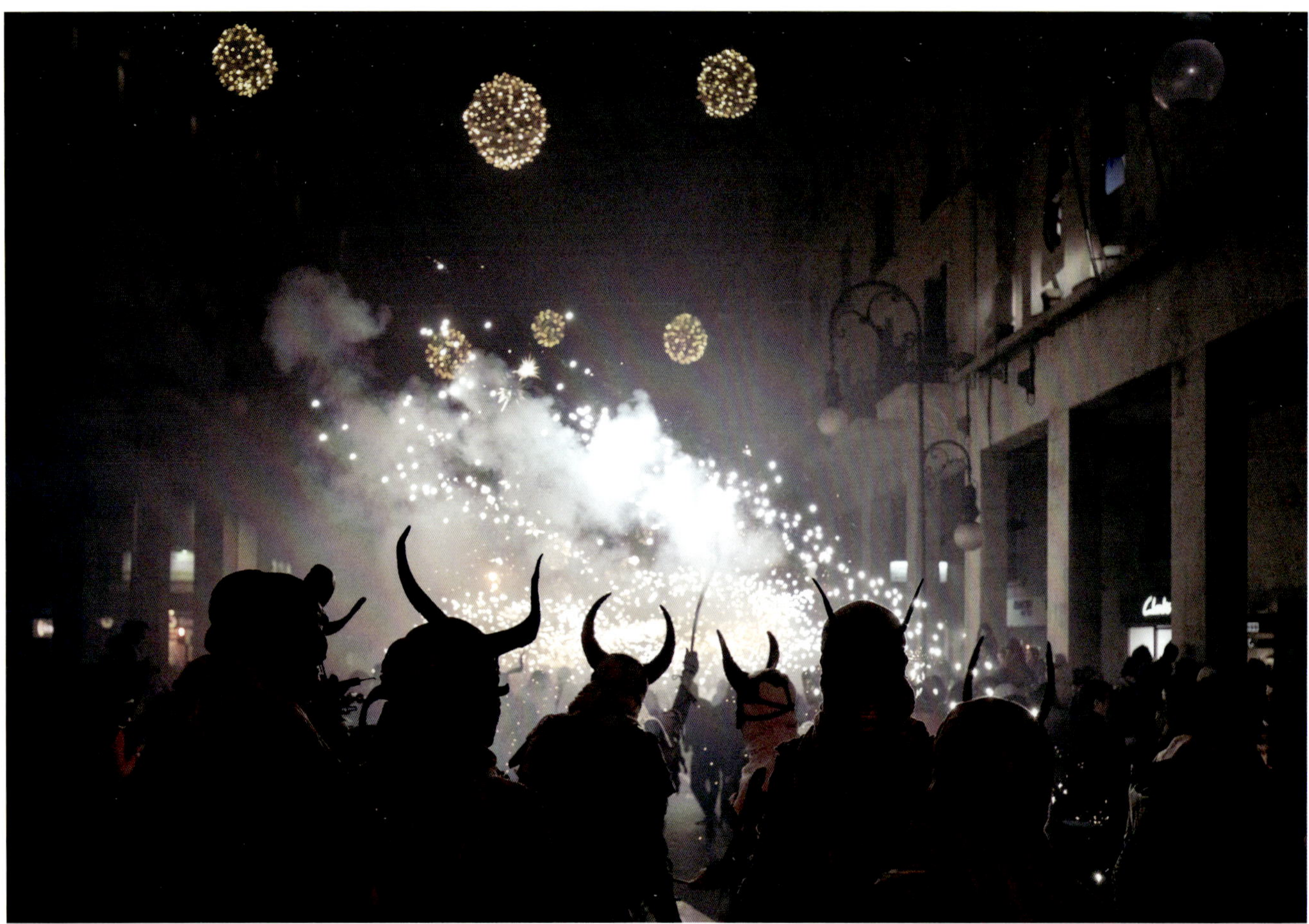

01/2020

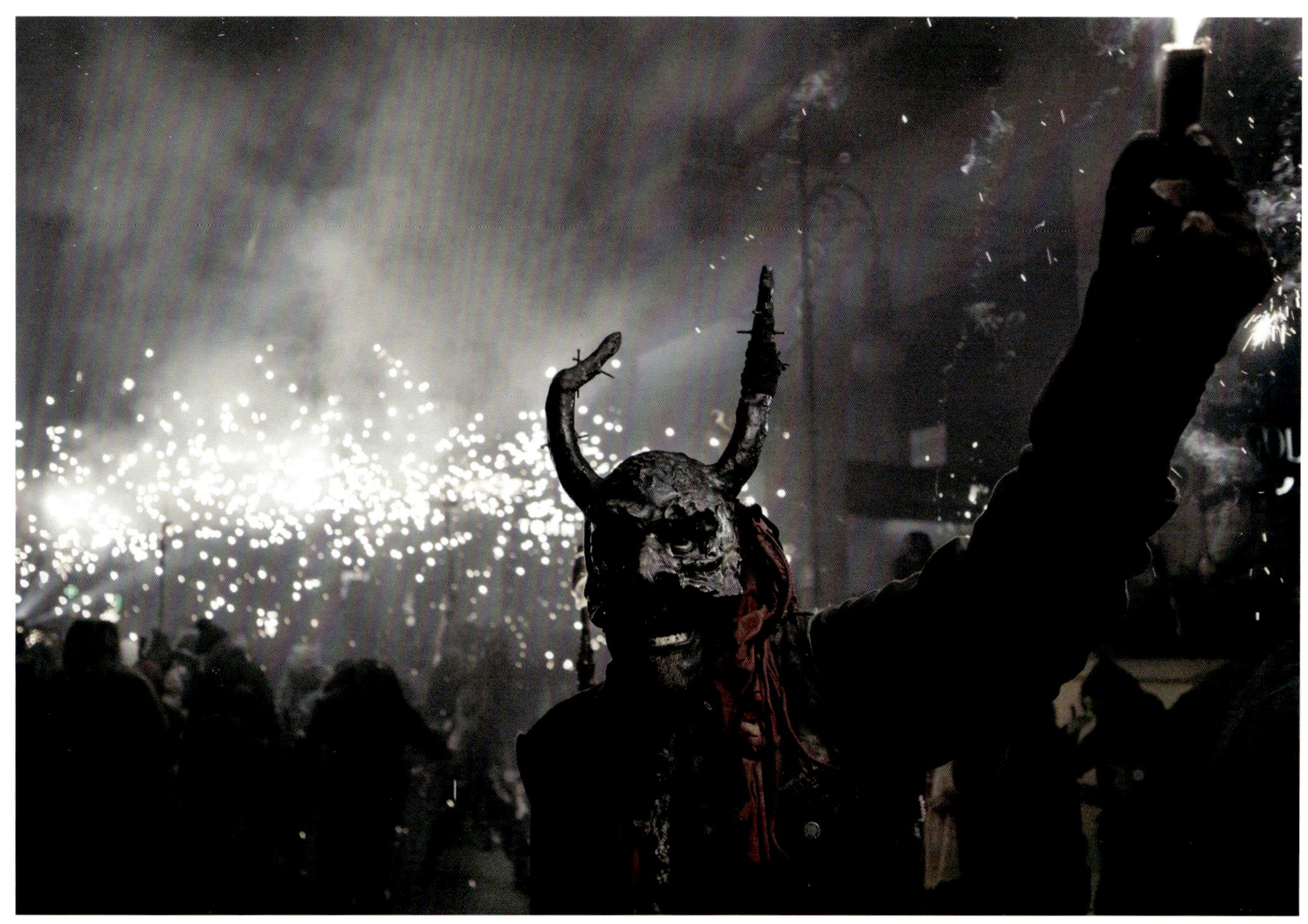

01/2020

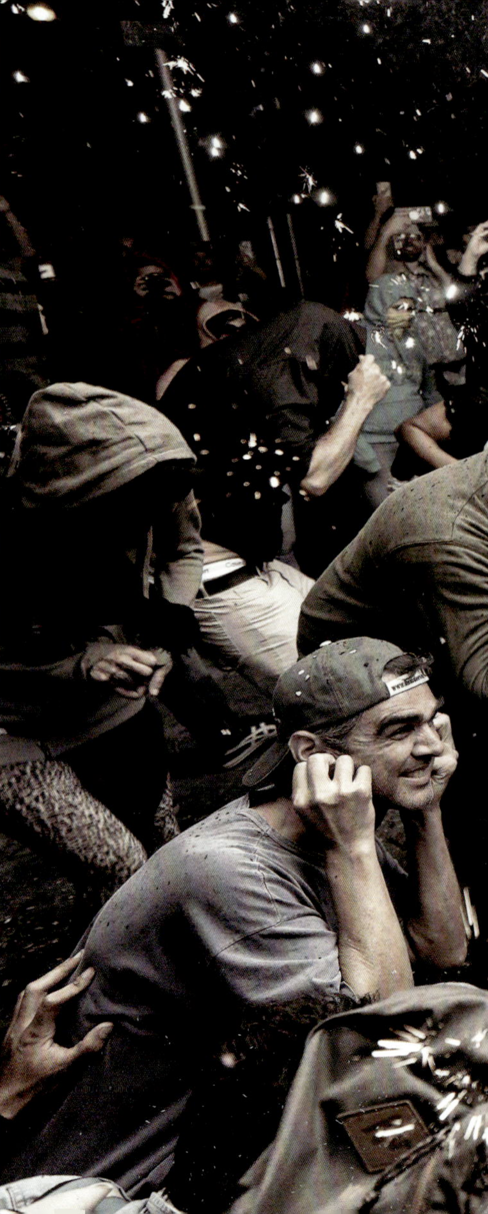

06/2019

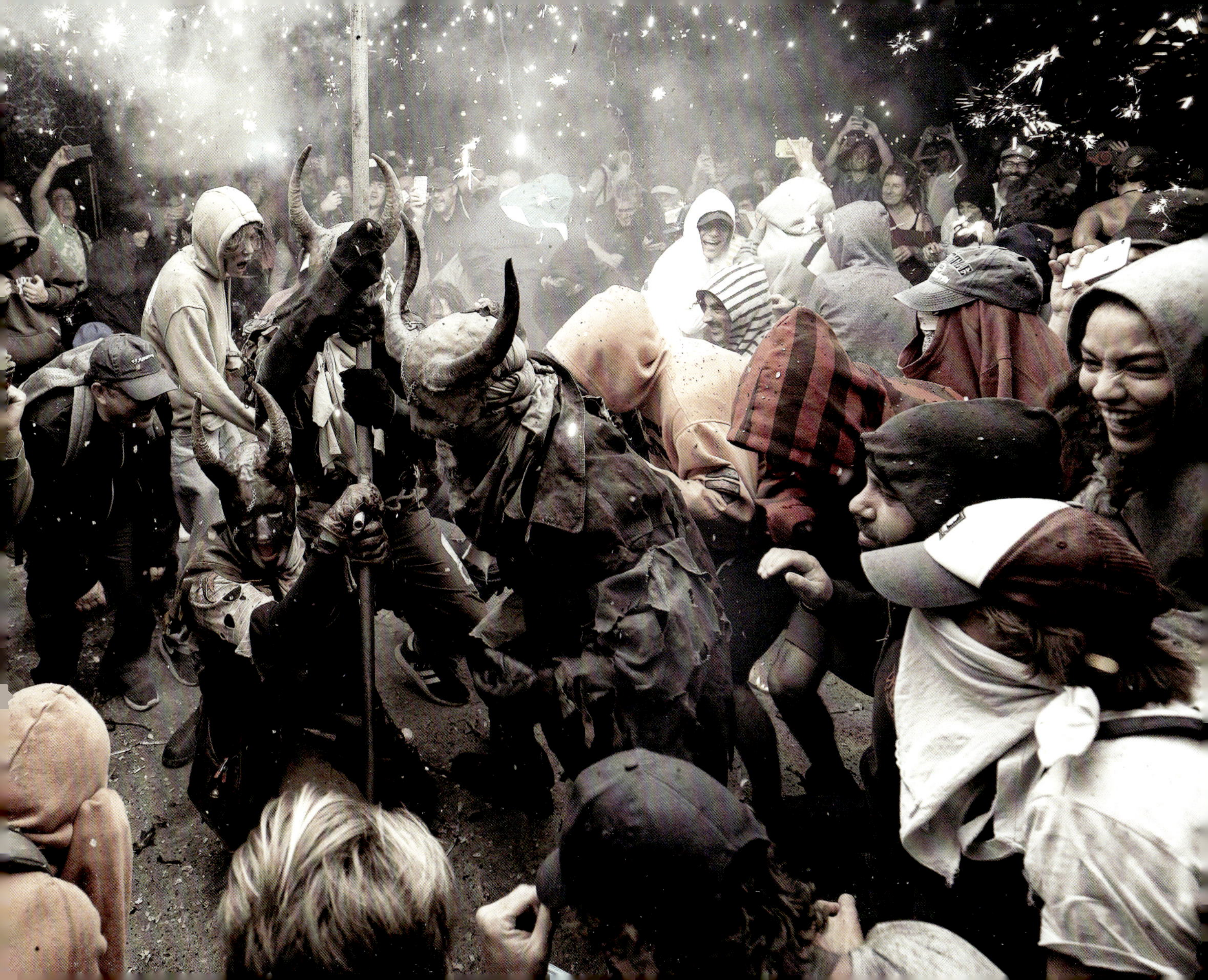

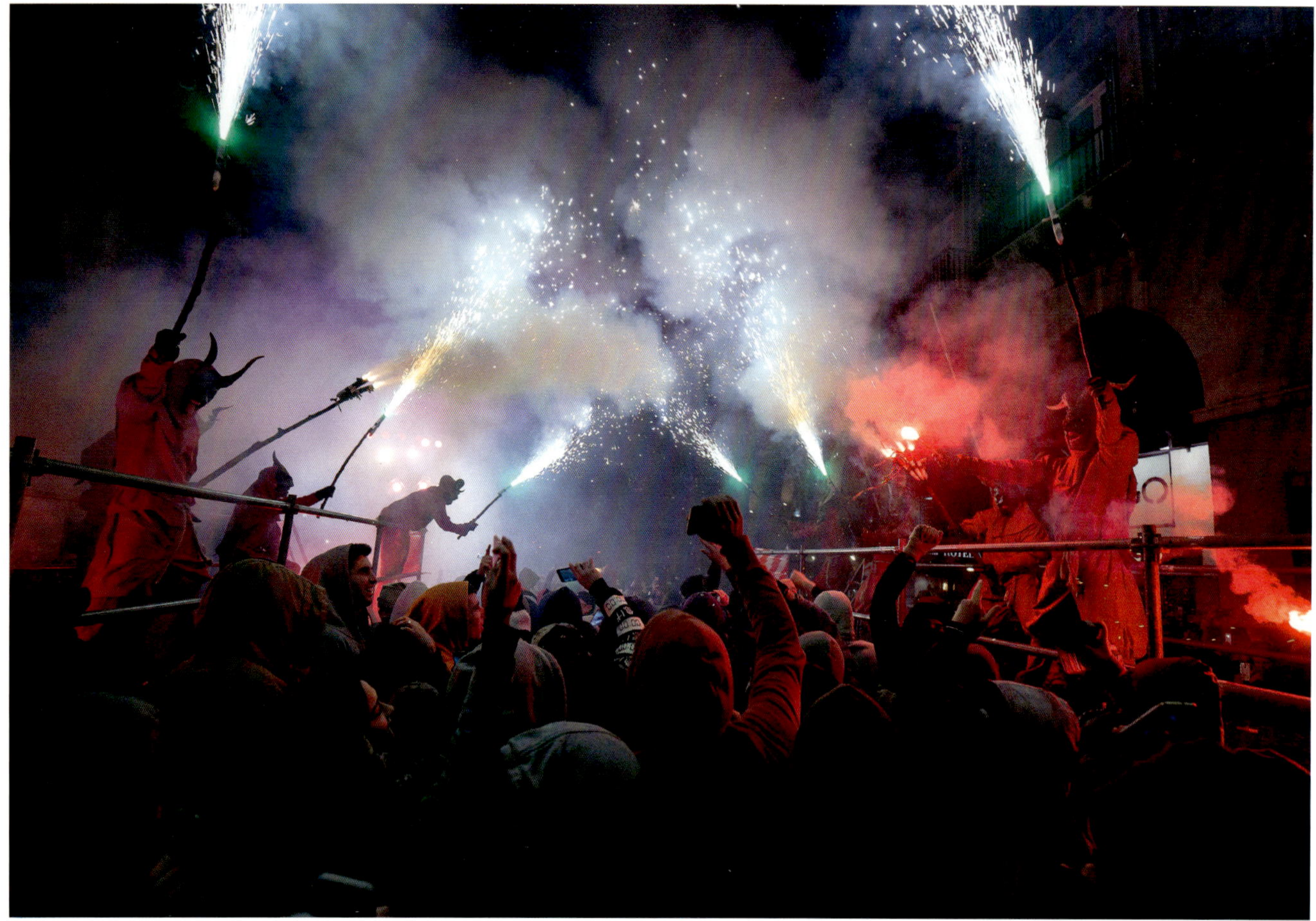

01/2019

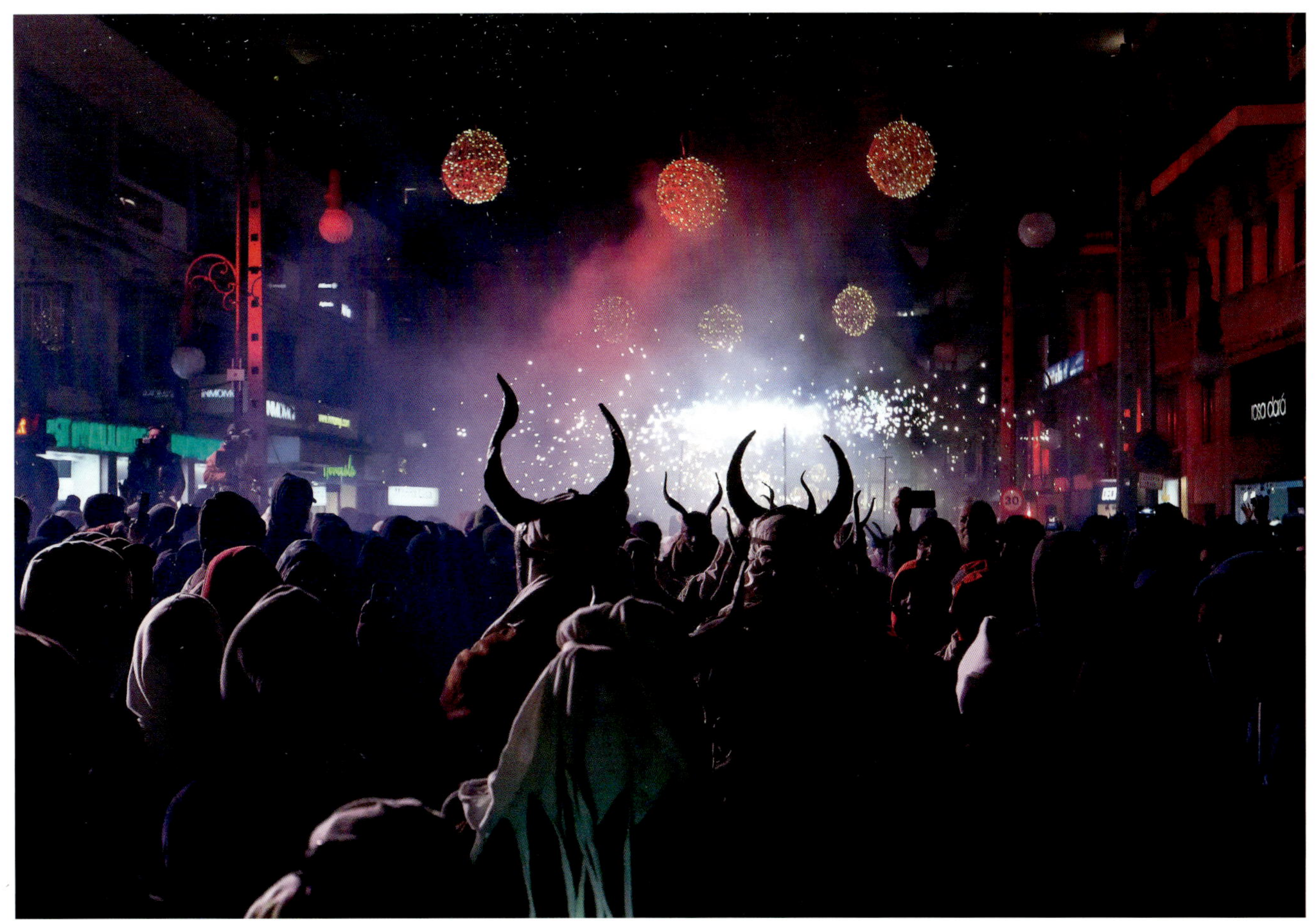

01/2019

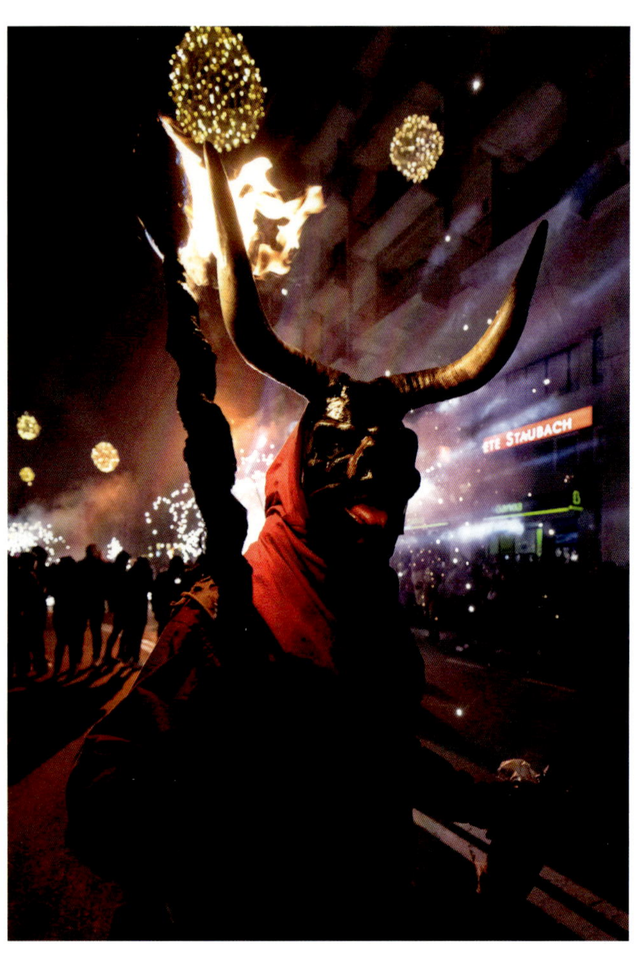

01/2020

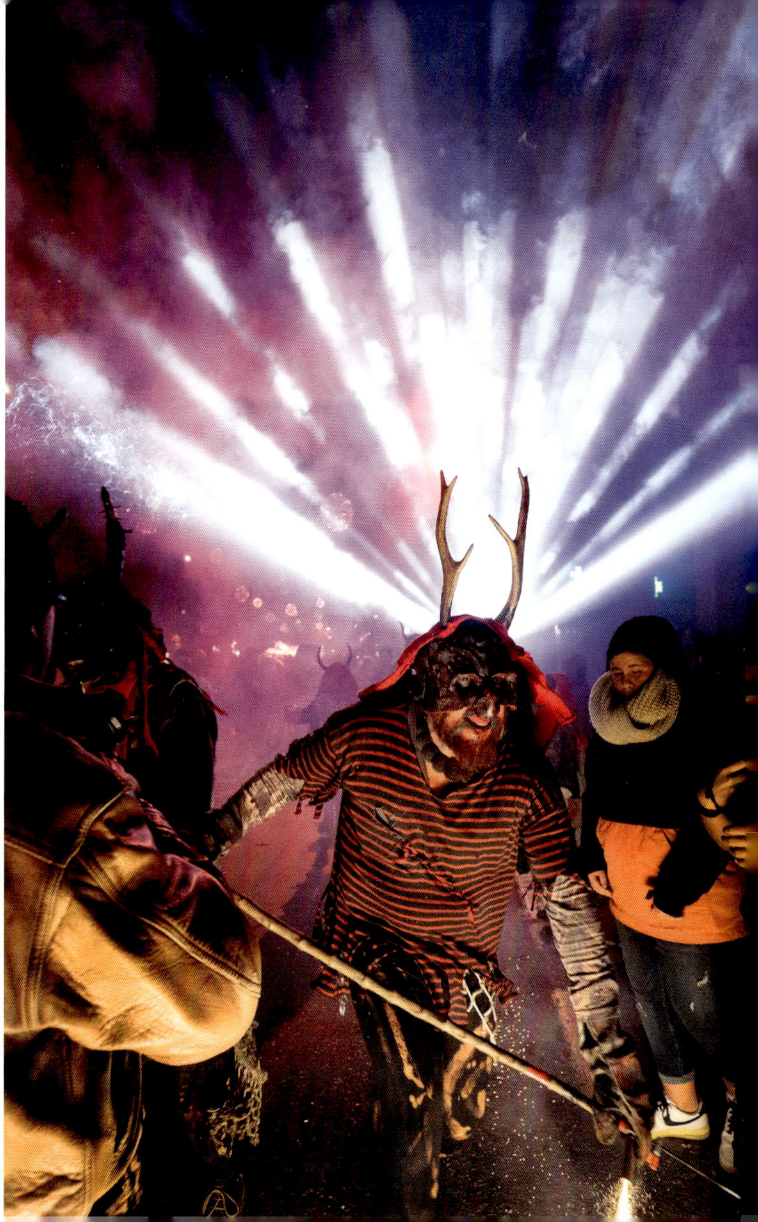

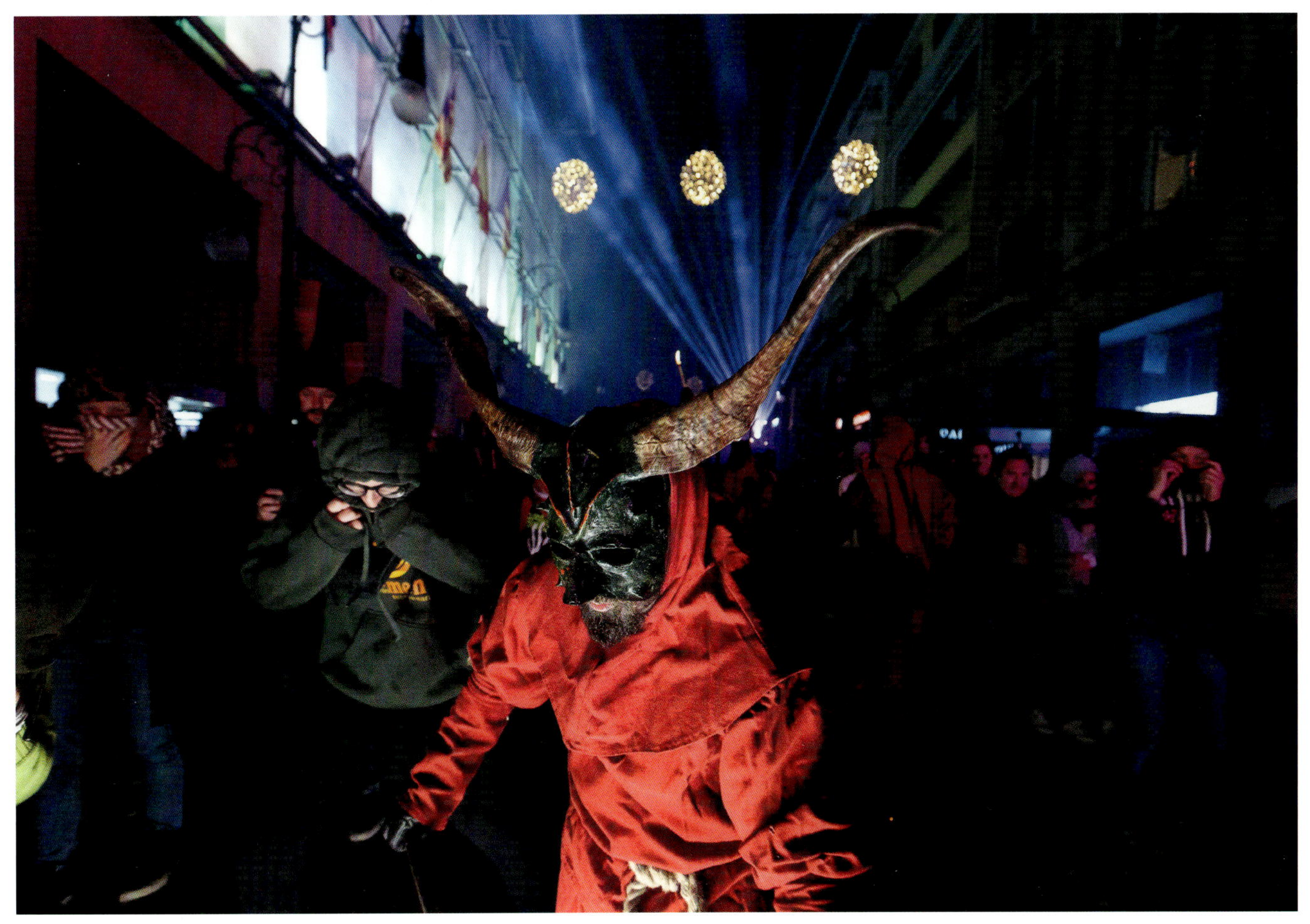

01/2019

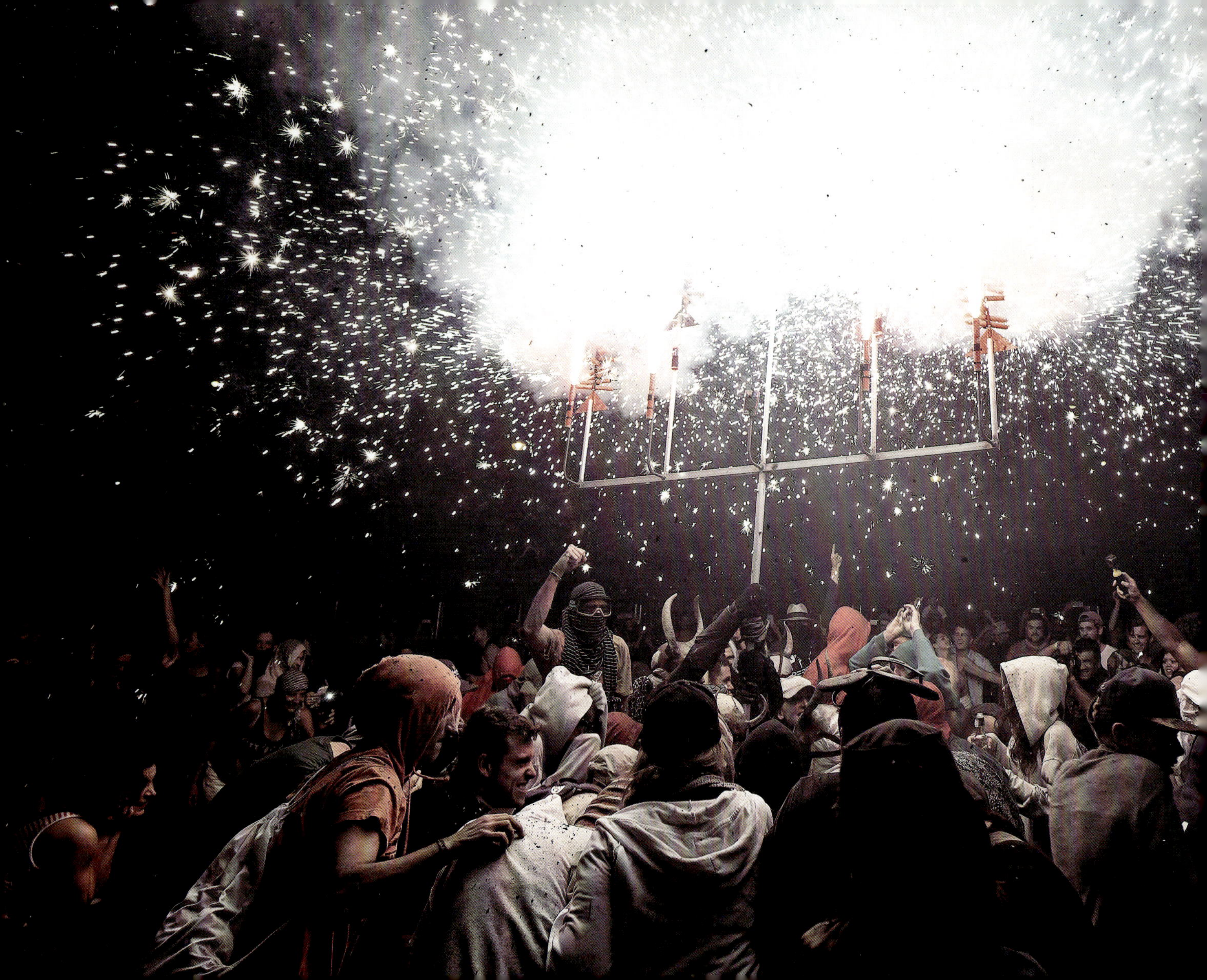

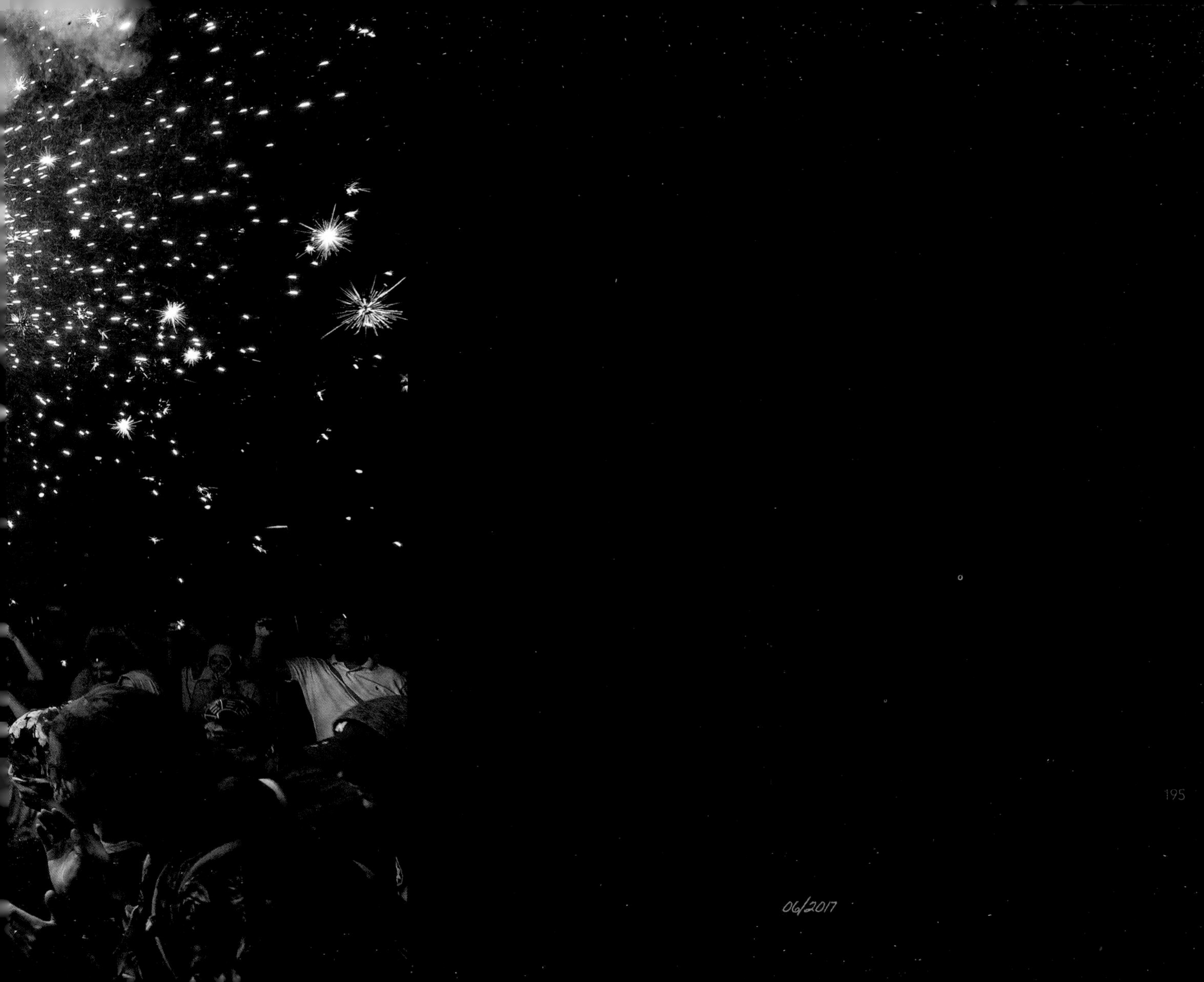

Dimonis a Mallorca

El Dimoni simbolitza —dins la tradició cristiana— tots els mals i vileses de la humanitat: tot allò negatiu, perjudicial i sinistre; tot allò que ens aterreix, confon i condueix per mal camí. A la zona del Mediterrani, en canvi, la seva figura va virar cap a característiques menys ombrívoles i malèfiques, tornant-se un ésser més bromista i juganer, capaç de ser enganyat i sotmès. En aquest preat racó del món, el Dimoni ha adquirit un matís més lúdic i entremaliat, exercint una funció alliberadora respecte a les normes socials i davant de la monotonia i la rigidesa de la nostra quotidianitat.

Primer a Catalunya i després a la Comunitat Valenciana i a les Illes Balears, els "diables" i "dimonis", i així també les "bèsties de foc", es van convertir en un component habitual de moltes festes populars, principalment a partir de la manifestació històrica anomenada "balls de diables". Tot i que l'origen és incert, es creu que aquestes danses centenàries de Catalunya deriven del teatre medieval de carrer i representen l'enfrontament entre el bé i el mal. Podem trobar la primera referència escrita el 1411 a Cervera per la processó del Corpus, després a Tarragona (1426), a Igualada (1451), al Vendrell (1460), i així successivament fins a l'actualitat, encara que amb canvis constants i moments de més o menys esplendor, i fins i tot la seva desaparició en alguns territoris puntuals.

Un esdeveniment clau per a aquesta tradició popular succeeix el 1981, amb la celebració de la primera Trobada de Diables de Catalunya, esdeveniment que va reunir setze agrupacions de catorze poblacions diferents. Aquí s'inicia un procés d'expansió de les agrupacions de foc que arriba fins al present, alimentat dels referents històrics, d'una banda, i de les recreacions fetes per grups de teatre de carrer, com Comediants amb el seu espectacle *Dimonis*, per un altre, i que respon alhora a una recuperació del carrer com a espai de participació festiva. A Mallorca, les primeres representacions de dimonis apareixen documentades a finals del segle XV, també relacionades amb les processons del Corpus. Després, ja al segle XVII, van integrar les danses rituals dels cossiers (ballarins) i, més tard, a finals del segle XVIII, van participar de les celebracions de Sant Antoni, sant que simbolitza el triomf del cristianisme sobre els antics déus pagans assimilats al dimoni.

Font: www.fdbib.com
(Federació de Dimonis, Diables i Bèsties de foc de les Illes Balears)

El terme correfoc va sorgir a finals dels anys setanta en diferents cercaviles de Festes Majors o celebracions populars de Catalunya, com una manifestació improvisada de les persones, algunes vestides com a dracs i dimonis, que actuaven corrent, saltant i ballant, sempre en presència del foc. Durant les dècades de 1980 i 1990 va anar escampant-se per totes les geografies catalana, valenciana i balear. En aquest arxipèlag, a més, després de la representació de l'espectacle *Dimonis* de la companyia catalana Comediants al Parc de la Mar de Palma, i de la presentació de la *Nit de foc* de la mallorquina Iguana Teatre el 1988 a tot Mallorca, es va produir un furor per aquesta cultura del foc i la consegüent creació de nombroses colles de dimonis, associacions culturals encarregades de mantenir viva la flama d'aquesta carnavalesca tradició. En l'actualitat hi ha a Mallorca dos tipus de dimonis, els tradicionals i els de foc, i tots dos participen a les festes populars, sent Sant Antoni, el 17 de gener, la festivitat on fan més acte de presència aquests esbojarrats "personatges".

Els dimonis tradicionals són representatius de cada poble —en alguns casos des de fa centenars d'anys, en d'altres només de forma molt més recent— i solen recórrer els carrers i ballar al voltant de les típiques fogueres muntades per aquestes dates. Els dimonis de foc, per la seva banda, són els principals protagonistes dels intensos correfocs —i d'aquest llibre—, esdeveniment que s'ha convertit en les darreres dues dècades en una cita destacada dins de les festes patronals d'una gran quantitat de localitats de Mallorca, i que s'ha vist recolzat per una incessant eclosió de noves agrupacions de dimonis. Cadascuna d'aquestes colles sol estar integrada per una trentena de membres i posseeix una indumentària distintiva i espectaculars màscares de fabricació pròpia. En molts casos, la seva performance és acompanyada musicalment per un grup de batucada o percussió, i no són poques les que compten amb la seva pròpia "Bèstia de foc", l'aparició de les quals en escena sempre esdevé un dels moments àlgids de la vetllada.

"Dimonis" en Mallorca

El Demonio simboliza —dentro de la tradición cristiana— todos los males y vilezas de la humanidad: todo lo negativo, perjudicial y siniestro; todo lo que nos aterra, confunde y conduce por mal camino. En la zona del Mediterráneo, en cambio, su figura viró hacia características menos sombrías y maléficas, tornándose un ser más bromista y juguetón, capaz de ser engañado y sometido. En este preciado rincón del mundo, el Demonio ha adquirido un matiz más lúdico y travieso, desempeñando una función liberadora respecto a las normas sociales y frente a la monotonía y la rigidez de nuestra cotidianidad.

Primero en Cataluña y luego en la Comunidad Valenciana y en las Islas Baleares, los *diables* y *dimonis*, y así también las *bèsties de foc*, se convirtieron en un componente habitual de muchas fiestas populares, principalmente a partir de la manifestación histórica llamada *balls de diables*. Aunque su origen es incierto, se cree que estas danzas centenarias de Cataluña derivan del teatro medieval de calle y representan el enfrentamiento entre el bien y el mal. Podemos encontrar la primera referencia escrita en 1411 en Cervera por la procesión del Corpus, luego en Tarragona (1426), en Igualada (1451), en El Vendrell (1460), y así sucesivamente hasta la actualidad, aunque con cambios constantes y momentos de mayor o menor esplendor, e incluso su desaparición en algunos territorios puntuales.

Un acontecimiento clave para esta tradición popular sucede en 1981, con la celebración del primer Encuentro de Diablos de Cataluña, evento que reunió a dieciséis agrupaciones de catorce poblaciones diferentes. Ahí se inicia un proceso de expansión de los agrupaciones de fuego que llega hasta el presente, alimentado de los referentes históricos, por un lado, y de las recreaciones hechas por grupos de teatro de calle, como Comediants con su espectáculo *Dimonis*, por otro, y que responde al mismo tiempo a una recuperación de la calle como espacio de participación festiva. En Mallorca, las primeras representaciones de demonios aparecen documentadas a finales del siglo XV, también relacionadas a las procesiones del Corpus. Luego, ya en el siglo XVII, integraron las danzas rituales de los *cossiers* (bailarines) y, más tarde, a finales del siglo XVIII, participaron de las celebraciones de Sant Antoni, santo que simboliza

Font: www.fdbib.com
(Federació de Dimonis, Diables i Bèsties de foc de les Illes Balears)

el triunfo del cristianismo sobre los antiguos dioses paganos asimilados al demonio.

El término *correfoc* surgió a finales de los años setenta en diferentes *cercaviles* (pasacalles) de Fiestas Mayores o celebraciones populares de Cataluña, como una manifestación improvisada de la gente, algunas vestidas como dragones y demonios, que actuaban corriendo, saltando y bailando, siempre en presencia del fuego. Durante las décadas de 1980 y 1990 fue esparciéndose por todas las geografías catalana, valenciana y balear. En este archipiélago, además, tras la representación del espectáculo *Dimonis* de la compañía catalana Comediants en el Parc de la Mar de Palma, y de la presentación de la *Nit de foc* de la mallorquina Iguana Teatre en 1988 en toda Mallorca, se produjo un furor por esta cultura del fuego y la consiguiente creación de numerosas *colles* de *dimonis*, asociaciones culturales encargadas de mantener viva la llama de esta carnavalesca tradición. En la actualidad existen en Mallorca dos tipos de *dimonis*, los tradicionales y los de fuego, y ambos participan en las fiestas populares, siendo Sant Antoni, el 17 de enero, la festividad donde hacen mayor acto de presencia estos alocados "personajes".

Los demonios tradicionales son representativos de cada pueblo —en algunos casos desde hace cientos de años, en otros sólo de forma mucho más reciente— y suelen recorrer las calles y bailar alrededor de las típicas hogueras montadas para estas fechas. Los demonios de fuego, por su parte, son los principales protagonistas de los intensos *correfocs* —y de este libro—, evento que se ha convertido en las últimas dos décadas en una cita destacada dentro de los festejos patronales de una gran cantidad de localidades de Mallorca, y que se ha visto respaldado por una incesante eclosión de nuevas agrupaciones de demonios. Cada una de estas *colles* suele estar integrada por una treintena de miembros y posee una indumentaria distintiva y espectaculares máscaras de fabricación propia. En muchos casos, su performance es acompañada musicalmente por un grupo de batucada o percusión, y no son pocas las que cuentan con su propia *Bèstia de foc*, cuya aparición en escena siempre resulta en uno de los momentos álgidos de la velada.

"Dimonis" auf Mallorca

Der Teufel symbolisiert in der christlichen Tradition alles Übel und alles Böse der Menschen, alles Negative, Schädliche und Unheimliche, alles, was uns Angst macht, uns verwirrt und in die Irre führt. Im Mittelmeerraum stellt man den Teufel aber weniger düster und niederträchtig da, er ist ein fast ein lustiges und verspieltes Wesen, das von den Menschen betrogen und unterworfen werden kann. In diesem wunderschönen Winkel der Welt hat der Teufel spielerische und übermütige Züge angenommen, er hat eine neue Rolle, denn er befreit die Menschen von den gesellschaftlichen Normen und unterbricht die Monotonie und die Strenge des Alltags.

Die Teufel und Dämonen (*diables* und *dimonis*) und auch die Bestien des Feuers (*bèsties de foc*) wurden zuerst in Katalonien und dann in der Valencianischen Gemeinschaft und auf den Balearen zu einem typischen Element der Volksfeste, vor allem in der historischen Form des Tanzes der Teufel (*balls de diables*). Der Ursprung dieser Tradition ist ungewiss, doch man geht davon aus, dass diese jahrhundertealten Tänze in Katalonien auf das mittelalterliche Straßentheater zurückgehen, und dass sie die Konfrontation zwischen Gut und Böse darstellen. Sie wurden zum ersten Mal schriftlich im Jahr 1411 in Cervera erwähnt, anlässlich der Fronleichnamsprozession, danach 1426 in Tarragona, 1451 in Igualada, 1460 in El Vendrell und so weiter bis zur Gegenwart. Jedoch änderten sie sich ständig, sie erlebten bedeutungsvolle Momente voller Pracht oder sie wurden wieder unwichtiger, in manchen Gebieten verschwanden sie sogar vollständig.

Im Jahr 1981 fand eine wichtige Veranstaltung statt, durch die diese Volkstradition deutlich an Popularität gewann, das erste Treffen „Trobada de Diables de Catalunya", an dem 16 Gruppen aus vierzehn verschiedenen Orten teilnahmen. Nach diesem Treffen der „Teufel" wurden diese Gruppen, die die *correfocs*, die Umzüge mit Feuerwerk organisieren, wieder vielerorts beliebt, ein Prozess, der bis zur Gegenwart andauert. Sie basieren einerseits auf historischen Bezügen und andererseits auf neuen Interpretationen durch Straßentheatergruppen, beispielsweise die Comediants mit ihrem Schauspiel „*Dimonis*". So wird die Straße wieder zu einem Ort, an dem alle Menschen an den Festlichkeiten teilnehmen können.

Quelle: www.fdbib.com
(Federació de dimonis, diables i bèsties de foc de les Illes Balears)

In Mallorca wurden das erste Erscheinen dieser Gruppen Ende des 15. Jh. im Zusammenhang mit den Fronleichnamsumzügen schriftlich erwähnt. Im 17. Jh. wurden dann die rituellen Tänze der *Cossiers* (Tänzer) integriert, und noch später, nämlich Ende des 18. Jh., nahmen die Gruppen am Fest des heiligen Antonius teil, eine Feier, die den Sieg des Christentums über die alten heidnischen Götter, die in diesem Fall dem Teufel gleichgestellt werden, symbolisiert.

Der Begriff *Correfoc* (Feuerlauf) entstand Ende der 1970er Jahre in verschiedenen *Cercaviles* (Umzügen) während der Patronatsfeste und Volksfeste in Katalonien. Während dieser Correfocs verkleiden sich die Menschen als Drachen und Teufel, rennen, springen und tanzen durch die Straßen und brennen dabei viel Feuerwerk ab. In den 1980er und 1990er Jahren breitete sich diese Sitte in ganz Katalonien, in der Valencianischen Gemeinschaft und auf den Balearen aus. Nach der Aufführung des Schauspiels Dimonis der Schauspieltruppe Comediants im Parc de la Mar in Palma und der Aufführung von *Nit de foc* der mallorquinischen Gruppe Iguana Teatre im Jahr 1988 wurde diese Kultur des Feuers in ganz Mallorca sehr populär. So entstanden zahlreiche *Colles de Dimonis*, Kulturvereine, die diese eines Karnevals würdige Tradition am Leben halten.

Heute gibt es auf Mallorca zwei Arten von *Dimonis*, die traditionellen und die des Feuers, und beide Arten findet man auf den Volksfesten. Sant Antoni am 17. Januar ist jedoch das Fest, an dem diese wilden, feuerspeienden Umzüge am häufigsten stattfinden. Die traditionellen Teufel repräsentieren das jeweilige Dorf, in manchen Fällen schon seit hunderten von Jahren, in anderen Fällen sind es Neuschöpfungen. Sie laufen durch die Straßen und tanzen um Feuer, die in dieser Zeit überall entfacht werden. Die Feuerteufel sind die Hauptdarsteller der feurigen *Correfocs*, und auch dieses Buches. Diese Umzüge sind in den letzten Jahrzehnten zu einer der beliebtesten Veranstaltungen auf den Patronatsfesten in vielen Gemeinden Mallorcas geworden, und so sind immer mehr neue Gruppen der *Dimonis* entstanden. Jeder dieser Gruppen gehören in etwa 30 Mitglieder an, und sie besitzen teuflische Kleidung und auffallende Masken, die sie meist selber herstellen. Häufig werden die Umzüge von Perkussionsgruppen begleitet, und viele der Gruppen haben ihr eigenes Feuerungeheuer (*bèstia de foc*), dessen Erscheinen immer einen der Höhepunkte des Festes darstellt.

"Dimonis" in Mallorca

The Devil, in the general Christian tradition, symbolises all the evil and vileness of humanity: everything negative, damaging and sinister; everything that terrifies and confuses us and which leads down a wayward path. Nevertheless, in the Mediterranean region, its figure veered towards less sombre and malicious peculiarities, becoming a more jokey and playful being, capable of being tricked and subdued by humans. In this cherished corner of the world, the Devil has acquired a more entertaining and daring nuance, undertaking a liberating function regarding the social norms and against the monotony and rigidity of our daily lives.

Firstly in Catalonia and later in the Valencian Community and the Balearic Isles, the *diables* and *dimonis* (devils and demons), as well as the *bèsties de foc* (fire-breathing beasts), become a regular part of many popular festivals, mainly in the form of the historic show called the *balls de diables* (devils' dances). Although their origin is unclear, it is believed that these hundreds-year-old dances in Catalonia originate in medieval street theatre and represent the confrontation between good and evil. The first written reference dates back to 1411, in Cervera, for the Corpus Christi procession; then in Tarragona (1426), in Igualada (1451), in El Vendrell (1460), and thus successively until our times, although with constant changes and moments of greater or lesser splendour, and even their disappearance in some specific areas.

A key event for this popular tradition took place in 1981, with the holding of the first Devils of Catalonia Meeting, an event that brought together sixteen groups from fourteen different towns. There began a process of expansion of the firework parade groups until today, based, on the one hand, by the historical references, and on the other, by the recreations made by street theatre groups, such as Comediants, with their show *Dimonis*, and which also responds to a recovery of the street as a space of festive participation.

In Majorca, the first representations of devils appear documented at the end of the 15th century, also related to the Corpus Christi processions. Later on, now in the 17th century, they included the ritual dances of the *cossiers* (dancers) and, later, at the end of the 18th century, they took part in the celebrations of

Source: www.fdbib.com
(Federació de Dimonis, Diables i Bèsties de foc de les Illes Balears)

Saint Anthony, the saint that symbolises the triumph of Christianism over the old pagan gods assimilated in the devil.

The term *correfoc* (running fire) emerged in the late seventies in different *cercaviles* (street parades) of annual festivals or popular celebrations in Catalonia, as a demonstration improvised by people, some dressed as dragons and devils, who performed running, jumping and dancing, always in the presence of fire. During the nineteen-eighties and nineties, it spread all over the regions of Catalonia, Valencia and the Balearics. On this archipelago, moreover, after the representation of the *Dimonis* show by the Catalan company Comediants in the Parc de la Mar in Palma, and the representation of the *Nit de foc* (Night of Fire) by the Majorcan Iguana Teatre in 1988, a rage for this culture of fire spread across all Majorca, with the subsequent creation of numerous *colles de dimonis* (devils groups), cultural associations entrusted with keeping the flame alive of this carnival-like tradition.

Today in Majorca there are two types of *dimonis*, the traditional ones and the firework groups, and both take part in the popular festivals, being Saint Anthony, on the 17th of January, the festival where there is a greater act of presence of these crazy "characters". The traditional devils are representative of each town –in some cases for hundreds of years, in others much more recently– and they often parade the streets and dance around the typical bonfires assembled for these dates. For their part, the fire devils are the leading characters of the intense *correfocs* –and of this book–, events that in the last two decades have become an outstanding feature within the patron saint festivals of a great many places in Majorca, and which have been supported by an unceasing blooming of new devils groups. Each one of these *colles* is usually made up of around thirty members and they have a distinctive uniform and spectacular homemade masks. In many cases, their performance is accompanied musically by a drumming or percussion group, and quite a few boast their own *Bèstia de foc* (bestiary of fire), whose appearance on the scene always represents one of the pivotal moments of the event.

"We are our own devil and we make this world our own hell."

OSCAR WILDE

"Som el nostre propi dimoni i fem d'aquest món el nostre propi infern".

"Somos nuestro propio demonio y hacemos de este mundo nuestro propio infierno".

„Wir sind unser eigener Teufel und machen aus dieser Welt unsere eigene Hölle."

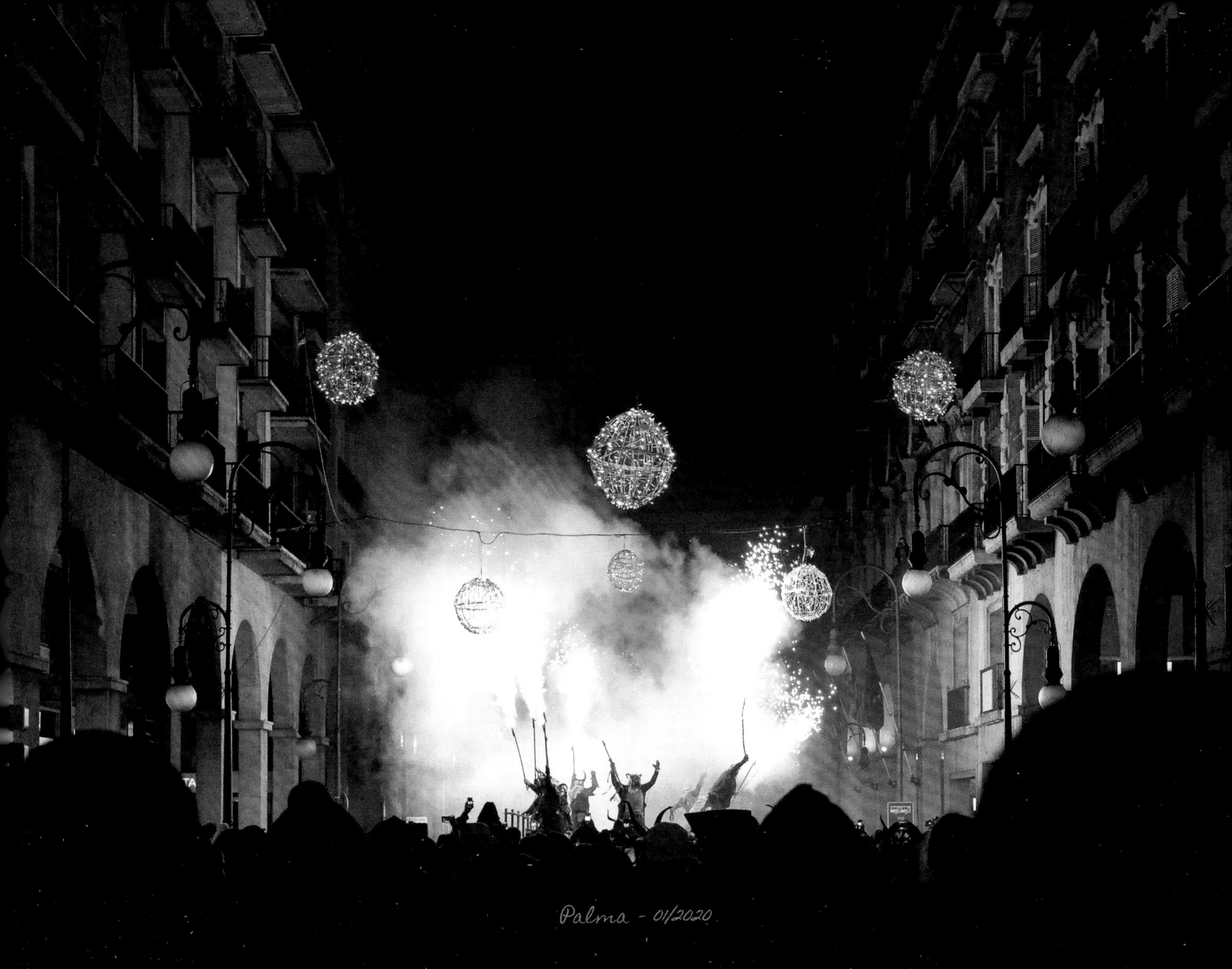

Palma - 01/2020

Agraïments

A Solita i Juli, per acompanyar-me més d'una vesprada de correfoc; a Jorge Sans, pel seu suport; a Triangle Postals per confiar en aquest treball; i a tots els dimonis i responsables d'organitzar cadascun dels fantàstics correfocs reflectits en aquest humil però emotiu llibre fotogràfic.
A tothom, un cop més, moltes gràcies i fins la propera aventura.

LUCIO VALMAGGIA

Agradecimientos

A Solita y Juli, por acompañar-me en más de una tarde-noche de "correfoc"; a Jorge Sans, por su aliento; a Triangle Postals por confiar en este trabajo; y a todos los "dimonis" y responsables de organizar cada uno de los fantásticos "correfocs" reflejados en este humilde pero sentido libro fotográfico.
A todos, una vez más, muchas gracias y hasta la próxima aventura.

Ich danke

Solita und Juli, die mich an mehr als einem Abend oder Nacht zu einem „Correfoc" begleitet haben. Jorge Sans, der mich ermutigt hat, Triangle Postals, weil sie mir dieses Buch anvertraut haben, und ich danke allen „Dimonis" (Teufeln), denen wir diese wundervollen „Correfocs" zu verdanken haben, die ich in diesem bescheidenen, aber von ganzem Herzen kommenden Bildband zeige.
Euch allen noch einmal allerliebsten Dank, und hoffentlich bis zum nächsten Abenteuer.

Acknowledgements

To Solita and Juli, for accompanying me on more than one afternoon-evening of "correfoc"; to Jorge Sans, for his encouragement; to Triangle Postals for believing in this project; and to all the "devils" and those responsible for organising each fantastic "correfoc" reflected in this humble but heartfelt photography book.
To everyone, once again, many thanks and until the next adventure.

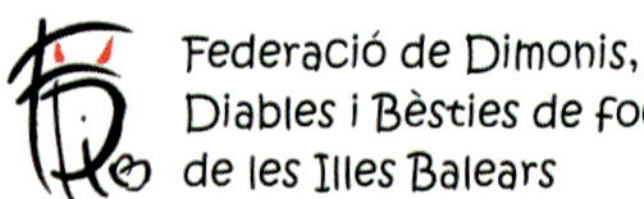

Federació de Dimonis, Diables i Bèsties de foc de les Illes Balears

Diables de Sant Joan • Esclatabutzes, Sóller • Dimonis d'Albopàs, sa Pobla • Diables de Maó • Ball de Dimonis d'Alaró • Factoria de So, Santa Maria • Dimonis del Centre Cultural Campos • Dimonis d'Hiachat, Santa Margalida • Bocsifocs, Esporles • Esquitxafoc, Campos • Dimonis a Lloure Felanitx • Dimonis d'Arrels de la Vall, Mancor • Dimonis de sa Pedrera, Muro • Dimonis Ka de Bou, Pollença • Es Mals Esperits, Eivissa • S'Eixam, Consell • Dimonis sa Cova des Fossar, Sineu • Maria Enganxa, ses Salines • S'Esbart d'en Moiana, Montuïri • Trafoc, Palma • Enfocats, Palma • Sa Fil·loxera, Binissalem • Diables d'Ariany • Endimoniats, Palma • Deinats de l'Infern, Lloret de Vistalegre • Dimonis de Son Ganxó, Costitx • Manafoc, Manacor • Dimonis Boiets de Foc, Vilafranca de Bonany • Myotragus, Ferreries • Dimonis Infernets, Maria de la Salut • Kinfumfà, Palma • Dimonis de Capocorb, Llucmajor • Realment Cremats, Palma • Espiadimois de Felanitx • Fieres de Foc, Inca • Solera Gabellina, Capdepera • Dragomonis d'Andratx • Escarrufaverros, Campanet • Es Cau des Boc Negre, Palma • Fills de Llucifer, Búger • Dimonis de Fang, Marratxí • Dimonis trabucats, Palma • Bruixes de Mallorca • Dimonis del Comte Mal, Calvià • Llepacalius, dimonis de Selva •

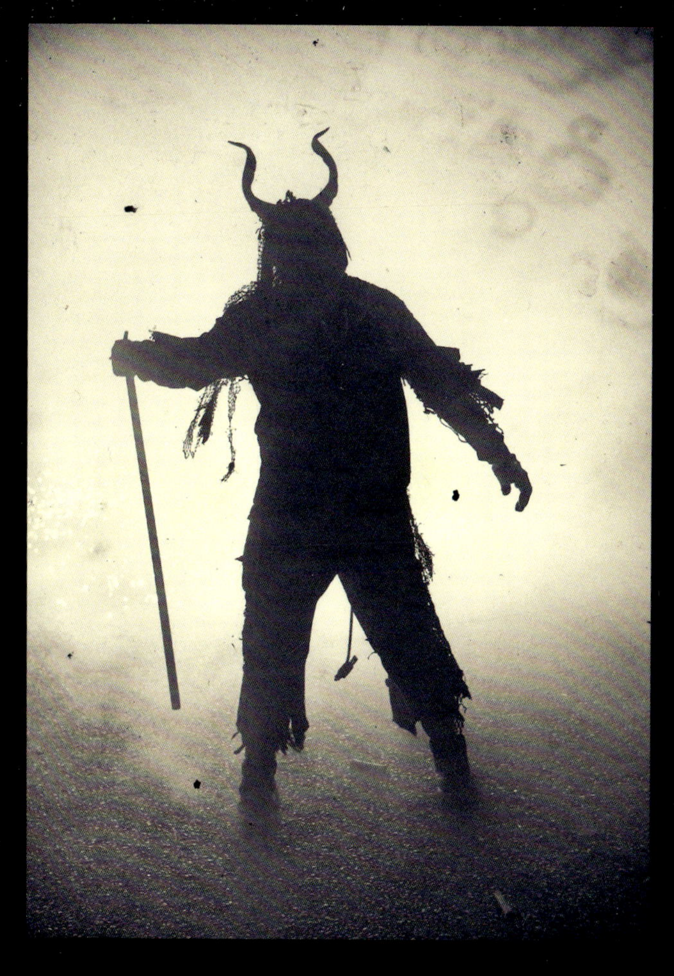

Cala Ratjada - 07/2018

Fotografies / Fotografías / Fotografie/ Photography

Text / Texto / Text / Text
Federació de Dimonis, Diables i Besties de foc de les Illes Balears

Disseny / Diseño / Design / Design
Lucio Valmagggia / Triangle Books

Impressió / Impresión / Impression / Printed by
CeGe
Barcelona

Dipòsit legal: Me-573-2021
ISBN: 978-84-89815-67-4

Triangle Postals SL
Sant Lluís, Menorca
Tel. +34 971 150 451
www.triangle.cat

TRIANGLE▼BOOKS